dtv

Frieder Lauxmann zeigt die Grenzen und Gefahren unserer modernen, vom Machbarkeitswahn geprägten Denkweise auf und stellt die Suche nach Weisheit als positive Alternative für ein sinnerfülltes, kreativ tätiges Leben vor. Denn in einem sind sich alle Weisen einig: Die Weisheit lässt die alltägliche Vernunft weit hinter sich zurück, sie führt uns auf Wege, die wir mit unserem bloßen Verstand nicht finden können. Der Autor nimmt uns mit auf eine Entdeckungsreise durch die Philosophiegeschichte, beginnend bei Salomo, Sokrates und Konfuzius über Descartes, Rousseau und viele andere bedeutende Denker bis zu Einstein und Stephen Hawking. Dabei öffnet er auf ebenso kluge wie unterhaltsame Weise den Blick für Denktorheiten und ermutigt dazu, eingefahrene Gleise zu verlassen und eigenen Erkenntnissen zu vertrauen.

Frieder Lauxmann wurde 1933 in Stuttgart geboren. In Tübingen und München studierte er Jura und promovierte. Er war viele Jahre im Staatsdienst tätig und verfügt über vielseitige Erfahrungen in der Erwachsenenbildung. Bei <u>dtv</u> sind von ihm bereits erschienen: ›Der philosophische Garten‹, ›Mit Hegel auf der Datenautobahn‹, ›Das philosophische ABC‹ und ›Der philosophische Himmel‹.

FRIEDER LAUXMANN

Die Philosophie
der Weisheit

Die andere Art zu denken

Deutscher Taschenbuch Verlag

Von Frieder Lauxmann
sind im Deutschen Taschenbuch Verlag erschienen:

Der philosophische Garten (20176)
Mit Hegel auf der Datenautobahn (30729)
Das Philosophische ABC (30751)
Der philosophische Himmel (30796)

Ungekürzte Ausgabe
Februar 2004
Deutscher Taschenbuch Verlag GmbH & Co. KG,
München
www.dtv.de
Umschlagkonzept: Balk & Brumshagen
Umschlagfoto: Stourhead, Wiltshire, England
(© Christopher Simon Sykes / The Interior Archive, London)
Satz: Filmsatz Schröter GmbH, München
Gesetzt aus der Stempel Garamond
Druck und Bindung: Druckerei C. H. Beck, Nördlingen
Gedruckt auf säurefreiem, chlorfrei gebleichtem Papier
Printed in Germany · ISBN 3-423-34068-1

Weisheit duldet kein System,
Ist weder Lehre noch Magie.
Nichts ist sie von alledem.
Doch nichts ist alles ohne sie.
F. L.

Inhalt

Einleitung

Weisheit ist wieder gefragt. Sie schickt sich an, in unsere Denk- und Gefühlswelt zurückzukehren. Schon erkundigen sich Meinungsforscher danach, welche wir für die weisesten lebenden Menschen halten; doch eine solche Frage macht uns ratlos. Sind wir denn auf diese Rückkehr überhaupt vorbereitet, haben wir Weisheit nicht viel zu lange als etwas Altväterliches, Überholtes missachtet und tun nicht viele dies auch heute noch? Eines ist sicher: Es ist höchste Zeit, darüber nachzudenken. Davon hängt unser Überleben ab.

Weisheit lässt uns anders denken. Doch es kommt nicht nur auf unser Denken an, sondern vor allem darauf, was wir aus ihm machen. Was nützt uns alle Weisheit, wenn wir sie im Kopf verbergen? Weisheit muss sich im Leben zeigen, im häuslichen und beruflichen Alltag, in Forschung, Politik und Wirtschaft, im Umgang der Menschen untereinander und mit der Welt. Weil Weisheit immer und überall präsent sein müsste, ist es so schwer, sie zu fassen und zu verallgemeinern. Dennoch wird hier der Versuch gewagt, sie als ein Phänomen zu beschreiben und zu umschreiben. Ist dann der Begriff »Philosophie der Weisheit« nicht eigentlich ein Pleonasmus, weil doch im Wort Philosophie als »Weisheitsliebe« die Weisheit schon enthalten ist? Wenn der Titel hier dennoch gewählt wurde, so hat dies einen Sinn. Die Philosophie hat sich seit den Anfängen, soweit wir sie kennen, immer weiter von ihrem eigentlichen Ursprung entfernt und wurde zu einer Wissenschaft gelehrter Männer. Der Ursprung sah jedoch ganz anders aus: »Wein und Musik erfreuen unser Herz; aber noch mehr erfreut die Liebe zur Weisheit.« Dies schrieb um das Jahr 190 v. Chr. der jüdische Lehrer Jesus Sirach (Sirach 40, 20). Eine Freude, die noch über die durch Wein und Musik bereiteten Freuden hinausgeht, will heute bei der Lektüre mancher bedeutender philosophischer Texte nicht mehr so recht aufkommen. Haben dann die Philosophen irgendetwas falsch gemacht? Vermutlich haben sie bei ihrer Kopfarbeit das Herz vernachlässigt. Weisheit, recht verstanden, ist jedoch kein Reservat gebildeter Menschen, sie erschließt sich allen, die ein offenes Herz für die geistigen und materiellen Schönheiten der Welt haben. Wenn man das aber so sieht, dann haben sich Weisheit und Philosophie auseinander gelebt und sich weitgehend verselbstständigt. Sie wieder zu vereinen ist eine Aufgabe, der wir uns hier stellen wollen.

Weisheit will und kann uns nicht nur Freude geben, sondern Kraft und Zuversicht. Sie will uns Wege zeigen, die wir mit unserer bloßen Vernunft nicht mehr finden können. Sie führt uns weiter. Wohin? Vielleicht gelingt es uns mit ihrer Hilfe, ein wenig freundlicher mit uns selbst und mit der Welt umzugehen. Weisheit verbindet uns mit der Welt und lässt uns Abstand gewinnen. Sie zeigt uns andere, unbewertbare Werte, sie setzt Maßstäbe, die sich nicht nachmessen lassen; sie hilft uns über Denkgrenzen und logische Fallen hinweg; sie lehrt uns, Menschen zu verstehen, die trotz ihrer Weisheit töricht gehandelt haben, und wenn wir das alles nachvollziehen können, zeigt sie uns sogar den Menschen, der wir selbst sind oder sein könnten. Schon dies alles wäre ein Grund, sich an unserer scheinbar unvollkommenen Welt so zu freuen wie über Wein und Musik.

Erster Teil

Die Weisheit und die Normaldenker

Die Weisheit strömt aus allgemein zugänglichen, tiefen Quellen, die es zu finden gilt. Die Suche hört nie auf.

Die versiegende Quelle
kann wieder sprudeln

Normalvernunft und Weisheit

Auf unseren Denklandkarten ist die Weisheit ein weißer
Fleck. Zwar gibt es zahlreiche Weisheitslehren aus aller
Welt und unendlich viele kleine und große Weisheiten,
die kein menschliches Thema auslassen. Das jedoch, was
ihnen gemeinsam ist, blieb weitgehend ungefragt, weil
viele Weisheitsverkünder gerade ihre Weisheit für die
ganze halten. Hier soll nun der Versuch gewagt werden,
einigen Erscheinungsformen der Weisheit auf den Grund
zu gehen. Dies kann nicht in Form einer systematischen
Analyse geschehen. Stattdessen sollen einige wichtige
Aspekte der Weisheit im Zusammenhang mit den Menschen vorgestellt werden, die ihnen in all ihrer menschlichen Unvollkommenheit begegnet sind: in ihrem Alltag, in ihren Träumen, in ihrem Werk und in ihrer oft vergeblichen Hoffnung. In einem waren und sind sich alle
Weisen einig: Die Weisheit lässt die alltägliche Vernunft
hinter sich zurück. Und gerade hier beginnen unsere zeitlosen, stets aktuellen Probleme.

Im Jahr 2001 wurde eine Art Protestausstellung organi-
siert, die sich gegen die »Umwidmung« von neunzig Stellen an der Universität Tübingen richtete. Die Stellen
wurden bei den klassischen Geistes-, Kultur- und Natur-
wissenschaften gestrichen, um neue bei Informatik und
Biowissenschaften einzurichten. Der Hintergrund dieser

universitären Gewichtsverlagerung besteht darin, dass Industrie und Wirtschaft letzten Endes bestimmen, was oder wen eine Universität zu »produzieren« hat. Eine Universität kann sich den Anforderungen des Arbeitsmarkts nicht widersetzen, denn schließlich sollen die Studienabgänger in diesem ihren Platz finden. So verstanden, ist die Umwidmung der Stellen für Professoren, Assistenten usw. eine durchaus vernünftige Entscheidung. Auch eine Universität muss mit der Zeit gehen und kann sich nicht auf ein klassisches Bildungsideal beschränken, nach dem nur noch wenige fragen.

Dieser einzelne Vorgang ist ein Symptom für eine Zeit, in der nicht nur in Universitäten, sondern in fast allen Bereichen der Gesellschaft eine dem entsprechende Gewichtsverlagerung festgestellt werden kann. Weg von dem, was keinen materiellen Nutzen verspricht, und hin zu Werten, die sich durch Begriffe wie Geld, Erfolg, Wachstum, Fortschritt, Effizienz, Rationalität usw. beschreiben lassen. Der Zeitgeist hat sich neu orientiert, er stellt sich den Kapitalmärkten. Ihm zu Liebe müssen einstige Denklandschaften zubetoniert werden. Die Wirtschaft bemächtigt sich des Geistes und führt ihn vor Sachzwänge, gegen die er machtlos ist. Der ziellos inspirierende Impuls als Quelle der Weisheit hat keinen Marktwert und das ist der Grund, dass er dort, wo man ihn eigentlich bräuchte, auf dem Markt der aktuellen Notwendigkeiten, nicht zu finden ist. Wo der Fortschritt zum Selbstzweck wird, stagniert das Denken, das danach fragt, wozu man ihn braucht.

Wenn wir diese Entwicklung und ihre vielen Ursachen zur Kenntnis nehmen, müssen wir beachten, welche Folgen sie mit sich bringt. Die Zurückdrängung des Geistigen und Musischen nicht nur in der Kulturpolitik, sondern auch in vielen anderen Bereichen könnte mittelfristig auch zu einer Verödung des Denkstandorts führen, in dem Bildung zu Gunsten der Ausbildung vernachlässigt wird. Das wirklich Neue, die geistigen Impulse für die Zukunft kommen nicht aus den auf Marktbedürfnisse ausgerichteten Großlabors, Hörsälen und Großraumbüros, sondern sie stammen oft aus unangepassten Hintergründen, von Individuen, die sich aus den Fesseln der Normalvernunft befreien können.

Fehlt es an Menschen, die mithilfe ihrer jenseits von Kosten und Nutzen erworbenen geistigen Bildung Freiräume erkennen, dann wird es schwer sein, den Nährboden, auf dem sie gedeihen können, zu kultivieren. Ist der schöpferische Denkurwald erst einmal gerodet, dann versteppt sein Boden mit der Zeit. Und leider ist es so: Weisheit gedeiht in geistiger Urlandschaft, die Wirtschaft jedoch auf dem bestellten Feld. Wir brauchen beides: eine florierende Wirtschaft und Menschen, die bereit sind, über sie hinauszudenken. Nur in einem solchen Spannungsverhältnis kann eine Gesellschaft überleben. Opfert sie ihren Verstand einseitig der Wirtschaft und ihren vordergründig rationalen Anforderungen, muss sie nach einiger Zeit innerlich veröden. Solche und ähnliche Beobachtungen führten Hans Jonas schon 1979 zu dem Seufzer: »Wir haben Weisheit am nötigsten, wenn wir am wenigsten an sie glauben.«

Warum wird an Weisheit nicht mehr geglaubt? Hierauf gibt es eine einfache Antwort: Weil man ihr auf bequeme Weise nicht beikommen kann. Mit Weisheit kann man nicht rechnen und daher meint man, sie rechne sich nicht. Ihr Nutzen bleibt unfassbar im Hintergrund. Sie lässt sich auch nicht herbeizwingen; sie ist da oder sie fehlt, ohne dass ihr Fehlen von denen vermisst wird, denen sie

fehlt. Weisheit muss sich daher auch den Politikern entziehen, weil die sich nur dann den Wählern anpreisen
können, wenn sie von sich behaupten, sie wüssten, was
richtig und falsch ist. Doch gerade auf solche Behauptungen lässt sich die Weisheit nie ein. Wir brauchen sie
nötiger denn je, ohne belegen zu können, was sie uns
wann und wo einbringen wird. Weisheit ist der wichtigste Bestandteil jeder Kultur, die mehr sein will als nur ein
gut funktionierendes Wohlstandsmodell, denn Wohlstand ist mehr. Er lässt sich nicht im Pro-Kopf-Einkom-
men ausdrücken, zu ihm gehört auch die seelische Be-
findlichkeit der Bevölkerung. Auch sie beeinflusst mit
der Zeit die wirtschaftliche Lage. Menschen, die sich auf
das Einweg-Denken einlassen, verschließen Geist und
Sinne, daher nehmen sie Neues oft zu spät wahr. Nur
Weisheit lehrt, wie man sich über das Gewöhnliche wundert und sich nicht an das Wunder gewöhnt. Weisheit
wird erkennbar in der Bereitschaft, das selbst Erfahrene
höher einzuschätzen als das von andern Gelernte. Den
Toren erkennt man leicht daran, dass er sich auf das
Gelernte auch dann noch beruft, wenn ihn seine Erfahrung daran zweifeln lassen müsste. Wo Toren jedoch
nicht ausgegrenzt werden können, weil man sie nicht
erkennt, leidet mit der Zeit alles andere.
Dies ist bekannt oder müsste bekannt sein, doch: Wo
bleibt der allgemeine Leidensdruck, der hier einen Wandel herbeiführen könnte? Er äußert sich nur bei wenigen
bewusst, weil die Mehrheit an das materialistische Kos-
ten-Nutzen-Denken so angepasst ist, dass sich ihr Leiden
auf andere Weise äußert, z. B. am Verlust von Werten, an
allgemeiner Bindungsunfähigkeit und vor allem auch am
Verlust religiöser Vorstellungen. Stattdessen dient die
Wohlstands- und Spaßgesellschaft bei vielen als Kultur-

ersatz. Das kann und wird nicht so bleiben. Wir können uns stattdessen auf eine neu verstandene Weisheit aus zeitlosen Quellen besinnen. Quellen, die in alten Kulturwissenschaften noch erkennbar waren, jetzt aber unter der Dominanz des Marktes verkannt werden.

Es herrscht eine Denkhektik, die es in diesem Ausmaß noch nie gegeben hat. Schon die kleinsten Kinder werden elektronisch überfrachtet und Lehrer beklagen sich, dass sich Schüler nicht konzentrieren können und selbst einfache Texte nicht mehr richtig verstehen können. Wen wundert's? Man klagt lieber über unfähige Schulen als über unfähige Eltern, die ihre Kinder vor den Fernseher setzen, anstatt mit ihnen persönlich zu sprechen und zu spielen. Wir sperren die Hühner in Legebatterien und uns selbst in Denkbatterien; wir ernähren auch unser Hirn mit technischen Fertigprodukten und haben manchmal mehr Mitleid mit den Hennen als mit unseren Köpfen. In Schulen und Universitäten werden die Denkkanäle mit Prüfungsstoff verstopft. Schon Jugendliche leiden unter Denkinfarkten. Im Informationsbereich herrscht eine so drangvolle Enge und so viel zeitlicher Stress, dass abschweifendes Denken sich kaum einer mehr leisten kann. Der Zeitgeist verursacht Zeitgeiz, doch Denken ist kein Luxus, sondern die Quelle der inneren Freiheit. Hier lässt sich feststellen: Es gibt zweierlei Denken. Eines stammt von der Oberfläche, das andere aus der Tiefe. Es ist wie beim Wasser. Das eine läuft aus der Dachrinne oder von der Straße in die Kanalisation, das andere dringt im Wald in tiefe und tiefste Schichten und quillt manchmal erst nach Jahrzehnten oder nach noch längerer Zeit langsam wieder an die Oberfläche. Nehmen wir an, unsere Köpfe seien verstraßt und zubetoniert und es falle ein Informations-Platzregen auf uns herab, dann schießt das

Wasser aus der Oberfläche schnell hervor und endet in der Wasserspülung. Weisheit strömt aus der tiefen Quelle, die in jedem Menschen angelegt ist.

Was ist zu tun? Hier geht es ganz bestimmt nicht darum, die Errungenschaften der Informationstechnologie pauschal zu verdammen. Wer den Zug der Zeit anhalten will, wird überfahren. Unsere Gegenwart soll auch nicht beklagt oder gar verurteilt werden, denn wir haben nur sie zum Leben. Wenn wir ein sinnvolles Leben führen wollen, dann können wir dies nur in der Gegenwart tun und nicht im resignierten Traum von einer angeblich besseren Vergangenheit, nach der sich, alles in allem gesehen, niemand auch nur einen Tag zurücksehnt. Wir haben größere Chancen denn je, unsere Gegenwart auf menschliche Weise zu beeinflussen. Dies kann uns allerdings nur gelingen, wenn wir zunächst unser eigenes Denken überprüfen. Von selbst kommt nichts, auch das innere Glück nicht, wenn wir ihm die Türen verschlossen halten.

Schon 1916 schrieb der indische Dichter Rabindranath Tagore (1861–1941) in seinem Büchlein »Fruchtlese« (Fruit gathering) diesen Satz: »Wo Straßen gebaut sind, verliere ich meinen Weg.« Man muss sich vorstellen, in welcher Weise seither neue Denkstraßen und Datenautobahnen gebaut worden sind. Wer kann denn noch seinen Weg finden, wenn die ganze Welt verstraßt ist? Unsere Denkwege verlaufen querbeet. Doch die freie Denknatur wird immer kleiner. Wo die Weisheit vernachlässigt wird, weil sie in der Hektik und im Überangebot der Informationen nicht durchdringen kann, wird dies verheerende Folgen für den geistigen Zustand einer Gesellschaft haben. Die in den sechziger Jahren des letzten Jahrhunderts so hoch bejubelte Informationsgesellschaft ist dabei, an ihrem eigenen Auswurf zu ersticken. Daran sind nicht die Techniker und ihre Werke schuld, sondern die Toren, die nicht gelernt haben, sinnvoll mit ihnen umzugehen. Die Technik hat sich schneller entwickelt als die Weisheit, sie richtig zu nutzen. Es kommt daher jetzt darauf an, einen schmerzlichen Rückstand auszugleichen.

Weisheit ist die tiefere Art zu denken. Wir können versuchen, diesem menschheitsalten Phänomen nachzuspüren, um für unser Denken und für unsere Gesellschaft zu retten, was zu retten ist.

Die Schaffung und Erhaltung geistiger Freiräume ist eine wichtige Voraussetzung für das Erfahren von Weisheit. Legen wir die Quellen der Weisheit frei und lassen wir sie sprudeln! In uns und für andere. Das Hineinhören und -schauen ist keine Frage der Bildung und der Intelligenz. Es geschah und geschieht zum großen Teil mehr oder weniger unbewusst.

Weisheit lässt sich zwar nicht in ein System packen, es gibt jedoch einige Ansatzpunkte, wie sie erfasst werden kann. Diese sollen im Folgenden in sechs Teilen vorgeführt werden, die sich so skizzieren lassen:

1. Weisheit strömt aus allgemein zugänglichen, tiefen Quellen, die es zu finden gilt.
2. Weisheit lässt sich nicht als Ganzes, sondern immer nur in Splittern fassen. Der Weise erkennt in jedem Splitter das Ganze.
3. Der Weise befreit sich aus Denkzwängen, auch wenn er bei anderen als Tor erscheint.
4. Weisheit überwindet die Grenze zwischen dem Ich und der Welt.
5. Weisheit baut auf der Logik auf und überwindet sie.

6. Weisheit hebt die Unterschiede zwischen Materie und Geist, zwischen Diesseits und Jenseits auf.

Der Wert der Vernunft ist hierdurch nie infrage gestellt. Es ist selbstverständlich, dass wir sie täglich auf vielfältige Weise benötigen. Sie ist die Grundlage unseres Denkens und Handelns, auf die wir nie verzichten können. Im Gegenteil, wir müssen versuchen, sie zu pflegen und zu erweitern. Weisheit ersetzt nicht die Vernunft, sie lässt sie hinter sich zurück. Wir brauchen beide Aspekte, um sie in unserem Denken zu einer harmonischen Einheit zu verbinden.

Weisheit und Wissen

Die Universität des Nichtwissens

Zwei Weise begegnen einander. Da fragt der eine: »Sag mir, woran erkennt man deine Weisheit?« Der gibt zur Antwort: »Man erkennt sie daran, dass ich bis jetzt gerade diese Frage mir und anderen noch nie gestellt habe.« Anstatt es bei dieser Weisheit zu belassen, wollen wir die Torheit begehen, einige Antworten auf diese Frage zu versuchen. Dabei müssen wir uns darüber im Klaren sein, dass die Betrachtung der Weisheit niemals die Weisheit selbst ist. Die Erforschung der Weisheit kann selbst nicht weise sein. Schade für die Philosophen, die ihr ganzes Leben dieser Betrachtung widmen und gerade dies nicht wissen – Sokrates ausgenommen.

Und dennoch wollen wir uns über diesen Abgrund des Denkens wagen, vielleicht nur deshalb, um bei diesem Abenteuer einige Denkverkrustungen loszuwerden. Es geht hier nicht um praktische Lebensweisheiten, etwa nach der Methode: »Wer andern eine Grube gräbt, soll nicht vergessen, eine Rechnung zu schreiben«, oder: »Heirate lieber einen gestandenen Mann als einen gesessenen«, oder: »Trau keinem unter und auch keinem über dreißig« usw. Es mag Weisheit dazu gehören, solche Erfahrungen zu machen und Lehren daraus zu ziehen, es gehört allerdings keine dazu, sie zu verbreiten. Und so mancher Weisheitslehrer war nicht mehr als ein Sprüchesammler, wie einige fromme Bibelautoren, die im Namen Salomos dessen gesammelte und ihm zugeschriebene Werke posthum herausgaben.

Hier geht es um etwas ganz anderes: Weisheit ist Wissen ohne Wissen. Die wirkliche Weisheit zeigt sich in der unbelegbaren, nicht vorgeformten und oft nicht nachvollziehbaren Wahrheit. Ihre Quellen sind völlig anderer Natur als die eines Lehrbuchs, eines Konversationslexikons oder des Internets. Deshalb ist Weisheit auch nicht lehrbar wie ein Schulfach. Es gibt weise Lehrer. Man erkennt sie jedoch nicht an dem, was, sondern wie sie lehren und vor allem daran, dass sie von den Schülern geliebt und geachtet werden. Wenn man dann fragt, worin denn ihre Weisheit bestehe, dann wird nichts erklärt, sondern es werden nur Geschichten erzählt. Und hier liegt das Faszinierende an der Weisheit: Sie ist nichts, was man wissen oder besitzen kann. Sie geschieht, sie zeigt sich, sie spielt sich ab. Das brauchen keine Heldentaten zu sein; oft genügen kleine und kleinste Begebenheiten, teilweise völlig unbeachtete Nebensächlichkeiten, um in einem Menschen Weisheit zu erkennen. Letzten Endes ist sie eine ganz neue und zugleich uralte, oft verkannte Dimension des Denkens. Der Weise denkt anders, handelt anders, urteilt anders, denn Weisheit ist der aufregendste Störfaktor im Bereich des menschlichen Denkens. Sie fragt nicht nach Gründen, sie ist selbst ein Grund. Wer aber anders denkt als die anderen, stört diese beim Nichtdenken. Weisheit regt auf.

Wissen und Vernunft wurden seit der Renaissance zunehmend als einzige Quelle der Weisheit angesehen. Dies war und bleibt ein fundamentaler Irrtum. Die Worte Weisheit und Wissen stammen in der deutschen Sprache zwar aus der gleichen Wurzel, aber die Stämme haben sich auseinander entwickelt. Oft wurden sie früher gleichgesetzt oder verwechselt. Noch Lichtenberg schien nicht genau zwischen Wissen und Weisheit zu trennen, obwohl gerade er ein Muster an Weisheit war. Er notierte einmal: »Jetzt sucht man überall Weisheit auszubreiten, wer weiß, ob es nicht in ein paar hundert Jahren Universitäten gibt, die alte Unwissenheit wieder herzustellen.« Wenn man diesen Satz in heutiger Zeit richtig verstehen will, dann müssen wir ihn so lesen: »Jetzt versucht man überall, Wissen anzuhäufen und auszubreiten. Wer weiß, ob es nicht in ein paar Jahrhunderten Universitäten gibt, die sich damit befassen, den alten ungehinderten, nicht durch zu viel Wissen belasteten Zugang zur Weltweisheit wieder zu ermöglichen und herzustellen.« Seit dieser Vermutung Lichtenbergs sind über zweihundert Jahre vergangen. Sind dies schon die »paar Jahrhunderte«, die er vermutet hatte? Haben wir solche Universitäten schon, die Un-wissenheit herstellen statt Uni-Wissenheit? Natürlich nicht, im Gegenteil, noch werden in ihnen Stellen in Richtung auf ein für die Wirtschaft nützliches Wissen umgewidmet. Es gibt jedoch im Denken der Menschen starke Strömungen, die in die andere, Lichtenberg'sche Richtung weisen. Doch hier müssen wir aufpassen, dass eine solche Strömung nicht in falsche Kanäle fließt. Wissensabwehr ohne Weisheit lässt höchstens auf banale Dummheit schließen. Wissensverzicht aus Weisheit ist etwas ganz anderes, Geheimnisvolles, Unbequemes.

Und so finden wir eine neue Erklärung, die vor einem halben Jahrhundert noch undenkbar gewesen wäre: Weisheit findet sich in dem Teil des menschlichen Denkens, der sich nicht programmieren lässt. Dieser Satz fasst längst nicht das ganze Phänomen, denn ein solches

Denken könnte auch dumm und absurd sein. Daher muss noch ein anderer Faktor betrachtet werden: Weisheit ist ein Denken, das aus der Verliebtheit in die Welt hervorgeht. Die Weisheitslehrer des Alten Testaments hatten dafür eine religiöse Erklärung: Alle Weisheit kommt von Gott. Sie lässt sich nicht von seiner Liebe trennen. Nun reicht auch diese Erklärung nicht aus, es muss noch etwas hinzukommen. Es darf nicht bei der Verliebtheit bleiben. Sie wäre wirkungslos ohne einen Liebesakt. Weisheit muss etwas Positives, Gutes hervorbringen, sie muss sich in der Welt zeigen und direkt oder indirekt etwas bewirken können. Wo sie Privatbesitz bleibt, ist es besser, über sie zu schweigen. So gibt es also vier Faktoren, die weiträumig das Denkfeld eingrenzen, in dem Weisheit gedeihen kann:

1. Weisheit ist nicht speicherbar, sie geschieht;
2. sie ist unsystematisch, also auch nicht programmierbar;
3. sie gedeiht nur in der Liebe zur Welt;
4. sie bringt das Gute hervor.

Einer der wenigen Definitionsversuche dessen, was Weisheit sein könnte, stammt von Arthur Schopenhauer: »Weisheit scheint mir nicht bloß theoretische, sondern auch praktische Vollkommenheit zu bezeichnen. Ich würde sie definieren als die vollendete, richtige Erkenntnis der Dinge, im Ganzen und Allgemeinen, die den Menschen so völlig durchdrungen hat, dass sie nun auch in seinem Handeln hervortritt, indem sie sein Tun überall leitet.« (Parerga und Paralipomena II. § 339) Weisheit, so verstanden, muss sich also am Tun und nicht nur am Reden und Schreiben erweisen. Leider ist auch der große Schopenhauer ein Beispiel dafür, dass Dozieren über

Lebensweisheit noch nicht unbedingt auf die Weisheit des Dozenten schließen lässt.

Die Weisheit war angeblich seit Urzeiten die Geliebte der Denker, was viele dieses Standes jedoch nicht daran hinderte, sie zu missbrauchen und dann zu verachten. Die Weisheitsliebe – Philosophie – aus den Wortstämmen Philia (Liebe, Vorliebe, Neigung, Freundschaft) und Sophia (Weisheit) wurde in Griechenland zur Berufsbezeichnung der Denker. Wo es jedoch nur ums bloße Geschäft mit der Weisheit ging und nicht auch um die Liebe, redete man oft abschätzig von Sophisten. Platon schrieb in seinem Dialog »Sophistes«: »Nur ein eingebildetes Wissen besitzt der Sophist und nicht die Weisheit.« Dabei kann gleich gesagt werden, dass diese Sophia auch als Sammelbegriff für allerlei Wissen über Gott und die Welt sowie als Depot für Spekulationen jeglicher Art gebraucht und missbraucht wurde. Sophia wurde immer mehr zur Universalgeliebten, kein Wunder, wenn sie für manche dabei ihre Unschuld verloren hat.

Philosophie war bis in die Zeit der Renaissance ein allgemeiner Begriff, der einen großen Teil der damaligen Wissenschaften umfasste: Philosophie im engeren Sinne, Theologie, Mathematik und Physik (im Sinne von Naturwissenschaft insgesamt) und manches andere, z. B. Staatslehre, Astrologie und Astronomie. Die Philosophie »im engeren Sinne« magerte immer weiter ab, was sich leider nicht auf das Gewicht der Worte auswirkte, die sie von sich gab. Nach der Ausklammerung von Theologie, Mathematik, Staatslehre, Physik (Naturwissenschaft) und gar noch der Psychologie, Logik und Linguistik ist die Philosophie nur noch ein dünner, zudem schwer verdaulicher »echter« Rest geblieben. Doch woraus besteht der Rest? Vielleicht aus dem Nichts, auf das sich manche

Philosophen warfen wie eine hungrige Meute auf einen einzigen hingeworfenen, dazu schon längst abgenagten Knochen. Philosophen, die die Weisheit zernagen, hinterlassen allenfalls das Nichts, wie zum Beispiel Jean-Paul Sartre, der am Ende seines rund tausend Seiten starken Monumentalwerks »Das Sein und das Nichts« bekannte: »Der Mensch ist eine nutzlose Leidenschaft.« Hätte er das schon auf Seite 1 gesagt, um fortan schweigend im Lotussitz zu verharren, hätte ein ganzer Wald vor der Papierindustrie gerettet werden können. Wäre Sartre ein Weiser gewesen, dann hätten seine umfangreichen Überlegungen nicht in Resignation enden dürfen. Liebe resigniert nicht. Zumindest die Liebe der Weisheit.

Dass die Philosophie ihre Abhängigkeit von der Weisheit vergessen und übersehen hat, war ihr größter Sündenfall. Sich von der Liebe zu lösen, um von ihr unabhängig zu sein, das folgte aus der Erfahrung, dass sich die Weisheit nicht beherrschen lässt. Wer jedoch selbst allein herrschen will, muss auf sie verzichten. Weisheit lässt sich nicht herbeizwingen, sie wartet, bis man sie wieder liebt. Jeder Mensch kann die ihm unmittelbar erkennbare und zugänglich werdende Weisheit erfassen und lieben. Philosoph im ursprünglichen Sinne des Wortes kann man werden wie man Musikliebhaber wird: aus Liebe zu einer geistigen Sache. Seit Urzeiten hat es zahlreiche Menschen gegeben, die einen ungehinderten Zugang zur Weisheit gepflogen haben und pflegen. Uralte Erkenntnisse können dem Menschen immer wieder neu aufleuchten, dazu kommt es nicht auf das viele Wissen an. Unwissen zeichnet niemanden aus, sinnlos angehäuftes Wissen allerdings auch nicht. Lichtenbergs Zukunftsuniversität müsste sich um dieses Dilemma kümmern. Sie könnte völlig neue, andersartige und belebende Impulse für unser gesamtes Bildungssystem geben. Eine Kultur, in der Weisheit nicht als höchstes Ideal geschätzt wird, hört bald auf, eine zu sein. Doch wohin führt es, wenn die Weisheit nicht geliebt wird, sondern als Mittel dienen soll, das Universum zu beherrschen?

Wie antwortet die Welt auf ihre Rätsel?

Der vergebliche Kampf
gegen die Unwissenheit

Man kann versuchen, Fragen mithilfe des analytischen Denkens zu beantworten. Manchmal gelingt es. Es gibt jedoch auch Rätsel, bei denen das auf die Vernunft gegründete Denken nicht nur versagt, sondern die Lösung geradezu verhindert, weil die Vernunft mitunter Denkblockaden aufbaut, die nur mithilfe von Weisheit überlistet werden können. Mit Weisheit denkt man anders, freier und vor allem unbekümmert um das, was die Normaldenker als ausgemachte Lehre verkünden. Weisheit mobilisiert Träume und Fantasie, mit deren Hilfe ganz neue Wege gefunden werden. Mythen und Märchen berichten immer wieder von Rätseln, an denen die meisten scheitern und nur wenige Auserwählte zur Lösung vordringen. Hier müssen wir unterscheiden. Es gibt lösbare und unlösbare Rätsel. Von zweien soll hier die Rede sein: von einem, das gelöst wurde, und von einem, an dem sich die Menschen seit Urzeiten vergeblich die Zähne ausbeißen.

Im Jahr 1589 erschien in Rom eine Schrift von Michele Mercati mit dem Titel »Degli Obelischi di Roma«. Vermutlich war Mercati der Erste in der Neuzeit, der sich mit dem Geheimnis literarisch befasste, das die Obelisken verbergen, die damals schon seit eineinhalb Jahrtausenden in Rom zu sehen waren. Kaiser Caligula ließ im

Jahr 37 n. Chr. den 42 Meter hohen ägyptischen Obelisken in Rom aufstellen, wo er heute noch auf dem Petersplatz steht. Von da an wurden immer wieder solche Steinsäulen als Souvenir von Feldzügen von Ägypten nach Rom und andere europäische Kapitalen geschleppt und an markanten Stellen aufgebaut. Auf den Obelisken fand sich eine eigenartige Bilderschrift, an der seit dem Altertum herumgerätselt wurde. Bereits im vierten Jahrhundert n. Chr. hatte ein ansonsten unbekannter Forscher namens Horapollon über die Hieroglyphen geschrieben und behauptet, es handle sich hier um eine Bilderschrift; und dies in einem Jahrhundert, in dem es in Oberägypten vielleicht noch den einen oder anderen Gelehrten gegeben hätte, der durch seine Kenntnis der koptischen Sprache einen Zugang zu der rätselhaften Schrift gefunden hätte. Doch die Reise dorthin wäre zur damaligen Zeit kaum möglich gewesen. Horapollons These leuchtete ein, denn man sieht diesen Zeichen ihren symbolischen Gehalt an, zeigen sie doch immer wiederkehrende Bilder, auf denen man Werkzeuge, Waffen, Löwen, Falken, Adler, Spatzen, Federn, Fische und zahllose andere Gegenstände in mehr oder weniger einheitlicher Zeichnung erkennt. Man wusste auch dies schon immer: Wenn es gelingt, diese Schriften zu deuten, dann wäre ein Zugang zu einem der wichtigsten Kapitel der Menschheitsgeschichte gefunden. Obwohl es im Lauf der Jahrhunderte nach Mercati immer wieder Deutungsversuche gegeben hatte, führten sie alle in die Irre. Die Hieroglyphen gaben ihr Geheimnis nicht preis.
Als zu Beginn des 19. Jahrhunderts das Interesse an Ägypten wieder neu entflammte und nun auch detailgenaue Zeichnungen von Tempel- und Grabinschriften in Europa kursierten und außerdem Papyrus-Funde zu-

gänglich waren, gab es immer wieder neue Erklärungen der Texte, die sich auf den Symbolgehalt der Zeichen stützten. Man kannte ja auch längst die chinesische Schrift, die, wie unsere Zahlen, auf Zeichen basiert, die man auch verstehen kann, ohne die Sprache zu sprechen. So kann z. B. die Shanghaier Zeitung von Menschen in Peking gelesen werden, die die gesprochene Shanghaier Sprache nicht verstehen. Die Hoffnung, man könne so ähnlich auch die Hieroglyphen deuten, ohne die altägyptische Sprache zu kennen, beflügelte die Schriftdeuter. Als dann 1799 in Rosette im westlichen Nildelta ein Stein gefunden wurde, der einen gemeinsamen Text in griechischer, demotischer und hieroglyphischer Schrift zeigte – er steht heute zu London im Britischen Museum –, da schien das Rätsel endlich lösbar zu sein. Das war es aber nicht, denn die seit vielen Jahrhunderten gültige Überzeugung des Horapollon, die Hieroglyphen seien eine Bilderschrift, beherrschte immer noch das Denken.

Der Franzose Jean-François Champollion (1790–1832) war seit seiner Kindheit ein Sprachgenie. Mit unermüdlichem Eifer lernte er eine Sprache nach der anderen, nicht nur Latein, Griechisch und Hebräisch, sondern auch ab seinem dreizehnten Jahr Arabisch, Syrisch, Chaldäisch und Koptisch, also die längst tote Sprache, die aus dem Altägyptischen hervorgegangen ist. Schon in der Jugend setzte er sich das Ziel, die Hieroglyphen eines Tages zu entziffern. Er erwarb sich ein Gespür für die Zeit und die Sprache, die den Schreibern der Hieroglyphen noch geläufig war. So wurde er zum Begründer der Ägyptologie, längst bevor er die Gelegenheit bekam, das Land am Nil zu besuchen. Nicht nur sein übergroßes Wissen, sondern auch seine Bereitschaft, sich von den eingefahrenen Bahnen seiner Konkurrenten im Wettlauf um die Entzifferung der Hieroglyphen frei zu machen, verhalfen Champollion 1822 zum Durchbruch. Er kam der Lösung auf die Spur, als er auf eine Art suchte, die keiner der anderen je für aussichtsreich gehalten hatte. Er kümmerte sich nämlich nicht mehr um die fast als Dogma angesehene Annahme, die Hieroglyphen seien eine Bilderschrift mit unzähligen Symbolen, sondern er erkannte, dass die altägyptische Schrift sich im Lauf der Jahrhunderte zu einer phonetischen Schrift entwickelt hatte, in der die Zeichen ähnlich wie unsere Buchstabenschrift einen bestimmten gesprochenen Laut darstellten. So konnte er die Zeichen nicht nur deuten, sondern auch lesen. Mit seinen ab 1822 erschienenen Schriften über die Entschlüsselung der Hieroglyphen und dann auch über die altägyptische Sprache machte Champollion alles, was zuvor andere Gelehrte über sie geschrieben hatten, zu Makulatur. Allerdings muss dazu gesagt werden, dass diese Lösung des Rätsels nicht auf einem einmaligen Genieblitz beruhte, sondern auch von Champollion in langer und mühsamer Arbeit mit zahlreichen Rückschlägen allmählich erkämpft worden war. Zugleich war das von ihm geöffnete Tor der Zugang zu einem wichtigen Teil der Menschheitsgeschichte und zu einer bedeutenden Weisheitsliteratur. Man muss annehmen, dass die Lösung des Problems nur möglich war, weil die Kenntnisse, die Champollion wieder ans Licht brachte, im universellen Bewusstsein der Menschheit noch in einer uns nicht näher erklärbaren Weise gespeichert waren. Es war wie das Auffinden einer zugemauerten Grabkammer mit Jahrtausende verborgenen Schätzen.

Und nun der andere Versuch, ein Welträtsel zu lösen. Der

englische Physiker und Mathematiker Stephen W. Hawking schrieb 1993 in seinem Buch »Einsteins Traum« folgende Sätze: »Ich gehöre nicht zu denen, die glauben, das Universum sei und bleibe ein Geheimnis. (…) Es ist möglich, dass uns eines Tages der Durchbruch zu einer vollständigen Theorie des Universums gelingt. Dann wären wir wirklich die ›Masters of the Universe‹.« Hawking schreibt dann, er sei der Überzeugung, man könne das Universum in einer nicht allzu fernen Zukunft möglicherweise vollständig verstehen. Es könne zwar auch sein, dass dies nicht gelinge. »Aber es ist auf jeden Fall besser, nach umfassendem Verständnis zu streben, als am menschlichen Geist zu verzweifeln.«

Solche Belege menschlichen Hochmuts sind immer wieder zu entdecken. Die Entschlüsselung des menschlichen Genoms sei nahezu vollständig gelungen, wurde behauptet. Jetzt sei es nur eine Frage der Zeit, bis die menschliche Erbmasse in jeder Hinsicht und zu jedem Zweck sich manipulieren lasse. Besonders Naive möchten daraus schon folgern, es werde eines Tages möglich sein, die Weltprobleme, die aus der menschlichen Unvollkommenheit herrühren, zu lösen. Menschen, die so denken, haben die uralte Erfahrung, dass jedes gelöste Problem die Ursache von mindestens zehn neuen Rätseln ist, anscheinend nicht gemacht. Eine von der Forschung geöffnete Tür hat noch nie den Weg in irgendein Wissensparadies freigelegt, sondern immer nur den Weg zu neuen verschlossenen Türen gewiesen. Das hat sich auch in der Ägyptologie gezeigt. Sie begann erst richtig mit der Lesbarkeit der Hieroglyphen und stellt den Forschern auch heute noch jeden Tag neue Rätsel. Nie werden sie sagen können: »So, jetzt hätten wir's endlich geschafft, jetzt beherrschen wir Kunst und Wissen der Pharaonenzeit.« Die wahren Forscher gehen immer mit einem gewissen Maß an Demut, Bewunderung und oft verzweifelter Hoffnung ans Werk.

Wer davon träumt, die Welt als Meister zu beherrschen, ein Traum, den übrigens der von Hawking zum Titelhelden seines Buchs erhobene Einstein ganz gewiss nie hatte, muss auch sagen können, was mit seiner Macht geschehen soll. Will er die Menschheit verbessern? Eine total von Menschen beherrschte oder eine mit lauter Mustermenschen besiedelte Welt wäre die wahre Hölle, denn das nie ganz zu überwindende Chaos, die Grundsubstanz der Schöpfung, ist für uns alle viel wichtiger als eine perfekte Ordnung. Oder, noch einfacher gesagt: Gott arbeitet am Chaos und der Teufel thront über der Perfektion. Wo es nichts zu verbessern gibt, erlahmen die geistigen Kräfte.

Hawking mag ganz besonders intelligent sein; weise ist ein Mensch, der diese Hoffnung Hawkings teilt, bestimmt nicht, sie führt in eine falsche Richtung. Seit Menschengedenken führen die Erdenbürger einen Konkurrenzkampf gegen Gott oder, man könnte auch sagen, gegen die schöpferische Macht des Kosmos. Adam war keineswegs der Einzige, denn die Mythen vieler Völker und Kulturen beginnen mit einer solchen Rebellion gegen die unbegreifliche Übermacht. Die Hoffnung mancher Kämpfer, man könne die Weltprobleme durch eine feindliche Übernahme der Kapitalmehrheit am göttlichen Universalimperium lösen, ist vergebens. Auch wenn dies wohl kaum deutlich ausgesprochen wird, so steht dennoch mehr oder weniger bewusst eine solche Überzeugung im geistigen bzw. ungeistigen Hintergrund vieler Menschen. Hawkings Ansicht, man müsste am menschlichen Geist verzweifeln, wenn der Mensch die

Hoffnung aufgebe, eines Tages doch noch alle Welträtsel lösen zu können, ist weit verbreitet. Sie lässt einen urmenschlichen Konflikt erkennen: Es ist einerseits das Streben, die Welt nicht in erster Linie zu lieben, zu verstehen und zu bewundern, wie es der Weise tut, sondern stattdessen vor allem sich über sie hinwegzusetzen. Andererseits ist es die Reaktion der Welt, die sich wehrt und die Menschen immer wieder hinter ihre Schranken zurückverweist. Sofern dies nicht eingesehen wird, entpuppt sich bei manchen Forschern der Kampf gegen die Unwissenheit als Kampf gegen die Weisheit. Das Problem ist unlösbar: Der Mensch muss fragen und um Erkenntnis ringen, weil er nur so seinem Auftrag als in die Welt und in die Materie verpflanzter Geist gerecht werden kann; andererseits muss er auch immer nach seinen Grenzen fragen. Daran hat sich seit Adams Zeiten nichts geändert.

Der Weise kennt seine Grenzen, er verzweifelt nie an der menschlichen Unvollkommenheit, wie es Hawking andeutet; im Gegenteil, er akzeptiert sie als notwendiges Schicksal des Menschen. Der Weise bezieht seinen geistigen Reichtum aus den Schranken, die dem Menschen gesetzt sind. Sie sind nicht unveränderlich, sie wurden durch die Wissenschaft weit hinausgeschoben in einst für unzugänglich gehaltene Gefilde. Sie werden und müssen auch in Zukunft noch weiter hinausgeschoben werden, doch alle Fortschritte in Richtung Unendlichkeit verkleinern diese nicht. Die Welträtsel ändern ihre Gestalt, nicht ihre Größe. So verstanden geht es nicht nur um die Fragen: Was dürfen wir erforschen? Dürfen wir das Machbare herstellen? Sondern um diese: Welche Gegenkräfte und Katastrophen setzen wir in Gang, wenn wir das Machbare angesichts der menschlichen Unvollkommenheiten in Angriff nehmen? Gefährlich ist nicht der forschende Mensch, der das Machbare erweitert, sondern der, der dabei seine Unvollkommenheit nicht wahrhaben will und gedankenlos Gegenkräfte mobilisiert, die stärker sind als die überwundenen. Nicht der Unwissende, sondern der nicht um seine Unwissenheit wissende Mensch ist der von Sokrates verachtete. Dies war der Kern seiner Weisheit, die er in seiner großen, von Platon geschilderten Verteidigungsrede – seiner »Apologie« – darlegte: »Verglichen mit diesem Menschen, bin ich doch weiser. Wahrscheinlich weiß ja keiner von uns etwas Rechtes; aber der glaubt, etwas zu wissen, obwohl er es nicht weiß; ich dagegen weiß zwar auch nichts, glaube aber auch nicht, etwas zu wissen. Um diesen kleinen Unterschied bin ich also offenbar weiser, dass ich eben dies, was ich nicht weiß, auch nicht zu wissen vermeine.« (Die bekannte Kurzformel: »Ich weiß, dass ich nichts weiß«, verharmlost das Problem.)

Wer die wirkliche Weisheit besitzt, braucht nicht den Stein der Weisen. So wenig wie ein Sechser im Lotto einen Menschen weise macht, so wenig könnte der magische Stein am Menschen irgendetwas zum Positiven hin ändern. Allein Weisheit unterscheidet zwischen lösbaren und unlösbaren Rätseln. Sie kämpft gegen das Nichtwissen und achtet es zugleich, weil ohne diese allgegenwärtige Herausforderung der menschliche Geist erlahmen würde. Wer von der Allmacht der Menschheit träumt, der träumt von ihrem Ende.

Ikaros und die Spekulanten

Die ersten Flugversuche –
Vom Errechnen und Erspüren der Zukunft

Dädalos war ein vielseitiges Genie: Architekt, Bildhauer und Erfinder. Er war der Erste, der statt archaischer Statuen klassische schuf, indem er ihnen Leben gab. Waren bei den alten Meistern die Augen starr geradeaus gerichtet und die Arme rechts und links stramm wie an eine nicht vorhandene Hosennaht geklebt, blickten die Augen seiner Kunstwerke wie sehend auf die Betrachter und reckten Arme und Beine frei in den Raum, wie in tätiger Bewegung. Sein Neffe Talos eiferte ihm nach, war jedoch als Erfinder bald noch angesehener; er erfand die Töpferscheibe, die Säge und die Drechselbank. Der Onkel wurde eifersüchtig und stürzte Talos von der Akropolis hinunter in den Tod. Als die Sache ans Licht kam, wurde dem Dädalos in Attika der Boden zu heiß. Er floh und fand Asyl in Kreta bei König Minos. Für den baute der findige Architekt in Knossos das Labyrinth für den gefürchteten Vielfraß Minotauros, dessen Heißhunger sich auf Jünglinge und Jungfrauen richtete, die alle neun Jahre lebendfrisch aus Athen angeliefert werden mussten. Die Unheimlichkeit des vom Archäologen Evans inzwischen freigelegten angeblichen Labyrinths lässt sich heute den dort in Gruppen herumgeführten Gästen aus Japan und der übrigen Welt nur schwer vermitteln, zumal sie Minotauros, falls er noch lebte, als Speise vermutlich verschmäht hätte.

Dem Dädalos wurde es mit der Zeit auf Kreta langweilig. Ihn plagte Heimweh nach den Rosen und Eulen von Athen und er hegte den Gedanken an seine Abreise. Minos war jedoch herrschsüchtig und stellte seinem Baumeister keine Schiffsüberfahrt zur Verfügung. Dädalos kam auf die Idee, den Luftweg zu nutzen. Gesagt, getan. »Dädalos überwältigte mit seinem Erfindergeist die Natur.« So äußert sich Gustav Schwab in seiner Nacherzählung dieser klassischen Sage. Dädalos machte sich wieder einmal ans Erfinden. Er sammelte alle Arten und Größen von Vogelfedern, nähte sie zusammen und befestigte sie mangels eines geeigneteren Klebstoffs mit Wachs. Sein Söhnchen Ikaros schaute eifrig zu und baute sich Flügel nach dem gleichen Modell, nur ein paar Nummern kleiner. Vater Dädalos stellte sich auf die Startpiste am Flughafen von Hierakleion und erklärte Ikaros, noch auf dem Boden, zwar nicht den Gebrauch von Sauerstoffmasken und Schwimmwesten, was er auch hätte tun sollen, sondern er verkündete eine bis heute gültige Lebensweisheit: Flieg immer, lieber Sohn, auf mittlerer Höhe, nicht zu tief, sonst streifst du mit den Fittichen die Wogen, die dich nach unten ziehen würden, und vor allem auch nicht zu hoch. Wenn du nämlich zu nahe an die Sonne gerätst, können deine Flügel Feuer fangen. »Zwischen Wasser und Sonne fliege dahin, immer nur meinem Pfade durch die Luft folgend.« Dädalos litt jedoch vor dem Start unter ziemlicher Flugangst. Vor allem traute er, wohl ahnend, was passieren könnte, dem Verhalten seines Sohnes nicht recht. Er küsste Ikaros ein letztes Mal »und eine bange Träne tropfte ihm auf die Hand«. Dann starteten sie in die Lüfte und dies gelang wunderbar. Statt nun jedoch direkt von Hierakleion aus nach Athen zu fliegen, leistete sich Dädalos einen riesigen Umweg; kreuz und quer streifte er über die Inseln der Ägäis und sah Samos, Delos und Paros unter sich liegen.

Die griechische Weisheit, die hinter diesem Bericht steht, verurteilt keineswegs den Erfindergeist, der die Natur überwältigte. Im Gegenteil, sie bewundert ihn. Wir können dies auch heute akzeptieren nach der Devise: technischer Fortschritt kann der Menschheit dienen. Wir brauchen uns keiner Weisheitslehre zu fügen, die die weitere Erforschung und Nutzung der Natur von vornherein ablehnt. Im Gegenteil, der menschliche Geist ist seit dem Heraustreten des Menschen aus der nur auf die Biologie beschränkten Evolution dazu geschaffen, das Neue, das Andere, das Bessere zu suchen und weiterzuentwickeln. Der Mensch soll fortschreiten, dabei allerdings sein bewusstes oder unbewusstes Ziel nicht aus den Augen verlieren. Wer auf dem Land nicht weiterkommt, sucht einen Weg auf dem Wasser. Wem kein Schiff zur Verfügung steht, muss es wie Dädalos in der Luft versuchen. Dädalos war der Erste, er musste lange warten, bis er Nachfolger fand.

Als am 31. Mai 1811 der damals einundvierzigjährige Schneidermeister Albrecht Ludwig Berblinger, der so genannte »Schneider von Ulm« mit seinem selbst gebastelten Hängegleiter in die Donau stürzte, ein Sturz, den er überlebte, da spotteten die Leute. Zwar ist die Donau in Ulm nicht ganz so breit wie die Ägäis, dafür hatte Berblinger dem Dädalos voraus, dass er eine historische und nicht nur mythische Persönlichkeit war. Was sagten die Ulmer damals nach der durch widriges Wetter verursachten Bruchlandung? So etwa dasselbe, was sie nach dem Absturz des Flugpioniers Otto Lilienthal sagten, der am 10. August 1896 an dessen Folgen gestorben ist. So spotteten die Menschen, als 1908 das Luftschiff LZ 4 des Grafen Zeppelin bei Echterdingen explodierte, dort wo sich heute der Stuttgarter Flughafen ausbreitet. Ihr altkluger Kommentar: Da seht ihr es! Der Mensch ist nicht geschaffen für den Flug, er darf die Natur mit seinem Erfindergeist nicht überwältigen. Das geschieht ihm recht. So musste es ja kommen. Und so spotteten sie: »Zippel, Zappel, Zeppelin, dein Luftschiff ist schon wieder hin.« Die Weisen warnten. Doch waren sie wirklich weise? Die Zeit hat sie widerlegt. Die meisten Warnungen wurden überflüssig, weil sich der Mensch mit dem Neuen nicht nur abfinden konnte, er wurde von ihm abhängig. Eine neue Sorte von Warnern trat in Erscheinung: Es waren die, die vor den Warnern warnten. So entstand im 20. Jahrhundert eine Ideologie der zukunftslüsternen Warnungslosigkeit. Es galt der Grundsatz: Wer irgendwie, aus welchen Gründen auch immer vor den Folgen des technischen Fortschritts warnt, wird in wenigen Jahren widerlegt sein. Die Vergangenheit hat es ja gezeigt. Und so waren die letzten Barrieren der traditionellen Warner, die es immer gab, überwunden. Es regierten die bezahlten und unbezahlten Bejubler jeder neuen Technik.

Als die so verherrlichte Zukunft noch in Ordnung war, in den Jahren vor der Studenten-Revolution von 1968, vor dem Aufsehen erregenden Bericht des »Club of Rome zur Lage der Menschheit« unter dem Schlagwort »Die Grenzen des Wachstums« (1972), veröffentlichte der Informatik-Professor Karl Steinbuch seine Bücher »Automat und Mensch« sowie »Die informierte Gesellschaft« (1966) und »Falsch programmiert« (1968). In diesen Schriften vertrat Steinbuch im Einklang mit vielen medienwirksamen Autoren vornehmlich aus den USA ein uneingeschränktes Vertrauen in die Fortschritte der Automatisierung und der Informationstechnik. Viele seiner Vorhersagen, soweit sie sich auf die technischen Möglichkeiten der Informationsübertragung und -verarbeitung beschränkten, haben sich inzwischen nicht nur bestätigt, sie wurden teilweise weit übertroffen. Während jedoch der amerikanische Mathematiker Norbert Wiener (1894–1964), der durch sein Buch »Kybernetik« (Cybernetics, 1947) ein ganzes Zeitalter mit begründete, in seinen Schriften vor den Folgen seiner Theorien warnte, hatten kleinere Denker wie z. B. Steinbuch in den Sechzigerjahren noch die Hoffnung, mithilfe solcher technischen Fortschritte werde sich die Qualität des Lebens weltweit ganz allgemein verbessern lassen. An diesem Punkt kippte der technische Sachverstand in Torheit ab.

Die Prophezeiungen von damals lesen sich heute wie Hohn. Gegen Ende des Buchs »Die informierte Gesellschaft« schrieb Steinbuch: »In Zukunft werden die Menschen nicht nur über mehr materielle Güter und mehr Energie verfügen, sondern auch über sehr viel mehr Information. Der Besitz an Wissen wird mit unvorstellbarer Geschwindigkeit vergrößert werden.«

Soweit man das außerhalb der Köpfe gespeicherte Wissen mit dem gleichsetzt, was in einem Kopf davon hängen und wirksam bleibt, mag an dieser Behauptung etwas Wahres sein. Doch gerade diese Gleichsetzung führt zu den gefährlichsten Irrtümern; denn für das Glück und das wahre Funktionieren des Wissens blieben nach wie vor die Köpfe verantwortlich, nicht die Datenspeicher. Was Steinbuch damals noch nicht wusste, war nur dies: Die Ersetzbarkeit des Menschen durch Maschinen mag fortschreiten, sie hat jedoch Grenzen, die ein Techniker mit der Sprache der Technik nicht definieren kann. Dann die weitere Prognose Steinbuchs: »Menschen werden mit Methoden belehrt, welche das Lernen zum Vergnügen machen und vom gegenwärtigen Stil der Massen- und Bestrafungsausbildung weiter entfernt sind als ein Elektromotor von der Tretmühle.« Wenn wir diesem hehren Ziel in der Zwischenzeit auch nur einen Millimeter näher gekommen wären, dann müssten die Schulen heute wahre Tempel der Spaßgesellschaft sein und glückliche und erfolgreiche Schüler als Massenware produzieren. Die Wirklichkeit ist aber, dass beispielsweise an manchen Berufsschulen die vorgegebenen Lehrziele schon deshalb nicht erreicht werden, weil man den Schülern zunächst noch Lesen und Schreiben sowie die Grundrechenarten beibringen muss. Obwohl nun nach über einer Generation erwiesen ist, dass Lernen ein vielschichtiger Prozess ist, bei dem es in erster Linie auf unmittelbar menschlichen Einsatz und Kontakt ankommt, schwärmen einige Bildungsmanager im Auftrag der Industrie immer noch von der verstaubten Ideologie der Sechzigerjahre. Wo liegt der Denkfehler und damit die Torheit der damaligen Propheten? Es ist ganz leicht zu erklären: Der Computer mag uns Speicher- und Kombinationsaufgaben abnehmen, das eigentliche Lernen, das zu einer individuellen Wissens- und Erfahrungserweiterung führt, nimmt er uns nicht ab. Das Vergnügen am Lernen kommt von der Neugier und vom Erfolg, wenn wir das Gelernte anwenden können, nicht von der Perfektion oder womöglich »Intelligenz« einer Maschine.

Steinbuch fährt fort: »Die zukünftige Gesellschaft wird nicht nur eine Gesellschaft ohne Mangel an materiellen Gütern und Energie sein, die zukünftige Gesellschaft wird im Besonderen eine informierte Gesellschaft sein.«

Auch hier verwechselte Steinbuch Informationsmengen mit Informationsqualität. Eine Torheit, die er zehn Jahre später in seinem Buch »Maßlos informiert« (1978) zurückzunehmen versuchte, ohne sich zu ihr ausdrücklich zu bekennen. Den Gipfel der Ideologie der Sechzigerjahre formulierte Steinbuch (1966) so: »Das Grundgesetz wird sein: Zukunft geht vor Vergangenheit. Wo immer eine aus der Vergangenheit stammende Denkweise in Kollision gerät mit Entwürfen, welche die Verbesserung menschlicher Existenz in der Zukunft ermöglichen, muss die Denkweise der Vergangenheit zurücktreten.« Solcher Unsinn führte und führt manche dazu, Modernität und Geschichtslosigkeit, d. h. Desinteresse an der Vergangenheit, miteinander zu verwechseln. Unter der noch immer herumgeisternden Devise: »Im Zweifel das Neue« wurde und wird jede Tradition verdächtigt, den Fortschritt zu hemmen und damit wirtschaftliche Nachteile herbeizuführen.

Wer am Alten klebt, bleibt zurück; wer es verlässt, gefährdet den Boden, auf dem er steht. Also was nun? Es geht zunächst darum, den traditionellen Ausgangspunkt überhaupt zu beachten und von ihm aus zu erwägen, wo und wie man ihn verlassen muss. Nur eines lässt sich sicher sagen, eine Ideologie, wie die damals noch so offen geforderte und heute noch in der Wirtschaft praktizierte, kann zur Vernichtung einer ganzen Kultur führen. Sie stärkt diejenigen und lässt sie dominieren, die Kultur nicht achten, weil die von Natur aus immer etwas mit Tradition zu tun haben muss. Kaum einer von denen, die hier gemeint sind, wird je zugeben, er verachte kulturelle Werte. Man kann ihn in dieser Beziehung nur anhand seiner Entscheidungen beurteilen. Da helfen dann die üblichen Heucheleien nicht weiter.

Das eindeutig nur auf die Zukunft und die sofort messbaren Erfolge gerichtete Verhalten spielte ab den Sechzigerjahren des 20. Jahrhunderts eine besonders große
Rolle. Damals musste einer das Wort Zukunft nur in
den Mund nehmen und schon wurde er angestaunt und
ernst genommen, auch wenn das von ihm Verkündete
der reine Schwachsinn war. 1967 erschien das Werk »The
Year 2000« (»Ihr werdet es erleben«) der amerikanischen
»Zukunftsforscher« Herman Kahn und Anthony Wiener. 2000 war das magische Datum einer damals noch in
weiter Ferne liegenden Zeit, in der alles ganz anders und
natürlich besser sein würde. In dem genannten Buch
wurde unter vielem anderen doch tatsächlich vorge-
rechnet, die Sowjetunion könne das damalige Pro-Kopf-
Einkommen der Amerikaner bis 1993 erreichen, ein Jahr
vor Italien. Die Rechenweise war ganz einfach: Man gab
Statistiken und Trends in den Computer ein und hielt
die Zahlen, die er dann von sich gab, für eine ernst
zu nehmende Information über die Zukunft. Über
solche computergesteuerten Milchmädchenrechnungen
sollte man heute nicht lächeln, sondern sie zum Anlass
nehmen, darüber nachzudenken, worin unsere heutigen
Ahnungslosigkeiten bestehen, zumal viele heute noch
mit der gleichen naiven Unverfrorenheit den Leuten
etwas vorrechnen. Mit der Zukunft muss man zwar
rechnen, aber man kann sie nicht berechnen. Jede Zeit
begeht ihre eigenen Torheiten, kennt jedoch nur die der
Vorgänger.
Laotse sagte: »Erkenne das Große im Kleinen und das
Viele in einem. Plane das Schwere, solange es leicht ist.
Was sich noch nicht zeigt, ist leicht zu verhüten, was noch
zart ist, ist leicht zu zerbrechen« (aus Spr. 63 und 64).
Wie kann man etwas verhüten, solange es sich noch nicht

zeigt? Dafür gibt es kein Rezept. Olaf Jacobsen meint, jeder Mensch strebe nach Gleichgewicht, um es in der Gegenwart immer wieder herzustellen. Es könne jedoch sein, dass er ein Ungleichgewicht aus der Zukunft in sich spüre, um darauf zu reagieren. Dies ist eine mögliche Formulierung des Problems. Ganz allgemein kommt es darauf an, mit dem Handeln nicht zu warten, bis die Krise endlich da ist und den Leuten das Wasser bis zum Hals steht, sondern zu reagieren, wenn die künftige Krise noch in der Luft liegt. Ihre Vorboten erkennt nur, wer sie dort sieht, wo sie sich später möglicherweise gerade nicht zeigen werden. Die Signale aus der Zukunft dringen in keine Statistik, sondern sie erscheinen in einzelnen Symptomen in der Gegenwart. Dort harren sie darauf, sich mit den Zufällen von morgen zu verbinden. Es geht also darum, die richtigen Zeichen auszuwählen und sie richtig zu deuten. Vielleicht genügt sogar eine nicht bewusst werdende Inspiration. Ein gelbes Blatt verrät mehr vom Herbst als ein Sturm vier Wochen später. Und vielleicht muss man auch Aristoteles widersprechen: Eine einzelne Schwalbe macht eben doch den Frühling. Der Dichter Eduard Mörike ging noch weiter: Er spürte in den noch träumenden Veilchen schon den kommenden Frühling. Doch leider muss sich die Menschheit mehr mit dem Überleben als nur mit den lyrisch träumenden Veilchen befassen. Vielleicht ist jedoch der Unterschied gar nicht so wesentlich. Im Übrigen gilt das dank Gorbatschow berühmt gewordene Sprichwort: »Wer zu spät kommt, den bestraft das Leben.« Aber: Wer zu früh kommt, den bestraft es auch. Es gibt also für den rechten Zeitpunkt kein Rezept. Den »Kairos« zu finden, das ist eine Form der Weisheit.

Als Hitler 1933 an die Macht kam, konnte man über sei-

nen Judenhass aufgrund seiner Schrift »Mein Kampf«
Bescheid wissen. Die offizielle Diskriminierung der
Juden begann mit Hitlers Machtübernahme. Was man
damals noch kaum ahnte war, in welcher verbrecheri-
schen Weise dieser Judenhass zu einem spektakulären,
mit bürokratischer Gründlichkeit betriebenen Völker-
mord ausarten würde. Viele Juden in Deutschland hofften zumindest bis 1938, alles werde nicht gar so schlimm
enden und vielleicht beruhige sich der Hass wieder. Sie
konnten sich die Gräuel der Zukunft nicht vorstellen.
Die Weisen sahen das anders.

Der trotz einiger hervorragender Bücher in Deutschland
nicht allzu bekannte Biochemiker Erwin Chargaff
(1905–2002) stammt aus Czernowitz in Galizien, das bei
seiner Geburt noch eine österreichische Provinzhaupt-
stadt war. Er studierte und lebte später in Wien und
ging 1935 in die USA, um sich dort wissenschaftlich
zu betätigen. In seinen Erinnerungen unter dem Titel
»Das Feuer des Heraklit« (1989) begründete er seine
damalige Auswanderung keineswegs mit den Zuständen
im benachbarten Deutschland, die ja spätestens 1938
auch auf Österreich übergriffen. Er spricht auch nicht
vom weit verbreiteten Antisemitismus, der damals in
seinem Land dem des nördlichen Nachbarn nicht nach-
stand. Vielleicht nahm er die Hetze nicht wahr. Sein
Umzug nach Amerika erscheint jedoch, wenn man den
Gang der Geschichte betrachtet, das einzig Richtige
für ihn zum rechten Zeitpunkt gewesen zu sein. Man
kann auf Ahnungen reagieren, deren man nicht bewusst
wird.

Der Philosoph Hans Jonas ist in Mönchengladbach
geboren. Er emigrierte 1933 und ging zunächst nach England. Der Psychoanalytiker und Sozialpsychologe Erich

Fromm stammte aus Frankfurt am Main und verließ Deutschland 1933. Der Philosoph Ernst Bloch, der in Ludwigshafen geboren ist, verließ Deutschland ebenfalls 1933. Sie und viele andere emigrierten damals, weil sie in der Lage waren, gegen den Trend des angepassten Denkens, die Zeichen rechtzeitig zu deuten. Sie reagierten auf das Ungewisse, das erst später zur grausamen Gewissheit werden konnte. Die Weisen rechneten nicht nur, sie spürten auch die Substanz des Ungewissen. Die Zeichen der Zeit zu entdecken und richtig zu deuten, wäre eine Aufgabe auch für die Gegenwart. Nur, wo sind die falschen und wo die echten Propheten? Erst in der Zukunft wird man sie auseinander halten können.

Doch immerhin gibt es Merkmale, an denen sich ihre Aussagen beurteilen lassen. Weise urteilen nicht aus den erkennbaren Systemen, aus der schlichten Verlängerung der gegenwärtigen Trends, wie es zum Beispiel Herman Kahn versucht hatte. Sie sehen den Menschen und die Gesellschaft, in der er lebt, als Ganzes an. Sie erkennen die richtigen und wichtigen Symptome. Sie wissen, dass Kurven gesellschaftlicher Entwicklungen ihren Verlauf spontan ändern können. Sie urteilen nicht nur mit der nachvollziehbaren Vernunft, sondern mit dem ganzen Körper, um nicht zu sagen, aus dem Bauch. Sie entziehen sich, wie Erwin Chargaff einmal in seinem Buch »Unbegreifliches Geheimnis« geschrieben hat, der »Tyrannei des Exakten«. Eine Wirtschaft, die sich dieser Tyrannei ausliefert und sich denen anvertraut, die ohne Rücksicht auf die Interessen des Staates, der Bevölkerung, der Arbeitnehmer und der Kunden sich nur an den Börsenkursen im Interesse einer amorphen Masse internationaler Spekulanten orientieren, ruiniert sich mittelfristig selbst.

Die Weisen wissen, wo die Dinge ihre natürliche Grenze haben müssen. Sie klinken sich aus, wo alles die Trends anbetet; sie haben Mut zur Unvollkommenheit und zum Scheitern. Wer nicht auch gegen den Wind segeln kann, kommt nie ans Ziel. Graf Zeppelin wusste, dass Luftschiffe (damals) eine Zukunft hatten, deshalb gab er nicht auf. Andere verrennen sich in einer törichten Hoffnung. Natürlich muss man sich von Traditionen lösen, die die Zukunft behindern, es gibt jedoch auch solche, die sie fördern. Den Unterschied zu erkennen, das ist Weisheit.

In der Mathematik weiß man, dass eine Sinuskurve ihre Wendepunkte mitten im Aufstieg und im Abstieg hat. Der Scheitelpunkt bedeutet keine Wende. In Wirtschaft und Politik wissen das offensichtlich die meisten nicht. Weise Unternehmer steuern an den Wendepunkten. Sie richten sich auf den Abstieg ein, solange es noch aufwärts geht, und sie vertrauen auf den Aufstieg, solange die Talfahrt noch anhält. Ein Rezept, wie man die Wendepunkte erkennt, gibt es allerdings nicht. Erfolg hat nicht, wer nur den Aufstieg herbeiführt, sondern wer sein Schiff sicher über die Wellen lenkt. Man hält den im Aufwärtstrend Tätigen für erfolgreich und feuert den, dem es zukäme, den Abstieg zu bewältigen.

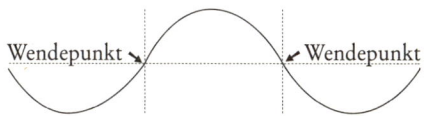

Doch nun kommen wir zum Ende der Geschichte von Dädalos und Ikaros. Auch wenn sie allgemein bekannt ist, sei sie hier kurz vorgetragen: Der junge Ikaros war hell begeistert von seinem Flug. Sein Erfolg machte ihn so euphorisch wie einen Großunternehmer nach der siebten »feindlichen Übernahme« konkurrierender Unternehmen: Wenn ich so hoch gekommen bin, dann gibt es ja nach oben keine Grenze, dachte er. Das ist ein uraltes Prinzip des menschlichen Verhaltens: Was fliegen kann, muss höher fliegen; was wachsen kann, muss weiter wachsen; was steigen kann, muss noch höher steigen; wer etwas leisten kann, muss noch mehr leisten; wer Glück hat, wird es immer haben. Ikaros bekam den Höhenrausch und dachte nicht an die Worte seines Vaters, der längst wusste, dass dem Menschen in allem ein Maß gesetzt ist. Der Weise kennt sein Maß, aber er benennt es nicht. Er erreicht eines Tages den Punkt der Umkehr und des Verzichts. Der junge Tor wurde übermütig und flog in immer höhere Regionen hinauf. Dort oben musste ihn das Schicksal ereilen. Die nahe Sonne erweichte mit ihren immer heißer werdenden Strahlen das Wachs, das die Federn zusammenhielt. Die umgeschnallten Flügel lösten sich in ihre Bestandteile auf. Dann folgte zwingend der Absturz aus der hell leuchtenden Höhe. Der Bursche fiel in die Meeresflut, die ihn verschlang, wie es die Banken tun, wenn sie plötzlich einem sinkenden Unternehmen die Kredite sperren. Vater Dädalos sah nur noch die Federn der von seinem Sohn gebastelten Flügel auf den Wellen treiben.

Dädalos, der Künstler, Architekt und Konstrukteur, war seiner Zeit voraus. Von weiteren Flugversuchen war nicht mehr die Rede. Er reiste vorsichtshalber auf dem Wasserweg nach Sizilien, um dort als Landschaftsgestalter für den König Kokalos zu wirken. Als Minos vernahm, sein berühmter Flüchtling halte sich in Sizilien auf, wollte er ihn mit Gewalt zurückholen. Er rückte mit Schiffen und Soldaten nach Sizilien aus. Der König

Kokalos reagierte weise und ging auf den kriegerischen Plan des Minos nicht ein, sondern empfing ihn scheinheilig als Ehrengast. Er bot dem von der Schiffsreise ermüdeten Kollegen als besondere Ehre sogar ein warmes Bad in seinem Schloss an. Dann aber ließ er aufheizen, und zwar so kräftig, dass Minos im siedenden Wasser starb. Kokalos bestattete den nach amtlichen Informationen leider auf der Dienstreise verstorbenen Kollegen mit höchsten Ehren. Er spendete sogar ein Mausoleum. Dädalos und Kokalos blieben Freunde. Offensichtlich waren sie nach vielerlei Erfahrungen in der Lage, sich mit der Welt, so wie sie nun einmal ist, zu arrangieren. Wurden sie die ersten Stoiker? Die Legende erwähnt das nicht, weil die Lehre von der Gelassenheit erst zu einer Zeit den Menschen bewusst und lehrbar wurde, als die Sagen schon längst in aller Dichter- und Griechenmunde waren.

Der Welt ihren Lauf lassen

Die Weisheit, Leiden zu ertragen

Das Leben ist ein Spiel. Meist wird »Mensch-ärgere-dich-nicht« gespielt. Wirklicher Verlierer ist dabei eigentlich nicht, wer seine Figuren als Letzter auf den Startplatz zurückführt, sondern wer sich ärgert, wenn eine seiner Figuren wieder einmal zurückgeworfen wird. Das Spiel trainiert das Auf- und Abregen. Doch was ist schon so ein harmloses Spiel gegenüber dem richtigen Leben mit ganz anderen Problemen. Und doch kann uns das Spiel noch ganz anderes zeigen. Wer bei sich oder anderen schon beobachtet hat, wie es bei gewöhnlichen Kartenspielen, z. B. beim Skat, zugeht, weiß, dass die Zufriedenheit oder Unzufriedenheit eines Spielers mit seinem Blatt leicht zu erkennen ist. Die Spieler tauschen ständig ihre Gefühle aus: Freude, Ärger, Spannung, Zufriedenheit. Die Karten werden unsicher, enttäuscht, erwartungsvoll hingelegt, triumphierend hingeknallt oder frustriert hingeworfen. Ein solches Spiel kann man aggressiv oder defensiv spielen und jeder kann die Taktik des andern leicht durchschauen.

Ganz anders ist es beim Poker, dem aus Amerika stammenden Glücksspiel mit Karten, das bei uns in der Öffentlichkeit verboten ist. Hier hängt das Glück eines Mitspielers von seiner Kartenkombination und natürlich auch davon ab, wie hoch gepokert wird. Über die Chancen der Karten, die einer erhält, muss man die Mitspieler bluffen. Da der Bluff von erfahrenen Mitspielern durchschaut werden könnte, besteht die »hohe Kunst« dieses Spiels zunächst darin, keinerlei Regung von sich zu geben. Die Spielgegner könnten versuchen, auch die gut gespielte Absicht, keine Miene zu verziehen, doch noch irgendwie zu durchschauen. Das vollendete »Pokerface« verrät nichts, keine Miene, keine Regung; es ist die Kunst, nach außen völlige Gelassenheit vorzutäuschen, während es im Spieler inwendig brodeln mag. Vielleicht gelingt es geübten Spielern, die Poker-Gelassenheit so zu verinnerlichen, dass sich tatsächlich in ihnen nichts weiter abspielt als der Versuch, ihr Glück zu mehren und regungslos zu bleiben, wenn es sich entfernt. Sie bleiben kalt, wenn es heiß zugeht. Vor Gericht oder bei geschäftlichen Verhandlungen mag die Kunst, sein Gesicht vor sichtbaren Regungen zu bewahren, nützlich sein. Ob dies jedoch ein Ausfluss der Weisheit sein kann, das ist eine andere Frage. Nicht das Gesicht, sondern das wirkliche Innenleben ist entscheidend. Das verhangene Gesicht steht im Widerspruch zum natürlichen Bestreben eines Menschen, mit andern zu kommunizieren.

Der Wahrung des Gesichts in Not und Bedrängnis aus innerlichen Quellen ist jedoch seit Menschengedenken ein Bestreben der Weisen gewesen. Berühmt geworden ist die Lehre aus der »Stoa poikile«, der Säulenhalle in Athen, in der der Philosoph Zenon von Kition um das Jahr 300 v. Chr. seine Schüler versammelte. Zenon soll die Lehre von der Apathie vertreten haben. Apathie bedeutet für ihn nicht nur, wörtlich verstanden, Leidenslosigkeit, sondern auch Affektfreiheit als philosophisches Prinzip. Strebt er nach dem Pokergesicht? Im wirklichen Leben geht es nicht um Spieltaktik, sondern um die

Kunst, nicht jeder Emotion nachzugeben, nicht das Schicksal zu verfluchen und auf Rache zu sinnen.

Seelenfrieden als eine Weisheitslehre, das ist keine griechische Erfindung. Bereits im biblischen Buch Hiob, einer großartigen Dichtung, deren Wurzeln schon aus der salomonischen Blütezeit im 10. Jahrhundert vor Christus stammen könnten, die jedoch möglicherweise erst ein paar Jahrhunderte später verfasst wurde, wird Hiob als Mensch dargestellt, der mit dem Leiden umzugehen versteht. Als er erfährt, dass nicht nur sein gesamter Besitz verloren gegangen ist, sondern auch seine Söhne umgekommen sind, sagt er: »Ich bin nackt von meiner Mutter Leib gekommen, nackt werde ich wieder dahinfahren. Der Herr hat's gegeben, der Herr hat's genommen; der Name des Herrn sei gelobt!« Obwohl in den folgenden Kapiteln Hiob, der nun auch durch Aussatz geplagt ist, immer heftiger klagt, richtet sich seine Klage nie gegen Gott, verflucht er ihn nie, auch wenn er immer davon überzeugt ist, dass Gott es ist, der ihn züchtigen will. Auch in tiefster Verzweiflung ruft Hiob: »Ich weiß, dass mein Erlöser lebt; und als der Letzte wird er über dem Staube sich erheben. Und nachdem diese meine Haut zerschlagen ist, werde ich ohne mein Fleisch Gott sehen.« Die Geschichte hat schließlich ein Happy End: Hiob wird wieder gesund und Gott belohnt ihn reichlich mit neuen Kindern und Gütern.

Der biblische Hiob bekam in späterer Zeit einen literarischen Nachfolger, der jedoch ganz anders reagiert. Es ist Mendel Singer, der arme, aber fromme und gottesfürchtige Lehrer aus einem Shtetl in Galizien. Sein Leben schildert Joseph Roth (1894–1939) in seinem Roman »Hiob« (1930). Roths »Hiob« Mendel Singer verliert in seinem langen Leben schließlich alles, was er an seiner Familie, an Glück und Gütern gehabt hatte. Am meisten trauert er um seinen verschollenen jüngsten Sohn Menuchim. Als alter, gebrochener Mann kommt Mendel nach Amerika. In seiner Verzweiflung macht er in seinem Zimmer ein Feuer auf dem Herd und wirft seine Kultgegenstände und Gebetbücher hinein. Er verflucht Gott. Als Nachbarn kommen und ihn bezähmen wollen, schreit er: »Mehr als sechzig Jahre war ich verrückt, heute bin ich es nicht. (…) Gott will ich verbrennen.« Später erfährt er, dass sein Sohn Menuchim in Amerika ein berühmter und von allen verehrter Schlagersänger geworden ist. Mendel hatte seine Hoffnung zu früh verloren.

Drei- bis vierhundert Jahre nach dem Athener Zenon von Kition wurde der so genannte Stoizismus in Rom wieder Mode. Obwohl die römischen Stoiker eine Lehre nachvollzogen, die schon damals als Antiquität gehandelt wurde, verdanken wir ihnen doch die gründlichste Ausformulierung stoischer Weisheit. Eine zentrale Gestalt im römischen Stoizismus ist der Politiker und Philosoph Lucius Annaeus Seneca (4 v. Chr.–65 n. Chr.) In den Briefen an seinen Freund und Schüler Lucilius erklärt er seine stoische Einstellung zum Leben eindringlich und ausführlich. Dies ist sein zentrales Anliegen: Der Mensch kann lernen, die große Weltordnung so zu verinnerlichen, dass alles, was geschieht, mit ihr im Einklang gesehen wird. »In dem Wechsel der Gegensätze besteht die ewige Dauer der Dinge. Diesem Gesetz soll unsere Seele sich anpassen, ihm soll sie folgen, ihm gehorchen. Und was auch immer geschehen mag, sie soll glauben, dass es hat geschehen müssen. Die Seele soll jedem Verlangen entsagen, der Natur Vorwürfe zu machen. Das Beste ist, zu ertragen, was man nicht besser machen kann, sich der Führung Gottes, des allmächtigen Schöpfers aller Dinge, ohne Murren zu fügen. (…) Unverdrossen soll uns das Schicksal finden (…), kleinlich und irregeführt ist derjenige, der widerstrebt und von der Weltordnung übel denkt und lieber die Götter bessern will als sich selbst« (Brief 107). Der Weise, ob er nun Stoiker aus Überzeugung ist, wie Seneca, oder ob er von Natur aus einfach so denkt, überwindet die Zeit und klebt nicht am Besitz. Denn so schrieb Seneca: »Das Haben wird uns entrissen, das Gehabthaben niemals.« (Brief 98)

Leicht gesagt, schwer getan. Der biblische und der Roth'sche Hiob haben laut geklagt. Seneca hat sich, so wird berichtet, ohne zu klagen, die Pulsadern selbst geöffnet, um der Hinrichtung durch Kaiser Nero zu entgehen, gegen den er sich angeblich verschworen haben soll. Sokrates hat gelassen den Schierlingsbecher getrunken, Jesus ließ sich kreuzigen. Zahllose religiöse Märtyrer starben für und durch die Kirche, politische Märtyrer gibt es weltweit bis in unsere Gegenwart. Ob sie die vollkommene Gleichmut gegenüber Gefahr, Not und Leiden hatten, ob sie beim Gang aufs Schafott geschrien haben oder ob sie sich wie der heilige Sebastian scheinbar schmerzlos und gelassen mit Pfeilen haben beschießen lassen, darauf kommt es weniger an als auf ihre Gewissheit, dass im zeitlosen Universum ein schöpferischer Logos herrscht, vor dem nichts verloren gehen kann. Vielleicht ist Heiligkeit die Kraft, die von solchen Menschen auf andere ausstrahlt. Sie kann auch darin bestehen, die wichtigsten Einsichten über Gott und die Welt nicht aus Büchern, sondern unmittelbar aus geistigen Kräften zu empfangen.

Das All weiß in mir

Einstein, Schelling und das unsystematische Denken

Im Haus Kramgasse 49 zu Bern lebte ein sehr eigenwilliger Beamter des Schweizerischen »Amtes für geistiges Eigentum« zusammen mit seiner Frau Mileva und seinem Söhnchen Hans-Albert. Nach Dienstschluss frönte der diplomierte Physiker seinem Hobby: der theoretischen Physik. 1905, eines Morgens beim Aufwachen hatte er eine Idee: Man müsste doch irgendwie Raum und Zeit miteinander verknüpfen können, wobei dann die Zeit als vierte Dimension zu sehen wäre. Darauf verfasste er eine Arbeit mit dem Titel: »Elektrodynamik bewegter Körper«. In ihr stellte der sechsundzwanzigjährige Albert Einstein die »Spezielle Relativitätstheorie« erstmals auf. Aus ihr entwickelte er später die »Allgemeine Relativitätstheorie«. Man könnte heute darüber spekulieren, ob Einstein mithilfe eines Computers die Relativitätstheorie schneller oder vielleicht auch nie gefunden hätte. Nur eine Tatsache ist sicher: Er hatte noch keinen Computer, es ging auch ohne. Stattdessen hatte er eine Stehlampe, unter der er, umgeben von einem Zettelsalat mit Skizzen und Formeln, nachdenken konnte. Zwar konnte er Ergebnisse empirischer Forschung in seine Überlegungen mit einbeziehen, doch sein wichtigstes Werkzeug war der eigene Kopf, wobei Einstein annahm, dass dieser mit dem Weltganzen verbunden sein müsse. Er schrieb einmal:

»Sie werden schwerlich einen tiefer schürfenden Geist finden, dem nicht eine eigentümliche Religiosität zu eigen ist. (…) Seine Religiosität liegt im verzückten Staunen über die Harmonie der Naturgesetzlichkeit, in der sich eine so überlegene Vernunft offenbart, dass alles Sinnvolle menschlichen Denkens und Anordnens dagegen ein gänzlich nichtiger Abglanz ist. (…) Unzweifelhaft ist dies Gefühl nahe verwandt demjenigen, das die religiös schöpferischen Naturen aller Zeiten erfüllt hat« (»Mein Weltbild«). Man erkennt schon daran, dass Einsteins wirklicher Traum von ganz anderer Natur war als der ihm von Hawking angedichtete.

Es genügt nicht, Bücher zu lesen und die empirischen Ergebnisse anderer Forscher zu überdenken. Man muss ganz neue, andere, ungewohnte Fragen stellen. Wer nie fragt, dem werden falsche Antworten angedreht. Und wie sehen solche Fragen aus? Scheinbar ganz einfach und naiv. Der siebzehnjährige, scheinbare Durchschnittsschüler Albert Einstein, der an der Kantonsschule in Aarau sich auf eine Art Mittlere Reife vorbereitete, hatte unter vielen anderen Fragen auch solche in seinem Denkgepäck verwahrt, die ihn besonders beflügelten. Sie müssten seinen streberhaften Mitschülern ziemlich albern vorgekommen sein, wenn er mit ihnen hierüber hätte sprechen wollen: Was würde geschehen, wenn ich hinter einem Lichtstrahl hereilen und ihn schließlich einholen würde? Oder: Wie würden sich physikalische Vorgänge in einem frei fallenden Aufzug verhalten? Solche Gedanken waren für Einstein der geistige Ausgangspunkt, auf dem er später seine Allgemeine Relativitätstheorie aufbaute. Andere hatten damals solche Überlegungen für Spinnereien gehalten. Einstein schrieb einmal: »Der Mensch muss sozusagen mit der Nase auf die

Sache stoßen, bevor der Gedanke kommt« (»Mein Welt-bild«). Damit hat er wohl Recht, aber nicht jeder hat den gleichen Riecher für ungewohnte Fragen wie Einstein und außerdem kommt es darauf an, in den Freiräumen der Forschung auf Abenteuerreisen zu gehen. Wer seine Nase nur zum Schnarchen benutzt, mag lange warten, bis er mit ihr auf so etwas wie die Relativitätstheorie stößt.

Einstein hatte noch eine andere Komponente als Grundlage seines Forschens. Er erspürte den Ausgleich zwischen zwei Extremen des Denkens: Auf der einen Seite ist es die »Angst vor der Metaphysik«. Diese Angst, die er nicht teilte, sah er als Krankheit derer, die außer der Empirie nichts gelten lassen wollen. Einstein dagegen bekannte sich dem oben erwähnten »verzückten Staunen über die Harmonie der Naturgesetzlichkeit«. Bei diesem Staunen verharrte er jedoch nicht. Es war für ihn der Antrieb, weiter in das Geheimnis vorzudringen. Das andere Extrem wäre, wie er schrieb, ein »Wolken-Philosophieren, welches das Sinnlich-Gegebene entbehren und vernachlässigen zu können glaubte«. Für Einstein waren also Metaphysik und Empirie keine Gegensätze, sondern gemeinsam die wichtigsten Säulen seines Welt-bilds.

Eigenartigerweise gab es einen Denker, der sich recht einseitig dem nur metaphysischen »Wolken-Philosophieren« verschrieben hatte und doch mit der Nase auf Fragen stieß, die aus dem gleichen Gebiet wie das Einsteins stammten. Vielleicht lagen solche Fragen schon über hundert Jahre zuvor in der »Luft«, ohne dass irgendjemand sagen könnte, welche Bedeutung das Wort »Luft« in diesem Zusammenhang hat. Vielleicht wäre hier das Wort Himmel besser angebracht. Auch wer kritisch und nüchtern das Denkgeschehen der Menschen betrachtet, muss zu der Überzeugung kommen: Die andern denken für uns mit. Das Gedachte kann auf Dauer nie Privateigentum bleiben, auch wenn darüber nicht geredet wird. Wie oft wurden große Erfindungen unabhängig voneinander in fast gleicher Zeit gemacht?! Das Gedachte hat seine eigene Kraft, die der Mensch nicht beherrschen und eingrenzen kann. Niemand weiß, wann und wie es sich verflüchtigt und sich selbstständig macht.

Der Gedanke, die Weisen könnten alle miteinander etwas Gemeinsames besitzen, führt auf einen interessanten Denkpfad. Doch worin besteht dieses Gemeinsame, wie sieht es aus? Denken Weise irgendwie anders als Normalmenschen? Wer hier die eine, alles entschlüsselnde Antwort sucht, gewissermaßen die Zauberformel, die das Tor zur Weisheit öffnet, sucht vergebens.

Um dies zu verstehen, wollen wir uns mit einem der eigenwilligsten und genialsten Philosophen der Denkgeschichte befassen, dessen Nachruhm allerdings durch sein eigenes Verhalten bzw. durch seine Art zu denken und zu schreiben überschattet ist. Friedrich Wilhelm Joseph Schelling (1775–1854) war im Umkreis der deutschen Romantik neben Fichte und Hegel einer der bedeutendsten Philosophen seiner Zeit. Obwohl er in seinem Leben genügend Zeit dazu gehabt hätte, scheiterte er, als er sein idealistisches Hauptwerk »Die Weltalter« schreiben wollte. Immer wieder setzte er von neuem an und immer wieder verfranste er sich in Gedankengängen, die ihn vom Thema abbrachten. Er konnte seine Gedanken nicht gliedern und wenn er eine Gliederung versuchte, geriet sie ihm beim Schreiben aus den Fugen. Ein Teil der »Weltalter« war schon gesetzt, da zog er den scheinbar fertigen Text wieder zurück. Es gibt rund ein Dutzend verschiedene Anfänge.

Vieles von dem, was Schelling geschrieben hat, ist unverdaulich. Schellings intuitive Denkmethode war es, die es ihm verbot, nach einem Konzept zu arbeiten und auf das bereits Verfasste aufzubauen. Mit seinem manchmal konzeptionslosen, frei schweifenden Denken kam er jedoch immer wieder zu ganz erstaunlichen Aussagen. 1804 sagte er in einer Würzburger Vorlesung: »In der Natur oder in der unendlichen realen Substanz absolut betrachtet, sind Licht und Schwere eins.« Den Zusammenhang zwischen Lichtwellen und Gravitation zu erforschen war erst einer viel späteren Zeit vorbehalten. Schelling behauptete ferner, das Weltall sei aus einer Explosion hervorgegangen, die immer noch weiterwirke. Damit wurde also weit über hundert Jahre vor Edwin Powell Hubble die Theorie vom Urknall vorgestellt. Darüber hinaus war er der Ansicht, Materie sei letzten Endes identisch mit Kraft und diese bestehe aus elektrischen Schwingungen. Überhaupt seien Geist und Natur identisch, nur sei eben die Natur der sichtbare Geist und Geist die unsichtbare Natur. Solche hellsichtigen Aussagen, nicht nur auf dem Gebiet der Physik, von der Schelling aus heutiger Sicht nicht allzu viel verstanden haben kann, gibt es zahlreiche in seinen Werken. Nie werden sie jedoch systematisch aus empirischen Beobachtungen hergeleitet. Wäre Einstein mit diesen Aussagen Schellings konfrontiert worden, worüber es keine Belege gibt, dann hätte er es geschafft, eine Empfindung zu zeigen, die Kopfschütteln und Staunen zusammenfasst.

Schellings spontane Behauptungen aus Gebieten, die er nicht erforscht hatte, mussten strenge Denker schon zu seiner Zeit und noch viel mehr im 20. Jahrhundert zu ernsthaften Stirnrunzeleien veranlassen. Besonders klar hat dies Karl Jaspers in seinem Werk »Schelling – Größe und Verhängnis« formuliert. Er meinte, solche Behauptungen Schellings hätten »mit Wissenschaft nichts zu tun«, dies alles seien vielmehr Fantasien und Spekulationen, denen keinerlei empirische Forschung zugrunde liege. Für diese habe sich Schelling gar nicht interessiert. Für die Maßstäbe wissenschaftlicher Arbeit sei das, was er sagte, manchmal so etwas wie »das Faseln eines Trunkenen«. Jaspers spricht hier sehr klar das aus, was man vom Standpunkt des modernen, sich auf die Normalvernunft beschränkenden Forschers dazu sagen könnte.

Es ist richtig, dass Schellings Theorien immer wieder ins Nebulöse und Abstruse abgleiten, dass er Behauptungen aufstellt, die nicht nur nicht bewiesen, sondern oft nicht einmal gedanklich nachvollzogen werden können. Dabei darf man aber nicht übersehen, dass er, wenn er empirisch geforscht hätte, niemals zu solchen hellsichtigen Aussagen gekommen wäre. Systematische Forschung bahnt Wege, die man dann auch beschreiten muss, wenn man weiterkommen will. Der Geist schweift jedoch zügellos umher. Und gerade hier liegt die Ursache für das grundlegende Missverständnis solcher Gedanken. Das »Verhängnis« seiner Philosophie (Jaspers) ist zugleich das Verhängnis jener, die für Schellings Art zu philosophieren kein Verständnis aufbringen können. Denn Schelling bekannte sich selbst zu den eigentlichen Wurzeln seines ungewöhnlichen Wissens. Ganz anders als Sokrates drückte er dieses Phänomen in seiner Würzburger Vorlesung von 1804 aus: »Ich weiß nichts, oder mein Wissen, insofern es wirklich meines ist, ist kein wahres Wissen. Nicht ich weiß, sondern nur das All weiß in mir.« Da gilt es zu unterscheiden: das Wissen, das dem All aufgrund von empirischen Forschungen abgetrotzt ist, hat eine andere Struktur als das Wissen, das das All dem Weisen freiwillig gewährt. Das erforschte Wissen kann Grundlage für ein funktionstüchtiges und nutzbares System werden. Aus dem einem Weisen geoffenbarten Wissen kann man keinen materiellen Nutzen ziehen. Es ist widersprüchlich, unvollständig und unsicher. Es aus diesem Grund zu verachten hieße, auf eine der wichtigsten Quellen der Weisheit und der Freude an geistigen Zusammenhängen zu verzichten.

Der Mensch, der sich als unlösbaren Bestandteil des Kosmos erkennt, muss für das Gesamtwissen dieses Kosmos geöffnet sein, weil er sich nicht aus ihm heraustrennen kann. Es ist ein unpersönliches Wissen. So meinte deshalb Schelling: »Das Wissende und das, was gewusst wird, sind nicht verschieden, sondern ein und dasselbe.« Der Forscher, der nicht unterscheidet zwischen sich und der Welt, der nicht trennt zwischen Subjekt und Objekt, muss immer wieder in sich selbst hineinhören, während er an der Natur und mit ihr arbeitet. Sein Ziel ist nicht, die Natur zu beherrschen, sondern als unlösbarer Teil von ihr sie für sich und andere zu verwirklichen. Er arbeitet mit der Natur und nicht gegen sie. Er löst sich von der Vorstellung, es komme auf ihn selbst an, sein Denken sei zunächst eine Privatangelegenheit und ein persönliches Verdienst. Dazu bekannte sich auch Einstein, als er schrieb: »Der wahre Wert eines Menschen ist in erster Linie dadurch bestimmt, in welchem Grad und in welchem Sinn er zur Befreiung vom Ich gelangt ist« (»Mein Weltbild«).

Schelling prägte auch das Wort vom »All-Organismus«, der in der Natur Vergangenes und Künftiges umfasse. Das Tier, das aus ihm, dem All-Organismus, heraus reagiert, »kennt« also Zusammenhänge, die außer und über ihm sind. Der Mensch ist hier nicht ausgeschlossen, wenn er seine Eingebundenheit in größere Zusammenhänge spürt. Das Tier, das ein ungeheuer großes, vom Menschen oft unterschätztes »Wissenspotenzial« hat, findet sich mit diesem in seiner Welt auf optimale Weise zurecht. Es fragt nicht, woher stammt mein Wissen, was taugt es; es handelt spontan. Der weitaus größte Teil des menschlichen Wissens, d. h. dessen, was wir von der Umwelt spontan wahrnehmen und meist unbewusst verarbeiten können, ist uns auf gleiche Weise wie dem Tier mitgegeben. Dies war übrigens auch ein Grund für Schellings Interesse an Mythen, weil er in ihnen ein Wissen und Denken erkannte, das originär mit der Menschheit zusammen entstanden ist. Die Weisheit der Mythen ist unerschöpflich und zeitlos. Viel zu oft wurde dies verkannt. Man könnte Weisheit auch als ein Wissen ansehen, das uns unmittelbar, d. h. ohne Belehrung oder ohne Empirie zufällt. Schelling öffnete sich gegenüber dem Wissen des Alls und dieses sandte gedankliche Lichtblitze aus einem verdeckten Ur- oder Gemeinwissen.

Von einem außerzeitlichen Gemeinwissen ging schon Platon aus. Im 20. Jahrhundert begründete C. G. Jung darauf die Lehre von »Archetypen« und vom »kollektiven Unbewussten«. Aus solchen Eingebungen, Beobachtungen und Theorien lassen sich keine funktionstüchtigen Systeme ableiten. Es ist also eine ganz andere Art von Wissen, das jetzt, nach einem halben Jahrtausend Vorherrschaft der rationalen Wissenschaft, auf ganz neue Weise wieder ernst genommen werden muss. Für uns Heutige kommt es darauf an, zu verstehen, wie ein Mensch, der sich gegenüber dem Wissen des Universums öffnet, zu seinen Weisheiten kommen kann. Schellings Bekenntnis »Nicht ich weiß, sondern das All weiß in mir« ist nur eine besonders deutliche Formulierung für etwas, was allen Weisheiten gemein ist. Bevor wir das All erkennen, liefert es uns bruchstückhafte Informationen, aus denen es herausleuchtet. Manche wollten sie notieren, sind jedoch über einen Zettelkasten nie hinausgekommen. Vielleicht kann Weisheit überhaupt nur so empfangen werden.

Zweiter Teil

Die Welt aus dem Zettelkasten

*Weisheit lässt sich nicht als Ganzes,
sondern immer nur in Splittern fassen.
Der Weise entdeckt in jedem Splitter
das Ganze.*

Über die Beobachtung der Stille
und des Hausfriedens

Rousseau im Boot und Kant ohne Frau

Aus einem Stückchen Moos und aus einer Baumflechte
die ganze Welt zu erkennen, das halten wir nicht für möglich. Aber sind unsere Enzyklopädien eigentlich viel
mehr im Vergleich zur großen Welt? Als Jean-Jacques
Rousseau am 6. September 1765 auf die einsame Petersinsel im Bieler See floh, begann er wieder einmal, wie
schon so oft, ein neues Leben. Auf eine ganz neue Art
wollte er den Stürmen des Lebens entfliehen. Zwar hatte er sich seine Bücher nachkommen lassen, er packte die
Kisten jedoch nicht aus. In seinem Buch »Träumereien
eines einsamen Spaziergängers« schwärmt er von dieser
Zeit auf der Insel. Er hielt die Tage, die ihm dort vergönnt
waren, für seine glücklichste Zeit und wäre am liebsten
für den Rest des Lebens dort geblieben. Seine größte
Freude war, wie er schrieb, »das kostbare far niente«. Er
wollte den Müßiggang zu seinem Lebensinhalt machen.
Dies wäre ihm allerdings nie gelungen, denn kaum war er
auf der Insel, begann er schon mit dem Botanisieren. Er
träumte davon, ein Handbuch mit sämtlichen auf der
Insel vorkommenden Pflanzen zu schreiben. Jedes Wie-
sengras, jedes Waldmoos, jede Flechte, jedes Grashälm-
chen, jedes Stäubchen des Pflanzenreichs wollte er ausführlich beschreiben. Dann und wann stieg er in einen
Kahn und ruderte bis zur Mitte des Sees, wenn er ruhig

war. »Dort streckte ich mich der Länge nach im Boot aus, die Augen gen Himmel gerichtet, und ließ mich manchmal mehrere Stunden vom Wasser hin- und hertreiben, in tausend verworrene, aber köstliche Träumereien versunken, die keinen bestimmten und beständigen Gegenstand hatten und doch hundertmal mehr Vergnügen machten als alles, was ich an Süßestem von den so genannten Freuden des Lebens genossen hatte.« Das Wesentliche an diesem Glücksgefühl war für den einsamen Träumer die Aufgehobenheit der Zeit. Er empfand einen Zustand, in dem die Seele ganz in der Gegenwart lebt, »ohne sich an das Vergangene zu erinnern oder sich das Zukünftige herbeiwünschen zu müssen; einen Zustand, in welchem die Zeit nichts für sie ist, das Gegenwärtige immer andauert, ohne doch seine Dauer und irgendeine Spur seiner Abfolge merken zu lassen... solange dieser Zustand währt, ist man sich selbst genug, wie Gott.«

Rousseau redet hier völlig unprätentiös nur von sich, nicht im Stil von »Alle mal herhören! So müsst ihr es machen, wenn ihr glücklich sein wollt! Verstanden?«. Der Denker, der Denksysteme hinter sich zurücklassen kann, schafft sich Freiräume für das Einfließen außergewöhnlicher Erkenntnisse und gleichen diese auch nur einem geistig erlebten Zettelkasten mit sprunghaften Notizen. Rousseau beschreibt dieses Denken so: »Ich beschäftige mich gern mit Nichtigkeiten, beginne hundert Dinge und vollende nicht eins, gehe und komme, wie es mir einfällt, wechsle jeden Augenblick den Plan, folge einer Fliege in all ihren Flügen, will einen Felsen entwurzeln, um zu sehen, was darunter ist, unternehme voll Eifer eine Arbeit von zehn Jahren und gebe sie ohne Bedauern nach zehn Minuten auf, kurz, ich schlendere am liebsten den ganzen Tag ohne Plan und Ordnung umher und folge in allem nur der Laune des Augenblicks.« Man möchte dieses Gefühl so deuten: Es gibt eine Liebe zum Chaos, zur Welt vor der Welt, zu einer Ordnung, die darauf verzichtet, eine zu sein.

Die Welt entstand aus dem Chaos, in das sie vielleicht irgendwann einmal wieder versinken wird. Sie wäre dann wohl nur eine Episode in Gottes Terminkalender gewesen. Darüber wissen wir, ihm sei Dank, nichts Genaues. Kann auch Weisheit aus dem Chaos entstehen? Die Welt ist ein Kosmos, eine sinnvolle Ordnung, deren Sinn wir immer nur in Ansätzen verstehen können. Das Spannungsverhältnis zwischen Chaos und Kosmos ist vielleicht das größte Rätsel, an dem Menschen seit Urbeginn der Menschheit knobeln. Denn dort, wo sich Informationen nur auf geordneten Bahnen bewegen können, quälen sie sich nach einiger Zeit zu Tode. Wo Gedanken aber in völliger Freiheit herumirren, herumgeistern, können sie sich zu neuen Formen zusammenballen. Geordnete Gedanken verbrauchen sich, sie altern. Nur das Chaos ist ewig jung wie die Welt vor der Schöpfung.

Nun gibt es zwar Menschen, deren verworrene Gedankenwelt nichts anderes sind als das Ergebnis einer eigenen oder von anderen übernommenen Denkkatastrophe. Doch dann und wann gibt es den seltenen Fall, dass ein Mensch aus seinem Lebenschaos Kräfte für etwas völlig Neues heranzieht. Ein solches Leben führte Jean-Jacques Rousseau.

Manche Religionen und Weisheitslehren preisen die Meditation, das Stillewerden, die geistige Öffnung gegenüber dem Göttlichen, gegenüber den Strömen aus dem Weltganzen. Menschheitsalte Erfahrungen und Praktiken, deren Ehrwürdigkeit niemand bezweifelt, gelangen jetzt angesichts der scheinbar nachlassenden

Kraft christlicher Religion auf westliche Märkte. Moderne Esoterikmanager bieten Bücher und Seminare an, in denen man solche »Techniken« trainieren kann, etwa unter dem Oberbegriff: »Werden Sie Mystiker in drei Tagen, inkl. Vollpension mit Frühstücksbuffet und Hallenbad.« Jahrelange Wanderungen durch die Wüste lassen sich durch optimierte Programme ersetzen. Dies wenigstens versprechen bunte Prospekte. Die Stimme Gottes via Mobilfunk ist noch nicht im Angebot, doch das ist eine Frage der Zeit.

Warum ist es in der Öffentlichkeit so still um die selbst erzeugte, kostenlose Stille? Das ist einfach zu erklären. Stille kostet nichts, mit ihr kann man kein Geschäft machen. Und doch: Wenn wir sie nicht suchen, nicht ausdrücklich zu uns einladen und uns Zeit für sie nehmen, flieht sie uns. Stille ist scheu, aber gabenreich. Ihre Gabe ist die reine Leere. Wirklich Neues kann nur aus ihr entstehen.

In diesem Zusammenhang soll hier nochmals Rousseau zu Wort kommen. Schon im 18. Jahrhundert lebte er gegen seine Zeit, war er der berühmteste Querkopf. Der Strom der Zeit, dem er sich immer widersetzte, spülte ihn an einsame Ufer. Gesellschaftliche Zwänge gab es für ihn nicht. Er wagte es, selbst im finsteren Schweizer Bergnest Môtiers bei Neuchâtel, wohin es ihn nach seiner Rückkehr zum Protestantismus auf der Flucht vor seinen unduldsam frommen Genfer Mitbürgern verschlagen hatte, in einem armenischen Kaftan mit entsprechender Pelzmütze herumzulaufen. Außerdem hatte es sich dort herumgesprochen, dass der eigenartige Neubürger eine bewegte Vergangenheit hinter sich habe, mit einer ihm nicht angetrauten Frau hause und dazu noch ein Buch namens »Émile« verfasst habe, in dem eine Erziehung empfohlen wurde, die im Gegensatz zur herkömmlichen nicht darin bestand, nur den Katechismus auswendig zu lernen. So wurde Rousseau auch dort zum Unmenschen, wie zuvor schon in seiner Geburtsstadt Genf, wohin er vor den Franzosen geflohen war. Es begann in Môtiers damit, dass der ängstliche Dorfpfarrer dem ortsfremden Rousseau empfahl, nicht mehr am kirchlichen Abendmahl teilzunehmen, und endete mit Beschimpfungen und Steinwürfen auf den eigenartigen Menschen im Kaftan. Da musste er natürlich auch dort gehen. Er erhoffte sich Ruhe auf der Petersinsel im nahen Bieler See. Obwohl man ihn dort nach nicht ganz zwei Monaten ebenfalls davonjagte, verklärte sich ihm die oben beschriebene Erinnerung an diesen kurzen Lebensabschnitt zur wahren Idylle. Noch heute zeigt man dem Wanderer auf dieser Insel das Zimmer, das Rousseau bewohnt hatte. Auch ein Denkmal wurde ihm in einem ufernahen Wäldchen errichtet.

Rousseau war einer der wenigen Menschen, die sich in ihren Memoiren nicht zum Helden stilisieren, sondern sich zu einem chaotischen, »unseriösen« Leben und Denken bekennen. Wie sich die Welt einem Bummler, Träumer und ruhelosen Wanderer immer wieder in völlig neuer, revolutionärer Weise offenbarte, das alles ist ohne Beispiel. Der berühmte »Taugenichts« von Joseph von Eichendorff ist gegenüber Rousseau ein harmloser Geselle. Was Rousseau in seinen Bekenntnissen jedoch nicht deutlich offenbart, das sind die Zeiten, in denen er mit höchster Konzentration sein Chaos in neue Ordnungen goss. Rousseau hatte es verstanden, aus dem Flug des Staubkorns, aus dem Klang einer Ballettmusik, aus den Gesprächen der unterdrückten kleinen Leute, aus dem Wogen der Grashalme, aus dem Duft der Wälder und

Gärten, aus dem Verhalten verbogener und edler Menschen, aus tausenden Details einer natürlichen und verderbten Welt Visionen einer besseren Welt zu empfangen und diese niederzuschreiben. Er hat im Chaos geforscht, um die Ordnung aufzuspüren. Das Chaos lässt sich nicht in Fachdisziplinen aufteilen, es ist universell. Nur in ihm liegen die Elemente der entferntesten Dinge beieinander. Wo nichts zusammengehört, gehört alles zusammen. Musik greift hier in Politik und diese in Botanik über. Wer ohne Ziel in seinem Denken umherschweift, wie es Rousseau konnte, stellt das Chaos in seinen Dienst, um es zu überwinden. Rousseau hatte viele Gegner aus dem Lager der Frommen, aber eigenartigerweise auch aus dem der Unfrommen, zu denen beispielsweise Voltaire gehörte. Er machte es kaum einem recht, weil er keiner von denen war, auf die es ankam. Sein Fehler war, zu früh das zu sagen, was man ihm erst nach seinem Tod glaubte. Roussseau, der Versager im Leben, der stets mehr Feinde als Bewunderer hatte, der oft genug auf die (materielle und sonstige) Gunst dominanter Frauen angewiesen war und der schließlich im Verfolgungswahn endete, wurde 1794, sechzehn Jahre nach seinem Tod, in einem feierlichen Kondukt in das Pariser Pantheon überführt, dem Tempel der großen Männer Frankreichs.

Der Gegensatz zwischen Rousseau und seinem zwölf Jahre jüngeren Zeitgenossen Kant hätte kaum größer sein können. Hier der ungebunden durch die Lande und Denkkünste streifende geistige Tausendsassa Rousseau, dort der strenge Geradeausdenker Kant, der lebenslang an sein Königsberg verhaftet blieb. Während der Genfer seine Ideen aus der Natur und der bunten Lebensvielfalt in allen Bereichen schöpfte, bekannte sich der Königsberger zu seinem auf Vernunft und nützlicher Moral aufgebauten Denksystem. Wo bleibt da bei Kant die Liebe, wo die Weisheit, der sich der Philosoph, wenn er diesen Begriff ernst nimmt, verschrieben haben will?

Seine Einstellung zur Liebe überhaupt gibt dazu einen ersten Einblick. Kant scheint gelegentlich darüber nachgedacht zu haben, ob es angebracht und lohnend sein könne, sich zu verehelichen. Er soll einmal gesagt haben, eine Ehe könne nützlich sein, wenn sie aus finanziellen Rücksichten geschlossen werde. Kein Wort von Liebe! Dies ist kein Wunder bei einem Menschen, der einmal in seiner Schrift »Anthropologie in pragmatischer Hinsicht« behauptet hatte: »Leidenschaften sind Krebsschäden für die Vernunft.« Dem hätte ein Denker wie Rousseau oder zuvor schon Blaise Pascal entgegenhalten können: Was taugt eine Vernunft, die nicht Leidenschaften überstanden hat und durch sie gereift ist? Gewiss, Vernunft muss objektivierbar, nachvollziehbar sein, doch was ist das für ein Mensch, dessen Vernunft sich von seiner Seele gelöst hat? Ist die von Kant verherrlichte bloße oder reine Vernunft überhaupt noch etwas Menschliches oder ist sie ein Kunstprodukt, »software« für einen »hardliner«, Programm für einen kalten Dickschädel? Als Kant achtunddreißig Jahre alt war, noch immer Junggeselle (wie bis zum Ende seines Lebens) und noch nicht Professor, scheint sich eine Dame aus Königsberg Hoffnung auf ihn gemacht zu haben. Nun war Kant mit einer Größe von 157 Zentimetern nur in geistiger, nicht auch in körperlicher Hinsicht ein Riese; aber erstens waren die Leute damals überhaupt kleiner als heute und Frauen, die dazu passten, gab es genügend. Eine Dame, die sich Jakobin nannte, schrieb ihm: »Ich Mache ansprüche auf Ihre gesällschaft Morgen Nachmittag, ja ja ich werde kommen, höre ich sie sagen, nun Gutt, wir erwarten sie, dan wird auch meine Uhr aufgezogen werden. Meine Freundin und Ich überschicken Ihnen einen Kuß per Simpatie ...« (Hier und im Folgenden zitiert nach Uwe Schultz: »Kant«.) Vermutlich wird sich Kant an der Rechtschreibung der Jakobin gestoßen haben. Vielleicht waren ihm auch ihre Vermögensverhältnisse nicht attraktiv genug. Und eine Dame, die sich so aufdrängt, ist das überhaupt eine Dame? Zumindest hat der Denkmeister den Brief zeitlebens aufbewahrt. Kant war zwar, wie behauptet wurde, kein Frauenfeind, wohl aber ein Liebesmuffel. Die besagte Jakobin hätte sich gewundert, wenn Kant sich hätte von ihr einfangen lassen, sagte er doch einmal: »Das Weib wird durch die Ehe frei; der Mann verliert dadurch seine Freiheit.« Folglich meinte er: »Der Mann liebt den Hausfrieden und unterwirft sich gern einem Regiment, um sich nur in seinen Geschäften nicht behindert zu sehen; die Frau scheut den Hauskrieg nicht, den sie mit der Zunge führt.«

Eine Kant'sche Sentenz verrät sogar, dass er sich manchmal gescheut haben muss, das Wort Liebe überhaupt zu verwenden: »Philosophie ist das, was schon ihr Name anzeigt: Weisheitsforschung.« Damit hatte er nicht Recht. Denn die griechische Silbe »philo« deutet auf Liebe, Verehrung, Freundschaft hin, nicht auf Forschung. Natürlich kann Forschung von Liebe getragen sein, doch Kant spürte statt Liebe anscheinend überall nur seine moralische Pflicht. »Die reine Vorstellung der Pflicht und überhaupt des sittlichen Gesetzes hat auf das menschliche Herz durch den Weg der Vernunft allein einen so viel mächtigeren Einfluss als alle anderen Triebfedern ...« Dass Pflicht und Sitte stärker seien als die sonstigen menschlichen Triebe, mag Kant geglaubt und an sich beobachtet haben. Sonst dachte und machte ihm das allerdings wohl keiner nach. So etwas kann nur ein Mensch sagen, dessen Triebleben unterentwickelt ist und der dazu so tut, als habe er von der Literatur keine Ahnung, was in Wirklichkeit gar nicht zutrifft. Schon allein die Bibel, Homer, Dante, Shakespeare reden doch auch noch von ein paar anderen Trieben als nur von Pflicht und Sitte. Kannte er denn nicht auch die römische Liebeslyrik von Horaz bis Ovid? Kant hatte sogar Rousseaus Erziehungsbuch »Émile« in die Hand bekommen und war so fasziniert, dass er es in einem Zug las. Doch nichts von alledem scheint auf sein Denken abgefärbt zu haben. Verachtete der große Meister solche Schriften alle miteinander oder war er nur verklemmt?

Das Abwegigste, was sich von der Weisheit sagen lässt, stammt ebenfalls von Kant: »Man darf von der Weisheit nicht geringschätzig sagen: sie ist nur eine Idee; sondern eben darum, weil sie die Idee von der notwendigen Einheit aller möglichen Zwecke ist, muss sie allem Praktischen zur Regel dienen« (»Kritik der reinen Vernunft«). Hier stimmt, wenn man die Weisheit recht versteht, keines der Worte: die Zwecke, das Praktische, die Regel. Nein! Der schärfste und klarste Denker der Philosophiegeschichte empfand keinerlei Liebe zur Weisheit, wie es sich für ihn als Philosophen gebührt hätte, stattdessen spürte er nur die hehre Pflicht, die Grundlagen der Vernunft zu erforschen. Kant schrieb von den Hintergründen des Denkens, aber er verdrängte die Abgründe.

Wer Weisheit mit Vernunft verwechselt und Liebe mit Pflicht, der spürt und versteht sie nicht. Weisheit fragt nicht nach Zwecken, nicht nach dem Praktischen, nicht nach der Regel, sie ist sich selbst genug. Weisheit muss sich am bunten, vielseitigen, widersprüchlichen Leben erweisen. Versagt sie da, dann ist es keine. Der Forscher misst die Welt, der Weise schätzt sie. Er verwendet kein Maß, denn die Welt ist sein Schatz und das reicht ihm. Dass Weisheit auch sehr viel dazu beitragen kann, der geliebten Welt zu dienen, ist ihre Folge, nicht ihr Zweck. Wie kann jemand, der die Weisheit missversteht und schon gar nichts von Liebe wissen will, Philosoph sein im ursprünglichen Sinne des Wortes Philosophia – Weisheitsliebe? Kant war ein genialer Denker, aber, so verstanden, kein Philosoph. Sein geradliniges Bohren an der Vernunft ging zu Lasten der Liebe. Einer seiner Zeitgenossen in Deutschland war ihr gegenüber viel empfänglicher, obwohl auch er in seiner äußerlichen Erscheinung nicht gerade das war, wovon Frauen schwärmen.

Der Richterstuhl unserer Enkel
Wie Lichtenberg
seine Weisheiten schöpfte

Wie sieht uns die Nachwelt, was bleibt: Geist oder Gebeine? Normalerweise wird der Mensch von der Nachwelt gar nicht gesehen, er wird einfach vergessen, spätestens dann, wenn die letzten, die den Toten noch gekannt hatten, ihm gefolgt sind. Natürlich gibt es Ausnahmen. Georg Christoph Lichtenberg ist als Physiker längst vergessen. Wenn er seine kunterbunten Einfälle nicht in seine höchst privaten »Sudelbücher« notiert hätte, wüsste kaum einer mehr seinen Namen. So ist jedoch sein Überleben in der Nachwelt gesichert, nicht nur als weiser Denker, sondern als einer der größten Meister der deutschen Sprache, der es wie keiner vor und nach ihm verstanden hat, Weisheiten mit spitzer Nadel aufzuspießen. Er wusste es: »Ich habe fast auf jeder Seite Ideen-Körner ausgestreut, die, wenn sie auf den rechten Boden fallen, Kapitel, ja Dissertationes tragen können. Meine Sprache ist allzeit simpel, enge und plan...« (E 189). Aufgrund einer seiner in die tausende gehenden Notizen kann man sogar die Rechtsprechung des Bundesgerichtshofs besser verstehen, zumindest zur Frage, wie man das Verhalten der Richter be- und verurteilen kann, die im Dritten Reich Unrechtsurteile gesprochen haben. Darüber sogleich weiter unten.

Das Gedenken der Nachwelt ist ein geistiger Prozess, es

gibt allerdings auch Menschen, die es vorziehen, sich an die Materie zu halten. Hier gehört Lichtenberg nicht zu den Großen. Im Rahmen einer frevelhaften Grabschändung durch das anthropologische Institut der Universität Göttingen im Mai 1983 wurde Lichtenbergs Skelett aus der Erde ans Tageslicht gebracht und wissenschaftlich untersucht. Dabei wurde nun endlich mit modernen Methoden bewiesen, was man zuvor schon gewusst und keiner bezweifelt hatte: Lichtenberg war ein buckliges Männchen, gerade mal einen Meter und vierzig hoch. Schon seine Zeitgenossen hatten ihn als »höckericht und krumm an Füßen« bezeichnet. Was man jedoch 1983 nicht erforschen konnte, das war das höhnische Gelächter, das aus dem Himmel oder von sonstwoher gedrungen sein musste, und mit dem Lichtenberg die Lächerlichkeit der möglicherweise ernst gemeinten Bemühungen seiner späten Göttinger Kollegen kommentierte. Die Störung der Totenruhe kann zwar nach § 168 des Strafgesetzbuchs mit Freiheitsstrafe bis zu drei Jahren bestraft werden, es war jedoch nicht zu vernehmen, dass der solcherart Gestörte Anzeige erstattet hätte.

Der Zwerg überragte mit seinem hellen und wachen Kopf fast alle seine Zeitgenossen und Nachfolger um mehr als Haupteslänge, er war ein geistiger Riese, dessen Weisheit bis heute nicht ausgeschöpft, geschweige denn übertroffen wurde. Als Physiker in Göttingen war er zu seiner Zeit international angesehen und geachtet. Im Gegensatz zu seinem achtzehn Jahre älteren Zeitgenossen Kant bedeutete ihm auch weibliche Schönheit viel, wie er immer wieder in seinen intimen »Sudelbüchern«, Tagebuchnotizen und Briefen notierte. Denn auch in dieser Beziehung war er von anderer Natur als der Denkerfürst im fernen Königsberg: »Dass Gott, oder was es ist, durch das Vergnügen im Beischlaf den Menschen zur Fortpflanzung gezogen hat, ist doch bei Kants höchstem Prinzip der Moral auch zu bedenken« (J 1071).

Seine oft nur aus einem oder wenigen Sätzen bestehenden Beobachtungen sind voraussetzungslos, scheinbar naiv, in Wirklichkeit von einer tiefen Hintergründigkeit, die vor nichts, aber auch gar nichts Halt macht. Nicht Wissen macht das Denken aus, sondern die spontane Eingebung, die Beobachtung, die Reflexion, vor allem sind es Einsichten, die aus der unaufteilbaren Gesamtheit der Welt auf uns einströmen und nur intuitiv im Nachdenken erfasst werden können. »Warum die Menschen so wenig behalten können was sie lesen ist, dass sie so wenig selbst denken« (F 170). Ein anderes Mal schrieb er, an seine Studenten denkend: »Lasst euch euer Ich nicht stehlen, das euch Gott gegeben hat, nichts vordenken und nichts vormeinen, aber untersucht euch auch erst selbst recht und widersprecht nicht aus Neuerungssucht« (F 734). Diese Worte könnten gerade auch in unserer Zeit wieder neu beachtet werden. Heute meinen wir, im Prinzip alles wissen zu können, was irgendjemand vor und neben uns gewusst hat oder weiß. Ein gefährlicher Irrtum ist dies, denn vieles Gewusste ist verloren oder, falls es nicht die Denkwelt wieder verlassen hat, in Archiven verstaubt. Es ist nicht mehr auffindbar oder nicht rekonstruierbar, weil auch die Fragen vergessen sind, die einst dieses Wissen provoziert hatten. Wenn die Visionen verblichen sind, versinken auch ihre geistigen Aufbrüche ins Nichts. Wir meinen, auf die verschwundenen Probleme komme es nicht mehr an, aber warum sind wir uns da so sicher? Entschädigen uns verstaubte Bibliotheken oder das Internet für den schmerzlichen Umstand, dass unsere

Köpfe im Verhältnis zum wachsenden Wissbaren immer kleiner werden? Hat sich schon jemand ausgedacht, was es bedeutet, wie sehr der einzelne Mensch, gemessen am Gesamtwissen der Menschen, immer unwissender wird und dass im gleichen Maße auch sein Einfluss auf die Geschicke der Welt abnimmt? Je höher die Wissenshalden werden, desto kleiner werden im Verhältnis zu ihnen unsere Köpfe. Die die Denkwelt schonende Entsorgung des Wissensmülls ist ein immer noch ungelöstes Problem. Vor allem ist es noch ungeklärt, wie man die Wissenswertstoffe aus dem Medienmüll heraustrennt.

Noch bilden wir uns ein, das Gespeicherte habe etwas mit Wissen zu tun. Doch der Anteil eines Steinzeitmenschen am Gesamtwissen seiner damaligen Welt war unendlich höher als heute der eines gebildeten Europäers, und sei er Nobelpreisträger. Unser Datenreichtum führt zur Denkverarmung. Das ist im Prinzip nicht neu, nur öffnet sich die Schere zwischen diesem Reichtum und der daraus folgenden Armut immer weiter. Deshalb schrieb Lichtenberg schon damals von sich: »Ich habe überhaupt sehr viel gedacht, das weiß ich, viel mehr als ich gelesen habe; es ist mir daher sehr viel von dem unbekannt, was die Welt weiß. (...) Könnte ich das alles, was ich zusammengedacht habe, so sagen, wie es in mir ist (...), so würde es gewiss den Beifall der Welt erhalten« (J 640). Um diesen Beifall hat er sich nicht gekümmert. Denn es dürfte eher fraglich sein, ob ein Mensch mit der Summe seiner Erfahrungen den Beifall der Mit-Welt erhalten kann. Aber Lichtenberg vertraute auf die Nach-Welt, schrieb er doch: »Die Menschen können geblendet und bestochen werden, nicht aber *der Mensch*, für den schreibe ich allein, wenn wir endlich vor den Richterstuhl unserer Enkel kommen« (F 737).

In dem Gefühl, nicht vor der tonangebenden Mitwelt, sondern vor den Enkeln verantwortlich zu sein, hat Lichtenberg einen Kern jeglicher Weisheit aus seiner Schale herausgeholt. Wie sich so etwas im 20. Jahrhundert bewahrheiten konnte, soll an einem tragischen Beispiel gezeigt werden. Der Vorsitzende des SS-Standgerichts in Flossenbürg, Otto Thorbeck, verurteilte auf Befehl Hitlers (Himmlers) nur einen Monat vor Kriegsende am 8. April 1945 die Widerstandskämpfer Canaris, Oster, Sack, Gehre, Strünck zum Tode. Am späten Abend wurde auch Dietrich Bonhoeffer herbeigeholt und praktisch ohne Verfahren durch Richter Thorbeck zum Tode verurteilt. Am frühen Morgen des 9. April wurden die Opfer dieser »Recht«-Sprechung gehenkt.

Elf Jahre später, am 19. Juni 1956, endete eines der kompliziertesten und langwierigsten Strafverfahren der Nachkriegszeit durch ein Urteil des Ersten Strafsenats des Bundesgerichtshofs. Thorbeck wurde freigesprochen. In diesem damals weder in einer juristischen Fachzeitschrift noch in der »Amtlichen Sammlung der Entscheidungen des Bundesgerichtshofs« veröffentlichten Urteil konnte man zur Begründung unter anderem diesen Satz lesen: »Die Widerstandskämpfer hatten nach den damals geltenden und in ihrer rechtlichen Wirksamkeit an sich nicht bestreitbaren Gesetzen die Merkmale des Landesverrats – mindestens teilweise auch des Hochverrats (…) verwirklicht. Hier war die Todesstrafe zwingend angedroht.« Dieses Urteil, das übrigens im Widerspruch zur vorherigen Rechtsprechung des Bundesgerichtshofs erging, zeigte, wie schwer sich die Richter in der Nachkriegszeit damit taten, über Unrecht zu urteilen, das von der Nazi-Justiz begangen wurde, soweit es formell auf den damals geltenden Gesetzen beruhte. Ein ähnliches

Dilemma tat sich nach dem Ende der DDR wieder auf, als sich Richter, Beamte und Soldaten darauf beriefen, sie hätten nach geltendem DDR-Recht gehandelt.

Wir alle sind ununterbrochen von Denk- und Handlungszwängen umgeben. Wir können uns aus ihnen nur befreien, soweit wir sie durchschauen und die Kraft haben, sie zu überwinden. Was hätte einen Richter während des Zweiten Weltkriegs erwartet, wenn er sich geweigert hätte, ein solches Urteil zu fällen? Das Schlimme an der Sache ist jedoch nicht diese Frage, sondern die Tatsache, dass der SS-Richter Thorbeck aus eigener Überzeugung voll hinter dem Unrecht stand, das er gesprochen hat, zu einer Zeit, als der Krieg für Deutschland schon längst verloren war. Er hat seine Verblendung nicht nur als solche nicht erkannt, sondern sie für seine Überzeugung gehalten.

Noch einmal Lichtenbergs Wort dazu: »Die Menschen können geblendet und bestochen werden, aber nicht *der Mensch*.« Der Weise richtet sich nicht nach den Menschen seiner Umwelt, auch wenn er wirtschaftlich und im Hinblick auf seine Geltung von ihnen abhängig zu sein scheint. Er richtet sich danach, was ein Mensch überhaupt sein kann und muss. Sein Blick ist nicht nur auf die Nähe, sondern auch auf die Ferne, auf die Vergangenheit und auf die Zukunft, auf den »Richterstuhl der Enkel« gerichtet. Ein Richter hätte zumindest 1945 unbedingt wissen müssen, dass es keinerlei Aussicht mehr gab, den Krieg nicht zu verlieren, und andere Mächte über Recht und Unrecht entscheiden würden. Er und die Bundesrichter von 1956 hätten wissen müssen, dass auch das formell geltende Recht seine Grenzen hat, die man ungestraft nicht überschreiten darf. Die Antwort, wo diese Grenzen sein könnten, erhält man nicht im Blick auf die

Gegenwart, sondern im Blick auf die gesamte Zeit. Die Frage des Weisen ist nicht: »Was sagen die Menschen, die mir etwas zu sagen haben?«, sondern: »Was sagt der Mensch, was sagt das ganze Menschengeschlecht zu meinem Verhalten?«

Seit dem Urteil von 1956 ist die Rechtsprechung einen guten Schritt weitergekommen. Denn in der Tat hat es seit 1956 nicht nur einen, sondern fast zwei richterliche Generationenwechsel gegeben. Urteilten in den ersten Nachkriegsjahren noch die Studienkollegen der damaligen NS-Richter, die zumeist eigene Erfahrungen mit den ideologischen und autoritären Anpassungszwängen während des Dritten Reichs hatten und sie zu verstehen meinten, sprachen vierzig Jahre später zum Teil schon deren Enkel Recht, die die Zwänge, nur aus zweiter Hand kannten. Hier bewahrheitete sich Lichtenbergs Gedanke: Die Großväter kamen vor den Richterstuhl ihrer Enkel. In einem Urteil vom 16. November 1995 ging es um einen Richter, der in den Jahren 1954–1956 an Todesurteilen wegen angeblicher Spionage gegen die DDR mitgewirkt hatte. Der Bundesgerichtshof verurteilte ihn und distanzierte sich in diesem Urteil ausdrücklich von seiner hier zitierten früheren Rechtsprechung von 1956, auf die der angeklagte DDR-Richter zu seiner Verteidigung hingewiesen hatte. Aus dem Urteil von 1995: »Zu der Zeit, als der Angeklagte die Taten beging, für die er jetzt verurteilt wird, und noch später waren Richter der NS-Justiz, die Todesurteile gefällt hatten, (...) von der bundesdeutschen Justiz nicht zur Verantwortung gezogen worden; sie waren sogar weiter in der Justiz tätig (...).« Hierin liegt »ein folgenschweres Versagen bundesdeutscher Strafjustiz«. (Die hier zitierten Sätze aus Urteilen des BGH stammen aus dem Beitrag von Gerhard Voss in der Schrift »Die Aufhebung diktatorischer Unrechtsurteile«, herausgegeben von Ilona Riedel-Spangenberger.)

Wenn man heute weiß oder zu wissen meint, dass es ein halbes Jahrhundert gedauert hat, um richtig ermessen zu können, was damals geschehen war, dann stellt sich uns die Frage: Wie werden unsere Enkel in fünf Jahrzehnten über unser heutiges Verhalten urteilen? Wo sind die Weisen, die heute schon das Unrecht unserer Gegenwart durchschauen? Wie sehen die grenzenlosen Torheiten unserer Politik und Wirtschaft weltweit aus? Wie urteilen unsere Enkel über unsere kritiklose Angepasstheit, die der des Dritten Reichs in ihren psychischen Grundlagen vielleicht gar nicht so unähnlich ist? Wie denken sie, was wissen sie, auf welches Wissen verzichten sie andererseits?

Es geht um ein Denken, das aus selbst gefassten Quellen stammt. Der Weise lernt Denker und Denkenlasser zu unterscheiden. Man kann es auch so ausdrücken: Wer andere denken lässt, lässt das Denken sein. Wer seinen Kopf vom Wissensmüll befreien will, muss davon überzeugt sein, dass dann überhaupt noch etwas in ihm zurückbleibt. Lichtenberg, der ja in erster Linie Physiker war, hat sich Gedanken darüber gemacht, warum Köpfe, in denen ein Gedanken-Vakuum herrscht, nicht zerdrückt werden (L 407). Er hätte die Frage schon damals beantworten können. Manche haben die Bretter nicht vor dem Kopf, sondern im Kopf, um das Vakuum abzustützen. Lichtenberg wusste, dass die größten Denker, die ihm begegnet waren, am wenigsten gelesen hatten. Es komme weniger darauf an, *was* einer denkt, als darauf, *wie* einer denkt (F 439, 440). Der Weise sucht das, was er zum Entscheiden braucht, zunächst einmal im eigenen

Kopf und das heißt zugleich in der ganzen Welt. Auch wenn er dort nicht alles findet, stößt er zumindest auf den Punkt, auf den es ankommt. Ein Tor durchwühlt den Heuhaufen, um die Nadel zu finden. Ein Weiser weiß, wie man ohne sie auskommt, oder er findet sie, ohne zu suchen, dort, wo sie eigentlich gar nicht sein dürfte. Vielleicht kann er auch eine neue, bessere Nadel herstellen. Wenn der Weise entscheidet, dann bezieht er die Tatsache seines Nichtwissens in die Entscheidung mit ein. Ein Tor sammelt Informationen und meint, sie überdeckten sein Nichtwissen.

Der Weise erkennt die Welt nicht nur aus dem Gesagten und Gezeigten, nicht nur aus Informationen, sondern auch aus Zeichen, die andere nicht wahrnehmen, weil sie in ihnen nicht als gängige Signale gespeichert sind. Wie man sich das vorstellen kann, findet sich in dem Roman »Die Glut« von Sándor Márai (1942): »An dem Tag haben die Dinge endlich zu mir zu sprechen begonnen, es muss etwas geschehen, das Leben wurde beredt. In solchen Augenblicken muss man sehr Acht geben, denke ich für mich. Denn an solchen Tagen redet die seltsame Zeichensprache des Lebens in allem zu uns, alles macht uns aufmerksam, alles ist Hinweis und Symbol, man muss es nur verstehen.«

Zeichen und Antwort jenseits des Vertretbaren: Weisheit besteht darin, solches zu vernehmen. Heute, nicht erst in fünfzig Jahren.

»*Ehrgeiz ist der Tod des Denkens*«
Wittgenstein und seine Leiter

Am 25. August 1919 kehrte Ludwig Wittgenstein, dreißig Jahre alt, aus der Kriegsgefangenschaft nach Wien zurück. Der Krieg, in dem er die Hölle erlebt hatte, in dem ihm aber auch Zeit zum Nachdenken und Schreiben geblieben war, hatte aus ihm einen der größten Grübler des 20. Jahrhunderts gemacht. Zwar war er nicht unmittelbar am Himmelreich interessiert wie Jesus und Franz von Assisi, wohl aber, und insoweit ähnlich wie sie, an der finanziell ungetrübten Radikalität des Denkens. So wurde Wittgenstein ein profaner Heiliger der Semantik, d. h. der Wissenschaft, die sich mit der Frage befasst, was Wirklichkeit, Denken und Sprache miteinander zu tun haben. Wittgenstein hätte damals der glücklichste Mensch sein können. Er sah gut aus, war überaus intelligent und lebte mit seiner steinreichen Familie in einem schlossartigen Palast in Wien. Er selbst jedoch empfand nicht nur seinen Reichtum und seine Familientradition, sondern sogar seine Bildung als eine Last, die ihm zu schwer wurde. Ein ganz neues Leben anfangen wollte er, ohne Geld und ohne Tradition, ganz klein und ganz unten. Dieser Vorsatz hatte ihn im Krieg überfallen. Sein Vater, der erfolgreiche Fabrikant Karl Wittgenstein, war schon kurz vor dem Krieg gestorben, sein Riesenvermögen war rechtzeitig und mit größtem Erfolg in amerikanischen Papieren angelegt worden. Nach dem Krieg war Ludwig als Miterbe einer der reichsten Männer Europas. Ihn interessierte jedoch nicht das Geld, sondern die Sprachlogik. Er litt immer wieder unter Depressionen, die ihn veranlassten, sich mit dem Gedanken an Selbsttötung zu beschäftigen. Letzten Endes siegte immer wieder sein im Übermaß vorhandener Verstand. So schrieb er einmal in einem recht depressiven Brief, »ich weiß, dass der Selbstmord immer eine Schweinerei ist«. Es gab für ihn einen Ausweg.

Sein damaliges Verhalten haben fast alle in seiner Familie und in seinem Freundeskreis als große Torheit angesehen, kaum einer hat es verstanden. »So etwas tut man doch nicht, es ist geradezu verrückt«, hörte er die Leute sagen. Das beeindruckte den Denkforscher nicht. Um sein lästiges Erbe aus Verstand, Geld, Tradition und Leben loszuwerden, hätte Ludwig vier Möglichkeiten gehabt: er befreit sich von seinem Leben, von seinem Verstand, von seiner Familie oder von seinem Vermögen. Obwohl er ein Ingenieurstudium in Berlin und England absolviert hatte und sein philosophisches Hauptwerk, der »Tractatus logico philosophicus«, schon geschrieben war, wollte er bei null anfangen. Als ob sogar sein Wissen ihn am Denken hindern würde, beschloss er, Dorfschullehrer zu werden, und setzte sich als hochsensibler Intellektueller zusammen mit ziemlich einfach strukturierten achtzehnjährigen Burschen auf die Bänke der Wiener Lehrerbildungsanstalt. Damit nicht genug, er entschied sich auch gegen sein Vermögen. Das Erstaunliche an diesem Vorgang ist, dass Wittgenstein sich weder zum Wohltäter noch zum Sozialrevolutionär berufen fühlte, auch wollte er nicht ein Zeichen der Demut oder der Aufopferung setzen, denn eine solche Haltung hätte dann auch wieder, zumindest indirekt, etwas mit Geld zu tun gehabt. Nein, er wollte das Thema Geld ein für alle Mal aus seinem Leben verbannen. Deshalb verzichtete er vor einem Notar auf das gesamte Vermögen, das ihm zustand, zu Gunsten noch lebender Geschwister. Niemand konnte ihn von seinem Entschluss abhalten, er verhinderte sogar ausdrücklich, dass eine stille Reserve für ihn angelegt wurde, auf die er in der Not oder bei Sinneswandel hätte zurückgreifen können. Der Notar seufzte bei der Beglaubigung der Schenkungsurkunde: »So wollen Sie also wirklich finanziellen Selbstmord begehen!« Der vollendete finanzielle und der versuchte intellektuelle Selbstmord waren für Wittgenstein die einzige Alternative zum wirklichen Suizid.

Der zum Denken verurteilte Mensch musste jedoch mit der Zeit feststellen, dass es leichter ist, sein Geld loszuwerden als seinen Verstand. Auch wenn er nach seinem später Epoche machenden »Tractatus« in seinem ganzen Leben bis zu seinem Tod in England 1951 so gut wie nichts mehr veröffentlicht hat, dachte Wittgenstein doch immer daran, dass seine sprunghaften Notizen und Grübeleien über die Möglichkeiten des Sagbaren, der Logik und der Mathematik eines Tages gedruckt würden. Auf eine von ihm sprachlich sicher nicht exakt darstellbare Weise muss die Hoffnung auf einen Nachruhm immer in sein Denken mit hineingespielt haben. Wie ein Denken, das zu solchen Lebenskonsequenzen führt, wirklich aussieht, wollen wir weiter unten betrachten. Doch zunächst soll hier eine bislang verdeckte geistige Verwandtschaft aufgezeigt werden zu Menschen, die scheinbar ganz anderes im Sinn hatten als Wittgenstein.

Nimmt man das Wort »Zettelkasten« nicht allzu wörtlich, sondern unterstellt man diesem Begriff auch fortlaufend notierte, aber thematisch nicht zusammenhängende Notizen, so gibt es einige große Denker, die einen genialen Zettelsalat mit Aphorismen und Denkfetzen hinterlassen haben: Blaise Pascal im 17., Georg Christoph Lichtenberg im 18., Friedrich Nietzsche im 19. und Ludwig Wittgenstein im 20. Jahrhundert. Uns stellt sich die Frage: Was verbindet diese großen Denker insoweit miteinander, obwohl sich ihre Philosophie auf ganz unterschiedlichen Feldern austobte?

Es gibt eine Form der Weisheit und Erkenntnis, die sich in spontanen Einfällen äußert, die jedoch nicht in ein großes Konzept passen will. So könnte man sagen: Die heilige Weisheit lässt ihr schillerndes Gewand an tausend Rockzipfeln packen, sie lässt sich aber nicht besitzen.

Der gemeinsame Nenner ist: Die Welt mag ein wohlgefügter Kosmos sein, was wir jedoch von ihr erkennen, sind Bruchstücke, die wir nur manchmal zu größeren Einheiten zusammenordnen können. Die Gesamtschau ist ein mystischer, kein wissenschaftlicher Prozess.

Die Krönung des aphoristischen Forschens im 20. Jahrhundert war Ludwig Wittgenstein. Eigentlich hatte er neben seinen mathematischen und logischen Überlegungen nur ein Thema: Was kann Sprache, was kann sie nicht? Um das zunächst einmal für sich selbst zu verstehen, musste er unten und ganz von vorn mit dem Denken anfangen. »Das Einzige, was ich habe und was mich für die Philosophie befähigt, ist ein sehr gesunder Verstand. Er ist so gesund, wie der eines ganz ungebildeten Menschen« (Wiener Ausgabe – im Folgenden zitiert W..., 1,92). Daran wollte er sich auch in der Philosophie messen lassen, »denn die Menschen, welche kein Bedürfnis nach Durchsichtigkeit ihrer Argumentation haben, sind für die Philosophie verloren« (W 5,33). Dazu könnte man nun auflisten, wer dann zu den verloren gegangenen zählen müsste. Wittgenstein wusste dies, erwähnte die Namen solcher Denker jedoch nicht, weil er sich für diese Art von Philosophie vermutlich nicht interessierte. Schließlich hielt er sich selbst für einen Menschen, der nicht »Bürger einer Denkgemeinde« ist. Nur diese Außenseiterrolle mache ihn zum Philosophen, meinte er (W 4, 173).

Sein zunächst fanatischer Glaube an die Sprachlogik, zu dem er sich in seinem »Tractatus« bekannt hatte, geriet immer wieder in Gefahr, sich in nichts aufzulösen. So kam es, dass Wittgenstein nicht einmal mehr Bürger seiner eigenen, von ihm in Gedanken gegründeten Denkgemeinde blieb. Sein Streben nach letzter Klarheit erwies sich als Irrweg. Deshalb notierte er einmal: »Es ist schwer, über den Bezug der Sprache zur Wirklichkeit zu reden, ohne Unsinn zu reden oder wenig zu sagen« (W 2,118).

Immer wieder steht er vor dem Scherbenhaufen seiner eigenen Denkprodukte. Doch er gibt nicht auf. »Die Wahrheit hat einen Granitgrund, bis zu dem kann man kommen und weiter nicht.« Nach diesem Satz notierte er in einer geheimen Verschlüsselung: »Ich bin ein Schwein und dabei bin ich doch nicht unglücklich. Ich bin in der Gefahr, noch seichter zu werden. Möge Gott es verhüten!« (W 2,150).

Er wurde nicht seichter, beharrte jedoch darauf, weiterhin mit der Feder auf Granit zu bohren, bis zu seinem Lebensende. Während Nietzsche mit dem Hammer philosophierte, wie er selbst bekannte, oder sogar mit Dynamit das zu Granit versteinerte Denken bearbeitete, hatte Wittgenstein dazu allenfalls ein Seziermesser benutzt. Bei ihm gab es keine Explosionen und doch hat er das Wunder vollbracht, mit ein paar tausend scheinbar zusammenhanglosen Sätzen der etablierten Philosophie mitzuteilen, dass der Sockel, auf dem sie steht, den gängigen Sicherheitsvorschriften nicht mehr genügt und demnächst einstürzen könnte.

Wo andere Widersprüche nicht erkennen oder durch immer kompliziertere Systeme zu überdecken suchten, stellte sich Wittgenstein ihnen. Er scheute sich nicht, das Gegenteil von dem zu notieren, was er einst behauptet hatte. Auf der letzten Seite seines Tractatus hatte er (ca. 1918) geschrieben, wer seine Sätze verstehe, müsse die Leiter wegwerfen, nachdem er auf ihr hinaufgestiegen sei. Zehn Jahre später notierte er: »Was auf einer Leiter erreichbar ist, interessiert mich nicht« (W 3,112). Der Grund dafür war seine Ansicht: »Es interessiert mich nicht, ein Gebäude aufzuführen, sondern die Grundlagen der möglichen Gebäude durchsichtig vor mir zu haben« (W 3,112). Es ging ihm darum, mit dem Denken auf dem Boden zu bleiben, nicht in Höhen hinaufzusteigen, zu denen ihm ein Normaldenker nicht mehr folgen kann. Seine unzähligen Sätze beginnen immer wieder von vorn, ganz unten, sie setzen nichts voraus als einen klaren Kopf. Das ist schon viel. Eigentlich arbeitete er sein Leben lang immer an geistigen Fundamenten, an der Grenze zwischen dem Denken und dem Gedachten, zwischen der Wirklichkeit und dem Sagbaren.

Wittgensteins »Gemeindelosigkeit«, die sich nicht nur auf die Denk-, sondern auf jede sonstige menschliche Gemeinde bezog, ja sogar sich selbst gegenüber, bedeutete eine radikale Unabhängigkeit. Sie ging so weit, dass er zeitlebens auf die Veröffentlichung seiner Gedankensplitter verzichtete, mit denen er die eigenen Zweifel an seinem nicht bestehenden und nie zustande kommenden System hätte offenbaren müssen. Seine Weisheit kam darin zum Ausdruck, dass er nicht nur zeigte, wie wenig Philosophie zustande bringen kann, wenn sie wirklich ehrlich ist, sondern auch, wie man schon bestehende (nur über waghalsige Leitern besteigbare) Denkgebäude zum Einsturz bringen kann. So gesehen war der künstlich vermögenslose Denker auch ein Denkterrorist, ein Mensch, der im wirklichen Leben keiner Fliege etwas hätte zuleid tun können, aber dennoch notierte: »Die Ergebnisse der Philosophie sind die Entdeckung irgendeines schlichten Unsinns« (»Philosophische Untersuchungen«).

Die Erkenntnis, die einer solchen Aussage zugrunde lag, können wir ebenfalls in seinen Aufzeichnungen nachlesen: »Man kann die Philosophen dadurch verwirren, dass man nicht bloß da Unsinn spricht, wo sie es auch tun, sondern auch solchen, den zu sagen, sie sich scheuen« (W 5,53). Der Grund: »Die Menschen sind im Netz der Sprache gefangen und wissen es nicht« (W 4,120).

Noch größeren Unsinn reden als es die anderen Philosophen tun, das ist keine leichte Aufgabe, weil man den Unsinn der Philosophen erst einmal durchschauen muss. Um dies zu verhindern, verschlüsseln sie ihn oft erfolgreich mit ihrer Sprache. Philosophie kann scheitern, Weisheit nie.

Wittgenstein wäre gescheitert, wenn er versucht hätte, eine konsequent aufgebaute, in sich stimmige, widerspruchsfreie Darstellung seiner Semantik zu schreiben. Zwar hatte er ein Ideal, um dessen Fortbestehen er betete, aber kein in einem Satz darstellbares Ziel, an dem er seine Fortschritte hätte messen können. Die Weisheit des Ingenieurs Wittgenstein ließ ihn auf all das verzichten, was zu Leitbildern der modernen Welt geworden ist:

Ehrgeiz, Fortschritt, System, Wirtschaftlichkeit, Erfolg, Beherrschung. Zu diesem letzten Begriff verbleibt noch eine Anmerkung: Wer sich selbst beherrscht und sich auch nicht von anderen beherrschen lässt, kann darauf verzichten, an der Beherrschung der Welt teilzunehmen. Denn: »Ehrgeiz ist der Tod des Denkens« (»Vermischte Bemerkungen«).

Der zerbrochene Spiegel

Das Ganze aus den Splittern

Welches ist die homogenste und welches ist die interessanteste Hauptstadt Europas? Antwort: Beides Paris. Paris? Das hat seinen Grund. Man kann in Paris aus jeder beliebigen Metro-Station hinaufsteigen, in Malesherbes, Denfert-Rocherau, Ségur, Miromesnil, St. Ambroise oder sonstwo, und man spürt sofort: Hier ist Paris und keine andere Stadt auf der ganzen Welt. Spätestens seit der Zeit, als der Baron Georges Eugène Haussmann (1809–1891) als Präfekt von Paris 1853–1870 das Stadtbild rigoros umgestaltete und nach einheitlichem Schema breite Boulevards anlegen ließ, wo zuvor mittelalterliches Hausgedränge geherrscht hatte, bekam die Stadt einen Stempel aufgedrückt, der sie zu einem Gesamtkunstwerk machte, bei dem praktisch jede Straßenecke ein Bild der gesamten Stadt darstellt, dem sich selbst die überragenden architektonischen Höhepunkte anzupassen scheinen.

Alles ist stimmig Ton in Ton aneinander und ineinander gefügt wie in einem Musikstück, bei dem man in jedem Takt den Komponisten heraushört und das gerade dadurch zur vollendeten Kunst wird, weil sein Charakter überall in Erscheinung tritt. Nur große Komponisten haben einen Stil entwickelt, der sie überall verrät. Nur große Dichter erkennt man fast an jedem Satz, den sie geschrieben haben. Der kleinste Teil repräsentiert das Ganze. – Als dann in den Fünfzigerjahren des vergangenen Jahrhunderts der Architekt Le Corbusier (1887–1965) den Vorschlag machte, ähnlich wie er es in einem Stadtteil von Marseille getan hatte, zu enge und für die Bewohner angeblich ungesunde Stadtviertel in Paris abzureißen und durch moderne Hochhäuser zu ersetzen, ging ein Aufschrei der Empörung durch ganz Europa. Zum Glück entstanden nur wenige solcher Bausünden wie das Hochhaus am Montparnasse. Der Weisheit, etwas zu tun (Haussmann), und der Weisheit, etwas nicht zu tun (keine zu brutale Stadtsanierung), verdankt Paris sein Weiterleben als Kapitale Europas.

Es gab und gibt also keine formulierbare und überall geltende Erkenntnis, anhand derer man Richtigkeit oder Weisheit einer Entscheidung beurteilen könnte. Was in einem Land und zu einer Zeit richtig sein konnte, wäre zu einer anderen Zeit in einem anderen Land als falsch anzusehen. Nur: was ist richtig, was ist falsch? Kann überhaupt etwas allgemeingültig und richtig sein? Wittgenstein ist an dieser Frage fast verzweifelt, wie zuvor schon Søren Kierkegaard, der auch gespürt hat, wie unnütz es ist, sich irgendwie festlegen zu müssen. Weisheit lässt einen immer wieder im Stich, wenn man ihrer habhaft werden möchte.

Machen wir einen großen Sprung in eine andere Denkwelt! Der württembergische Prälat und einst berühmte theosophische Schriftsteller Friedrich Christoph Oetinger (1702–1782) schrieb einmal eine Abhandlung über die »Central-Schau oder Erkenntnis, wie die Engel erkennen«. In dem verworrenen, heute fast nicht mehr verständlichen Text über eine biblische Herleitung der Mystik findet sich auch ein Satz über die Weisheit, der heute in neuem Licht verstanden werden kann: »Und eben weil sie in allen eins bleibt (...) weil ein jedes von ihr ausgeteiltes Maß ihres Wesens alles in sich hat, was sie selbst hat, so heißt ein jedes solches Maß ein Zentrum, ein kleines Alles, ein All in Eins, wie wenn ein Spiegel in tausend Stücke zerbrochen ist, ein jedes Teil wieder ein ganzes Zentrum macht (...).« Sah man zuvor die Sonne im ganzen Spiegel, so zeigen die Scherben nicht eine zerbrochene, sondern jeweils wieder eine ganze Sonne.

Schon viele Jahre vor Oetinger hatte Gottfried Wilhelm Leibniz (1646–1716) in seiner kleinen, aber berühmten Schrift »Monadologie« behauptet, jeder Teil der Materie könne die ganze Welt ausdrücken. Wenn wir heute wissen, dass der genetische Code eines Lebewesens in jedem seiner Nukleinsäuremoleküle gespeichert ist, sodass sogar aufgrund von Speichelproben auf die Identität eines Menschen geschlossen werden kann, dann erhalten solche dreihundert Jahre alten Behauptungen wieder Aktualität. Die philosophische, metaphysische Aussage aus früherer Zeit hat eine in der Materie darstellbare Realität gefunden.

Das Paradigma vom zerbrochenen Spiegel, der in allen Scherben das Ganze widerspiegelt, fügt sich auch zu einer anderen, neuen Betrachtungsweise des Kosmos. Ende der Siebzigerjahre des 20. Jahrhunderts formierte sich in Amerika eine Anschauung, die von einem holistischen oder holografischen Weltbild ausgeht, vergleichbar den dreidimensional schillernden Hologrammen. Der amerikanische Biochemiker und Physiker Ken Wilber, einer der führenden Vertreter dieser Denkrichtung, schrieb: »Das physikalische Universum selbst scheint ein gigantisches Hologramm zu sein, bei dem jeder Teil im Ganzen und das Ganze in jedem seiner Teile ist« (»Das

holographische Weltbild«). Diese von dem herkömmlichen materialistischen Denken losgelöste Weltsicht versucht, die Forschungsergebnisse der verschiedensten Bereiche mit den Inhalten alter Weisheitslehren und religiöser Erfahrung in Einklang zu bringen. Man könnte das
so erklären: Alte Weisheitslehrer waren manchmal Physiker, ohne es zu wissen, und moderne Physiker entdecken Weisheiten, die sie zunächst nur für Physik halten, sich aber zugleich als metaphysisch erweisen. Der
Physiker David Bohm, einst langjähriger Mitarbeiter von
Albert Einstein, dehnte in einem Interview diese Einstellung auch auf das menschliche Denken aus: »Jedes einzelne Individuum manifestiert das Bewusstsein der
Menschheit.« (Das holographische Weltbild) Ein solcher
Satz ist zwar konsequent in Beziehung auf ein holografisches Weltbild, doch bedarf es sicher noch mancher
unorthodoxer Überlegungen, um ihm einen Realitäts-
bezug abzugewinnen, zumal Bohm betonte, diese Aussage sei keine Mystik, sondern echte Physik, also ge-
gebenenfalls naturwissenschaftlich nachweisbar. Bohm
meinte mit dem gemeinsamen Bewusstsein der Menschheit eine Gehirnstruktur, die zu der vorherrschenden
Gewalt, Unordnung und Selbsttäuschung geführt habe.
Diese Erkenntnis ist nicht so ganz neu, denn Gott soll
schon zu sich selbst nach der Sintflut gesagt haben, das
Denken und Tun der Menschen sei böse von Jugend
auf, da lohne es sich nicht, sie andauernd abzustrafen
(1. Buch Moses 8; 21). Gleichzeitig muss man im Menschen auch einen gemeinsamen Hang zum Guten attes-
tieren, er ist nur sehr unterschiedlich ausgeprägt in den
Individuen.
Das Wesentliche an solchen Theorien, die in jedem Teil
das Ganze erkennen, ist nicht ihre Beweisbarkeit, son-

dern die Bereitschaft von Wissenschaftlern, die Grundlagen des herkömmlichen Denkens, das Fachdisziplinen gegeneinander abgrenzte, infrage zu stellen, um sich völlig neuen geistigen Feldern zu öffnen. Dann muss in jedem Blatt die ganze Biologie erkennbar sein und sich aus der gesamten Biologie auf das einzelne Blatt schließen lassen. In jedem Blatt spiegelt sich das All und die Evolution, die zu ihm hingeführt hat. Zwar sehen wir immer nur das Ergebnis einer Entwicklung, zugleich wissen wir jedoch, dass die verborgene Vorgeschichte ein Teil der gegenwärtigen Substanz in allem ist. Die Mutation eines einzigen Lebewesens konnte die gesamte Biosphäre ändern. Eine scheinbar bedeutungslose Handlung eines Menschen könnte die Weltgeschichte beeinflussen. Dabei ergeben sich immer wieder Parallelen zu Weisheitslehren in Kulturen und Religionen, die dieses Denken bestätigen. Dann ist die liebevolle Pflege eines Menschen ein Dienst an der gesamten Menschheit. So hat es übrigens schon Jesus gesagt: »Was ihr für einen meiner geringsten Brüder getan habt, das habt ihr für mich getan« (Matthäus 25; 40).

Wenn sich das Ganze dem forschenden Geist öffnet, dann darf es nicht davon abhängen, dass man es in wiederholbaren Experimenten abtastet. Weisheit zeigt sich dem Forscher auch ohne Fernrohr, Mikroskop und Computer, was nicht bedeutet, dass solche Werkzeuge überflüssig seien. Wenn der Kosmos wirklich aus einem Guss ist, dann muss sich dessen Struktur in allen Bereichen, geistigen wie materiellen, auf eine Weise zeigen, die gleiche Grundlagen erkennen lässt. Blaise Pascal versuchte als Physiker, Mathematiker und Mystiker immer wieder die große Einheit im Denken herzustellen und formulierte überwiegend einzelne Gedanken, die ihm einen Blick auf das Ganze ermöglichten. In seinen »Gedanken über die Religion« (Pensées), einem nach seinem Tod (1662) aus einem gewaltigen Zettelsalat zusammengestellten Werk, bekannte auch er sich zu dem nur aus Splittern erkennbaren Ganzen. »Da also alle Dinge verursacht und verursachend sind, bedingt und bedingend, mittelbar und unmittelbar, und da alle durch ein unfassbares Band verbunden sind, das das Entfernteste und Verschiedenste umschlingt, halte ich es weder für möglich, die Teile zu kennen, ohne dass man das Ganze kenne, noch für möglich, dass man das Ganze kenne, ohne im Einzelnen die Teile zu kennen« (Nr. 72). Wenn man die Einsicht, dass alles mit allem verbunden ist, die übrigens schon der römische Kaiser Marc Aurel geäußert hatte, wirklich beim Wort nimmt, dann ist jedes systematische Denken ein subjektiver Eingriff in die scheinbar chaotische Struktur der Welt. Das System zieht Linien, aber die erkennbaren Oberflächen der Weltphänomene sind in ein dichtes, viel dimensionales Netz verwoben, das weder zeitliche noch räumliche Entfernungen voraussetzt. Alles ist allem gleich nah und gleich entfernt. Das Ganze lässt sich auf diese Weise zwar erahnen, aber nicht darstellen. Wer diese Einsicht verinnerlicht hat, kann mit seinen Überlegungen überall ansetzen und Verbindungen vermuten. Pascal bekannte sich zu einem solchen Denken, das jederzeit und an jeder beliebigen Stelle neu beginnen kann. »Die großen Leistungen des Geistes, an die die Seele mitunter rührt, sind nichts, worin sie sich dauernd halten kann; sie sind ein Sprung, nicht auf den Thron, nicht für die Dauer, sondern nur für einen Augenblick« (Nr. 351).

Die Seele sucht sprunghaft, sie kann sich nirgends festklammern, sie muss immer wieder von vorn beginnen, an

ständig wechselnder Stelle des Ganzen ihre Neugier ansetzen, oder wie Pascal notierte: »Nur die kann ich anerkennen, die stöhnend suchen« (Nr. 421). Sie stöhnen,
weil sie das nicht finden können, was sie zunächst meinten, suchen zu müssen. Dies ist schließlich auch der
Grund für die Verzweiflung Fausts, wie sie Goethe darstellt. Das einzige wahre System lässt sich eben auf keinem Weg finden, weder durch die Vernunft und ihre
Konstruktionen noch durch Abtasten des Ganzen an
tausend verschiedenen Stellen. Deshalb schrieb Pascal:
»Die letzte Schlussfolgerung der Vernunft ist, dass sie
einsieht, dass es eine Unzahl von Dingen gibt, die ihr Fas-
sungsvermögen übersteigen; sie ist nur schwach, wenn sie
nicht bis zu dieser Einsicht gelangt« (Nr. 267). Um seiner Verzweiflung Herr zu werden und das Stöhnen zu
beenden, bekannte er schließlich: »Gut ist es, ermattet
und ermüdet von nutzlosem Suchen nach dem wahren
Gut zu sein, damit man die Arme dem Erlöser entgegen-
strecke« (Nr. 422).

Der ebenso verzweifelte und sein »Habe nun, ach ...«
stöhnende Faust tat das genaue Gegenteil von Pascal, er
streckte seine Arme nicht dem Erlöser, sondern Mephisto entgegen. Die glückselige Erkenntnis des Augenblicks
gelang dem frommen Pascal ohne Umwege, während
Faust noch ziemlich aufwändige Abenteuer und ein aus-
führliches mythologisches Labyrinth zu durchlaufen
hatte, bis er den glücklichen Augenblick und die Erlösung erleben konnte.

In scheinbar nebensächlichen Details plötzlich, und sei es
für einen Augenblick, das Ganze, das All, das Universum, Gott zu erkennen, das ist ein Weg der Mystiker zu
allen Zeiten gewesen. Wenn sie überhaupt etwas geschrieben haben, dann handelte es von der Betrachtung

der Bruchstücke, die ihnen Zusammenhänge gezeigt hatten, die sich jedoch wieder verwirrten, sobald man sie festhalten wollte. Wenn jetzt (zunächst noch einzelne) Naturwissenschaftler sich zu einem solchen Weltbild in unserer Zeit bekennen, dann werden von dieser Einstellung Impulse auf das gesamte Leben ausgehen. Durch einen derartigen Sinneswandel würde das Tempo des technischen Fortschritts sich vielleicht verlangsamen. Stattdessen könnte der vernachlässigten Weisheit ein anderer Stellenwert gegeben werden.

Auch Friedrich Nietzsche hat 1888 beim Ausbruch seiner geistigen Umnachtung nicht nur viele ungeordnete Zettel hinterlassen, sondern schon zuvor wichtige Werke (»Menschliches, Allzumenschliches«; »Jenseits von Gut und Böse«; »Also sprach Zarathustra«) als eine Sammlung von Aphorismen veröffentlicht. Nietzsche ist da am besten, wo er seinen meist aggressiven Gedanken freien Lauf lässt. Wer seine intuitiven Ideen in ein System pressen wollte, der wäre gezwungen, langweilige Konstruktionen um sie herum aufzubauen oder ihm ein Denksystem zu unterstellen, in das sein riesenhaftes Denken nicht hineinpasst. Der Einfall braucht keine Stütze und wenn er sie braucht, dann ist es keiner. Einen der Gründe hierfür notierte Nietzsche: »Der weiseste Mensch wäre der reichste an Widersprüchen, der gleichsam Tastorgane für alle Arten Mensch hat: und zwischeninnen seine großen Augenblicke grandiosen Zusammenklangs – der hohe Zufall auch in uns!« (Bd. III, 441). Der jeden Widerspruch ablehnende oder wegdiskutierende Musterdenker mag ein Freund der Gelehrten sein, aber er ist ein Feind der Weisheit. Nietzsche hätte dieses Denken der Hinterwelt zugeordnet und den Herdenmenschen. »Ich misstraue allen Systematikern und gehe ihnen aus dem Weg.

Der Wille zum System ist ein Mangel an Rechtschaffenheit« (»Götzen-Dämmerung oder Wie man mit dem Hammer philosophiert«, Nr. 26). Und daher gilt auch für Nietzsche dieses Bekenntnis: »Ich will, ein für allemal, vieles nicht wissen. Die Weisheit zieht auch der Erkenntnis Grenzen« (Nr. 5).

Wer sich an Systeme klammert, wer im Wissen auf Vollständigkeit setzt, dem bleibt vieles verborgen, das aus dem Universum herunterfällt und neben den verengten Blicken der Wissensgläubigen liegen bleibt; Einfälle prallen an ihnen ab. Nur die Weisen erhaschen sie und klauben auf, was die gelehrten Systematiker ignorieren. Die nämlich erblicken nur das, was in ihr System passt, und sind blind für alles andere. Ein Gelehrter, der zugleich ein Weiser war, der Schweizer Psychiater C. G. Jung, schrieb daher einmal: »Die Struktur der Psyche ist in der Tat dermaßen kontradiktorisch und kontrapunktisch, dass es wohl keine psychologische Feststellung oder keinen allgemeinen Satz gibt, zu dem man nicht sofort auch das Gegenteil behaupten müsste« (»Welt der Psyche«). Was Jung hier über die Psyche sagt, gilt auch für viele andere Wissensgebiete. Es will uns normalerweise nicht in den Kopf, dass die Wirklichkeit auf so vielen Gebieten, die wir gerne beherrschen würden, uns immer wieder den Rücken zuwendet. Vier große Denker, die ihr Wissen nicht geordnet, sondern in einzelnen Gedanken notiert haben, wurden hier vorgestellt: Pascal, Lichtenberg, Nietzsche, Wittgenstein. Nur ihr Stammvater, der erste große Aphoristiker der Denkgeschichte, fehlt noch. Auch wenn seine Weisheit vielleicht nur Bestandteil eines Mythos ist, an ihm kommt niemand vorbei, wenn es um Weisheit geht: Salomo.

Sophia, die Geliebte

Salomo der Weise und die göttliche Weisheit

David war zwar fromm und musikalisch, im Übrigen war er jedoch ein schlitzohriger Draufgänger und Macher. Ein echter Erfolgsmanager braucht nicht weise zu sein, Schläue genügt in der ersten Generation des Imperiums. Einer seiner Söhne, der im Ehebruch mit Batseba gezeugte Salomo, kämpfte sich, wie es so in der Geschichte üblich ist, durch Intrige und Mord an die Macht. Er wusste, dass es auf ihn und sonst auf keinen anderen ankam. Als er die Regierung antrat, erschien ihm Gott im Traum und sagte zu ihm: »Wünsche dir, was du willst, ich will es dir geben.« Da sagte Salomo zu Gott: »Schenke mir Weisheit und Verständnis, dass ich mit deinem Volk richtig umgehe! Wie könnte ich sonst dieses große Volk regieren.« Gott war gerührt ob solcher Bescheidenheit und antwortete extrem großzügig: »Weil dir das am Herzen liegt, will ich deine Bitte erfüllen und dir Weisheit und Verständnis schenken. Aber ich gebe dir dazu so viel an Reichtum, Schätzen und Ansehen, wie noch kein König vor dir besessen hat und auch nach dir keiner haben wird« (Zweites Buch der Chronik 1, 7 ff.).
Salomo erhielt noch mehr, obwohl das von Gott ihm nicht ausdrücklich zugesagt war. Der weise König soll tausend Frauen in seinem Harem gehabt haben, wovon nur dreihundert nicht standesgemäße Nebenfrauen

(Kebsweiber) gewesen sein sollen. Gegenüber Zahlenangaben im Alten Testament sollte man kritisch sein, denn die damaligen Statistiken dienten auch Propagandazwecken; eine Praxis, die ja bekanntlich nicht auf die damalige Zeit beschränkt blieb. Ein Haus mit tausend Frauen müsste für das damalige Jerusalem fast unlösbare logistische Probleme gestellt haben, ganz abgesehen von dem vielleicht doch ein wenig überforderten gemeinsamen Ehemann, dem ja schließlich auch noch etwas Zeit zum Regieren und Sprüche-Schreiben bleiben musste. Hier sollte man genauso wenig nachzählen wie bei den Beinchen des Tausendfüßlers. Außerdem soll Salomo dreitausend Weisheitssprüche und mehr als tausend Lieder verfasst haben. Wie jemand, der Tag und Nacht scharenweise von seinen Frauen umzingelt ist, noch dichten kann, das ist eines der vielen biblischen Wunder, zumindest ein Rätsel. Doch darum geht es beim Thema Weisheit nicht. Die Berichte über Salomo müssen ohnehin mit dem Verständnis gelesen werden, dass es den Chronisten und Historikern darauf ankam, den Glanz seiner Regierungszeit für alle Zeiten zu verherrlichen; dazu musste Salomo zum Supermann gemacht werden.

Wie passt das zusammen: Weltlicher Glanz und Reichtum einerseits und Weisheit andererseits? Seit damals war Gott nie mehr so spendierfreudig. Gelegentlich vergab er das eine oder das andere. Arme Weise und reiche Toren, solche Typen erscheinen häufiger in der Geschichte. Die meisten Menschen müssen sich damit begnügen, dass sie weder Geld noch Weisheit ihr Eigen nennen, wobei der Mangel an Geld zumeist schmerzlicher empfunden wird als der Mangel an Verstand und Weisheit. Denn darin besteht das Tröstliche an diesem Zustand der Menschheit: Es ist schon der Beginn der Weisheit, wenn einem Menschen auffällt, dass sie ihm fehlt.

Das Bemerkenswerte an der Weisheit Salomos ist nicht sein berühmtes Urteil im Streit der zwei Dirnen, von denen eine ihr Kind im Schlaf erdrückt hatte und nun beide das Überlebende beanspruchten, sondern drei viel wesentlichere Gesichtspunkte: Handel statt Krieg, religiöse Toleranz und schließlich die Personifizierung der Weisheit. Salomo verzehrte seine und seines Volkes Kraft nicht in existenzbedrohenden Kriegen, sondern setzte die Kunde von seiner riesigen Streitmacht als taktische Abschreckung ein. Er soll eintausendvierhundert Wagen und zwölftausend Wagenkämpfer aufgestellt haben. Er schloss internationale Bündnisse, die schon damit begannen, dass er die Tochter des ägyptischen Pharaos heiratete. Er verdiente an weltweiten Handelsbeziehungen und schuf durch seinen Palast- und Tempelbau eine große Zahl von Arbeitsplätzen, wenn auch die meiste Arbeit von unfreiwilligen Gastarbeitern und als Fron geleistet werden musste. Wenn man bedenkt, welche nervtötenden Provinzstreitereien und Händeleien David mit Saul, seinem neurotischen Schwiegervater, noch überstehen musste, dann tat sich für Salomo eine ganz neue Welt auf. Seine Weisheit legte im Judentum für Jahrtausende die gültige Grundlage: Wer gute Beziehungen hat, macht gute Geschäfte und braucht nicht zu kämpfen. Das geht jedoch nur, solange man seine Wehrbereitschaft demonstriert.

Während die Chronisten im Alten Testament Glanz und Größe Salomos rühmten und sicher auch maßlos übertrieben (»Unter Salomos Regierung war in Jerusalem Silber so gewöhnlich wie Steine«), waren sie in einem Punkt sehr kritisch, obwohl sie gerade in ihm Weisheit hätten erkennen müssen. Salomo war zwar einigermaßen fromm, aber von einer für die damalige Zeit unerhörten religiösen Toleranz. Sie zeigte sich schon in der »Mischehe« mit einer ägyptischen Prinzessin. Und auch bei seinen zahlreichen anderen Frauen achtete er nicht auf das richtige Gesangbuch. »Salomo liebte diese Ausländerinnen.« Es waren Frauen aus den Völkern der Moabiter, Ammoniter, Edomiter, Phönizier und Hethiter. Und diese Sammlung internationaler Schönheiten hatte ihren Preis. Die Damen verlangten nämlich nicht nur, ihre Religion beibehalten zu dürfen, sondern darüber hinaus auch standesgemäße Altäre und Heiligtümer für ihre von zu Hause mitgebrachten Götter. Salomo entsprach diesen Wünschen (1. Könige,11,3). So diente er mit zunehmendem Alter nicht nur dem angestammten Gott Jahwe, dem sein Vater David treu geblieben war, sondern beispielsweise auch der phönizischen Göttin Astarte und dem ammonitischen Gott Milkom. Jerusalem wurde unter ihm damals schon zur multikulturellen Metropole. »Hier muss jeder nach seiner Fasson selig werden«, das schrieb zwar erst 1740 n. Chr. ein später Kollege von Salomo, Friedrich II. von Preußen, doch Salomo handelte schon danach. Die Strafe für diesen nach Meinung der Chronisten sträflichen Abfall von der reinen Lehre sollte erst Salomos tölpelhaften Sohn und Nachfolger Rehabeam treffen.

Die dritte Erscheinungsform salomonischer Weisheit liegt auf einer ganz anderen Ebene. Inwieweit sie historisch dem König persönlich nachgewiesen werden kann oder ihm von anderen Weisen im Laufe der Jahrhunderte nur unterstellt worden ist, das ist eine in diesem Zusammenhang nebensächliche Frage. Das Wesentliche besteht nicht darin, wer der Urheber dieser Erkenntnis ist, sondern darin, dass es sie überhaupt gibt und im Alten Testament in verschiedenen Büchern aus unterschiedlicher Zeit beschrieben ist. Es geht hier nicht nur um die Erhebung der Weisheit zu einer göttlichen Person. Mit dieser Art von Weisheitsliebe wollen wir uns noch eingehender befassen.

Trotz seiner vielen Frauen hatte Salomo eine Geliebte, der er zeit seines Lebens treu blieb, weil sie nicht alterte. Sie war nicht aus Fleisch und Blut, sondern eine Art Mit-Göttin. Ihr hebräischer Name ist Chochma; auf Griechisch heißt sie Sophia und auf Deutsch Weisheit. Zwar wird sie nirgends ausdrücklich als Göttin bezeichnet, doch die Hymnen, die ihr gesungen wurden, lassen darauf schließen, dass sie eine himmlische Schlüsselstellung innehatte. Um die ihr gewidmete Literatur zu verstehen, muss man bedenken, dass Salomo nicht nur eine historische Persönlichkeit war, ein König, der um die Mitte des 10. Jahrhunderts v. Chr. über Israel geherrscht hat, sondern schon zu Lebzeiten zum Mythos geworden ist, als ein Mensch, der nicht nur unvorstellbaren Reichtum sammelte und große Macht verkörperte, sondern eben auch Weisheit. In seinem Namen wurde jahrhundertelang alles gesammelt, was zum Thema Weisheit aufzutreiben war. Er selbst wird wohl keinen philosophischen Zettelkasten angelegt haben, das taten Schriftgelehrte in späterer Zeit. Wie gesagt, dreitausend Sprüche soll er selbst verfasst haben. So viele sind allerdings nicht überliefert. Uns soll es nicht berühren, ob ein Spruch von Salomo selbst oder einem Weisen herrührt, der sich auf ihn berief. Heute geht es uns nicht um den historischen, sondern um den mythischen Salomo. »Mythisch« wird eine Person, wenn das, was man von ihr erzählt, wichtiger ist, als das, was man von ihr weiß.

So entstehen Mythen immer wieder neu bis in unsere Gegenwart.

Sophia selbst war mehr als ein Mythos, sie war göttliche Person. Salomo besingt sie: »Von Jugend auf habe ich die Weisheit geliebt und sie gesucht. Ihre Schönheit hatte mich bezaubert und ich sehnte mich danach, sie als Braut heimzuführen. Wie es ihrer edlen Herkunft entspricht, lebt sie in enger Gemeinschaft mit Gott; der Herr des ganzen Weltalls liebt sie. Er hat sie in sein geheimes Wissen eingeweiht und überlässt ihr die Ausführung seiner Schöpfungswerke« (Weisheit, 8, 2 ff.). In dem salomonischen »Buch der Sprichwörter« meldet sich die Weisheit selbst zu Wort: »Der Herr hat mich gehabt im Anfang meiner Wege; ehe er etwas schuf, war ich da. Ich bin eingesetzt von Ewigkeit, von Anfang, vor der Erde. Als er die Grundfesten legte, da war ich als sein Liebling bei ihm, ich war seine Lust täglich und spielte vor ihm allezeit. Wohl dem Menschen, der mir gehorcht, dass er wache an meiner Tür täglich, dass er hüte die Pfosten meiner Tore. Wer mich findet, der findet das Leben und erlangt Wohlgefallen vom Herrn« (Sprüche, 8, 22 ff.).

Die Weisheit stellt sich hier als Mitschöpferin und Muse vor, als weibliches Pendant des männlichen Gottes. In freier Deutung könnte man sagen, dem Schöpfungsakt ging ein Liebesakt zwischen Jahwe und Cochma voraus. Sieht man die Schöpfung als fortwährenden Prozess, so geht es darum, das Wirken dieser göttlichen Frau Weisheit in allem zu entdecken, was geschieht. Darin könnte, recht verstanden, die eigentliche Aufgabe der Weisen bis heute bestehen. Das Wesentliche hat der salomonische Autor so erkannt: Wer Sophia nicht von ganzer Seele liebt, dem offenbart sie die Geheimnisse nicht, in die sie seit der Schöpfung eingeweiht ist. Der liebende Verehrer der Weisheit, hat mit Gott die gemeinsame Geliebte, ohne dass Gott eifersüchtig würde. Weisheitsliebe und Gottesliebe lassen sich weder unterscheiden noch trennen. So verstanden war Salomo der erste wirkliche Philosoph, weil er ein Liebesverhältnis mit der Weisheit hatte und nicht nur ein Arbeitsverhältnis in ihren Diensten. Allerdings lässt die Weisheit keinen Zweifel daran, dass sie keine Frau für schnelle Eroberungen ist, auch nicht für langsame. Sie lässt sich nicht erobern, »nur« lieben. Wer sie jedoch liebt, braucht viel Geduld, denn zunächst muss er vor ihrer Tür wachen und warten, bis sie ihn einlässt.

Wie kommt es nur, dass so viele Menschen in unserer aufgeklärten Zeit, Philosophen und Theologen inklusive, die Sprache, in der sich solches sagen lässt, nicht mehr verstehen können oder wollen? Hat sich denn seit den Zeiten Salomos an den Grundfragen der Weisheit, um die es hier geht, Wesentliches geändert? Anders geworden ist doch nur unsere Semantik. David als ehemaliger Hirte konnte sich mit einem Schaf in der Herde identifizieren und singen: »Der Herr ist mein Hirte, mir wird nichts mangeln. Er weidet mich auf einer grünen Aue und führet mich zum frischen Wasser ...« Doch die Welt und die in ihr verborgene Weisheit werden nicht aktueller und verständlicher, wenn wir jetzt in einem neu gefassten 23. Psalm sagen würden: »Ich bin zufrieden mit meinem Schicksal und mit meinem Arbeitgeber, ich habe ein geregeltes Einkommen, ein Auto, eine Wohnung mit Fernseher und einen günstigen Supermarkt in der Nähe ...« So etwas lässt sich feststellen und sagen, aber ließe es sich auch beten, ohne der schrecklichen Banalität solcher Erklärungen bewusst zu werden? Was die Weisen früherer Jahrhunderte und früherer Kulturen uns Heutigen voraushatten, das war ihre sprachliche Bilderwelt, in der die Verbindung zwischen Geist und Wirklichkeit unmittelbar zustande kam. Dieses Problem wird uns noch beschäftigen. Doch zunächst soll ein Vertreter einer etwas anders gearteten Verbindung zur Weisheit vorgestellt werden, die ebenfalls in einer Spruchsammlung überliefert ist.

Kenne das Licht, bewahre das Dunkle

Laotse und Konfuzius –
Vom Lauschen mit der Lebensenergie

»Kenne das Männliche, bewahre das Weibliche, so wirst du zum Strombett der Welt ... Kenne das Licht, bewahre das Dunkle, so wirst du zum Vorbild der Welt ... Kenne die Hoheit, bewahre die Demut, so wirst du zum Tal der Welt ...« (28). In solchen Widersprüchen drückt Laotse seine geheimnisvolle, unergründliche Weisheit aus, die ihre zeitlose Aktualität bis heute nicht verloren hat, gerade weil sie alles infrage stellt, wonach wir normalerweise streben. Diese Lehre war schon damals, vor rund zweieinhalb Jahrtausenden, nicht ohne Gegnerschaft. Man kann sie auch heute nur verstehen, wenn man bereit ist, sie als Herausforderung, nicht als Rezept zu betrachten. Es ist die Weisheit des Unbequemen, des Außenseiters, des Unangepassten. An ihr versagt die Logik besonders eindringlich.

Laotse und Konfuzius (K'ung-fu-tzu) sollen sich einmal begegnet sein. Sie hätten dabei allerdings nur giftig aneinander vorbeigeredet. Kein Wunder, wenn große Weise das Verhalten des jeweils anderen als fremd empfinden, schließlich sind sie in ihrer eigenen Welt so gefangen, dass alles, was der andere sagt und tut, ihnen wehtun kann. Das ist ganz natürlich, denn Weisheiten passen nie zusammen. Ließen sie sich, wie es heutige Denker gerne täten, in rationalen Diskursen zusammenschrauben, dann hörten sie gleichzeitig auf, Weisheiten zu sein. Die beiden

Weisen mussten erfahren, dass sich Weisheit nie in einem einzelnen Menschen vollenden kann. Jeder erwirbt einen anderen Anteil an ihr. Laotse soll seinem Weisheitskollegen, dem schon zu Lebzeiten berühmten und anerkannten Lehrer und Staatsmann Konfuzius, vorgeworfen haben, sich um weltliche Dinge zu kümmern, wo doch die wahre Weisheit nur im Rückzug von der Welt zu finden sei. Diese Geschichte spricht etwas Wahres aus, wenn man die Lehren der beiden Meister vergleicht.

Wenn sich Religionsstifter miteinander unterhalten, kommt es auf die historische Wahrheit nicht an; doch immerhin wäre eine solche Begegnung rein zeitlich vielleicht möglich gewesen, wenn man das Leben des Laotse auf 604 bis 523 v. Chr. und das des Konfuzius auf 551 bis 479 v. Chr. datiert. Der dreiundfünfzig Jahre ältere Laotse wäre dann in der Lage gewesen, verbittert und resigniert auf die »Jugend von heute« zu schauen, die damals schon längst nicht mehr das war, was reife Menschen von ihr erwarteten. Es ist doch eigenartig, wie wenig die Weisen, wenn sie älter werden, sich daran erinnern, welche Torheiten sie in ihrer Jugend gedacht und begangen haben. Während für die überlieferten Lebensdaten des Konfuzius einiges spricht, tut man sich mit denen des Laotse wesentlich schwerer. Möglicherweise hat dieser nämlich gar nicht gelebt und ist nur eine legendäre Gestalt, der man die Spruchsammlung »Taoteking« zugeschrieben hat. Denn auch das »Taoteking« ist keine Philosophie aus einem Guss, auch hier sind Weisheiten aus verschiedenen Ebenen zusammengefasst und doch spricht ein gemeinsamer Geist aus ihnen.

Als Laotse als einundachtzigjähriger Greis enttäuscht sein Land verlassen haben soll, war Konfuzius mit seinen achtundzwanzig Jahren noch im Aufstieg. Während

Laotse gelegentlich der guten alten Zeit nachjammerte, als alles noch edler, bescheidener und urtümlicher zuging, war Konfuzius mehr auf die Gegenwart fixiert. Vier Schwerpunkte hatte seine Lehre: Literatur, Ethik, Ergebenheit des Herzens und Aufrichtigkeit. Die Befassung mit Literatur war besonders wichtig für Konfuzius; seine Botschaft in dieser Beziehung ist zeitlos geblieben. Möglicherweise gab es damals schon (wie heute) eine tonangebende Schicht, die die musische Bildung nicht als Beitrag zur Erreichung ihres einzigen Lebensziels ansahen, nämlich der Förderung des materiellen Wohlstands. Dagegen wandte sich der Meister: »Musik gibt dem Charakter den letzten Schliff.« Auch nannte er sechs Gründe, die für die Beschäftigung mit den Oden sprechen, d.h. also mit Literatur im weitesten Sinne:

1. Sie regen den Geist an.
2. Man versteht sich selbst besser.
3. Sie lehren die Kunst der Geselligkeit.
4. Man lernt sich selbst zu beherrschen.
5. Sie lehren Verantwortungsbewusstsein.
6. Man lernt, die Natur zu verstehen. (Buch 27; Kap.9)

Hier geht es also nicht um rationale, psychologisch begründete Trainingsprogramme für Wochenend-Seminare, sondern um das Vertrauen auf den hinter Musik, Literatur und Kunst wirkenden Geist. Ein Staat, der den Musen die Mittel kürzt und gleichzeitig mit Millionensubventionen Großunternehmen ködert, damit sie im Inland investieren, obwohl diese ihrerseits mit allen möglichen Tricks dem Staat Steuern vorenthalten, wird zur Beute der Toren. Er investiert mit dem Denken aus der

Vergangenheit in die Gegenwart des Gewinns und verplempert die Zukunft des Geistes.

Zwar schaute auch Konfuzius auf die Vergangenheit; was ihn jedoch vor allem an den Alten faszinierte, waren ihre Heldentaten. Laotse war von ganz anderer Natur. Er verehrte und verherrlichte zwar nicht die Großtaten der Alten, rühmte an ihnen jedoch, ihr höchstes Ziel sei gewesen, »mit dem Himmel in Einklang zu sein«, das war für ihn etwa gleichbedeutend mit seinem Satz: »Wer dem Tao gerecht wird, wird eins mit dem Tao« (23). Wie sieht nun das Vorbild des Laotse aus? Es ist nicht einfach der verantwortungsbewusste, gebildete Mensch, wie ihn Konfuzius vorstellte, sondern es ist der Weise, der vollendete Mensch. Da tut sich jedoch die Frage auf, wie kann ein moderner Übersetzer dem Phänomen Weisheit gerecht werden, so wie es Laotse vor rund zweieinhalb Jahrtausenden in einer uns in jeder Beziehung fernen und doch über die Verbundenheit aller Menschen über die Zeiten hinweg verwandten Welt gemeint und beschrieben hatte? Hier seien einige Übersetzungsbeispiele gezeigt. Vorgestellt wird der Beginn des zweiten Absatzes im Spruch 7. Der entsprechende Begriff ist jeweils *kursiv* gesetzt. (In Klammern der Name des Übersetzers, auch so weit er von anderen nur abgeschrieben haben sollte.)

- Also auch *der Berufene*, er setzt sein Selbst hintan. (Richard Wilhelm)
- *Der Vollendete*, entschwindend, offenbart sich. (Alexander Ular)
- Deshalb *der Heilige Mensch*: Er setzt zurück sein Selbst. (Günther Debon)
- Darum stellt *der Weise* sich an den letzten Platz. (Lin Yutang)

- Also *der Berufene*: Entschwindend offenbart er sich. (Erwin Rousselle)
- So stellt *der Weise* sein Selbst zurück. (Ernst Schwarz)
- *Der Weise* tritt zurück. (Hans Knospe u. a.)
- Darum *der Weise*: er setzt sein Selbst hintan. (Wolfgang Kopp)
- Daher setzen *reife Menschen* ihr Selbst an die letzte Stelle. (R. L. Wing)

Für Laotse ist es der Weise, man kann auch sagen der geistig vollkommene Mensch, der sich in allem dem namenlosen, undefinierbaren und unübersetzbaren Tao (Sinn, Weg, Bahn, Führerin des Alls) anvertraut, es in sich aufnimmt. Er durchschaut die Welt, greift jedoch nicht ein. Er handelt durch Nichthandeln. Er verzichtet auf alles Weltliche: »Er macht sich niemals groß, so kann er seine Größe vollenden« (34). Laotses Weiser ist im Grunde seines Herzens keineswegs so bescheiden, wie das meiste, was er sagt, klingen mag. Er verurteilt recht offen das weltliche Treiben, vor allem verurteilt er jede Art von Gewalt; er betont es immer wieder: Mit Gewalt kann man keinen Sieg erringen. Sein Prinzip ist: »Das Allerweichste der Welt bezwingt das Allerhärteste der Welt« (43).

Trotz der Unterschiedlichkeit der Charaktere von Konfuzius und Laotse versuchte der Mystiker Tschuangtse (Dschuang-Dsi) als Anhänger und Interpret des Laotse im Sinne des Tao zwischen den großen Weisen zu vermitteln. Er erwähnt sogar einen Satz, in dem Konfuzius sich als Anhänger von Laotse geäußert haben soll. Dieser großartige Ausspruch soll hier zitiert werden, auch er ist an Menschen aller Zeiten gerichtet: »Dein Wille muss sich auf die Einheit ausrichten. Lausche nicht mit deinem

Ohr, sondern mit deinem Verstand. Lausche nicht mit deinem Verstand, sondern mit deiner Lebensenergie. Das Ohr kann nur hören, der Verstand kann nur denken, die Lebensenergie aber ist leer und für alle Dinge empfänglich. Das Tao verweilt in der Leerheit. Die Leerheit ist das Fasten des Geistes.« (Zitiert aus Tschuang-Tse: »Glückliche Wanderung«, Kapitel 4.)

Würde man diesen Gedanken in unsere heutige Zeit herüberbringen, so wäre dies ein Rat, nicht nur auf Mediendiät zu achten, sondern geradezu auf Medienaskese. Die hier empfohlene Leerheit kommt nur zustande, wenn man sich zumindest zeitweise der aktiven Stille aussetzt. Das Innere, das über Zeit und Raum mit der Welt verbunden ist, regt sich nur, wenn man ihm Platz lässt und den Weg nicht verbaut. Dies zu lernen war schon vor Jahrtausenden schwierig, in einer Welt, die im Vergleich zur heutigen ein Hort der Ruhe gewesen sein könnte.

Dritter Teil

Weisheit – Torheit; Intelligenz – Dummheit

*Der Weise befreit sich von Denkzwängen,
auch wenn er bei anderen als Tor erscheint.*

Die Torheit der Intelligenten

Das Ende einer Freundschaft: Freud, Jung und das Dogma der Sexualität

Die intelligentesten Menschen können zugleich Toren sein; und wer sich über Weisheit Gedanken macht, muss sich auch mit ihrem Gegenteil befassen. Es geht hier nicht um die Dummheit. Zwar ist auch sie ein weltbeherrschendes Phänomen; wenn wir sie aber nur als die in einem Menschen etwas zu kurz gekommene Begabung mit Intelligenz, als geistige Beschränktheit an der Untergrenze der Normalität ansehen, dann ist sie ein eher körperliches Defizit, das einen Menschen von Geburt an ebenso treffen kann wie eine zu lange Nase oder zu kurze Beine. Nach der Gauß'schen Normalverteilungskurve muss es unter den im Übrigen »normalen« Menschen einige wenige Höchst-Intelligente und einige wenige Mindest-Intelligente geben. Zwischen diesen Extremen tummelt sich die breite Masse: Je durchschnittlicher, desto höher ihr Anteil. Und Torheit? Die ist ein ganz anderes Phänomen. Mit Intelligenz hat sie nichts zu tun, was nicht bedeutet, dass es nicht auch dumme Toren gibt. Der ganz bestimmt hochintelligente Goethe-Faust konnte schon auf den Unterschied hinweisen:

»Da steh' ich nun, ich armer Tor!
Und bin so klug als wie zuvor.«

Seine Seele dem Mephisto zu verschreiben war vermutlich eine Torheit, aber was für ein langweiliges Spektakel wäre dabei herausgekommen, wenn Faust es hätte bleiben lassen. Ist es zwar Torheit, Intelligenz nach einem Einheitsschema messen zu wollen, gehört doch Geschick dazu, so ein Schema zu entwickeln. Einen Torheitstest bzw. einen Torheitsquotienten vorzustellen, hat klugerweise noch niemand versucht. Torheit und Dummheit sind genauso wenig kompatibel wie Weisheit und Intelligenz, auch wenn es der Sprache oft an der nötigen Trennschärfe fehlt. Wenn ein Gescheiter eine »Dummheit« begeht, dann ist es eigentlich eine Torheit. Das Wort Torheit kommt in der Sprache der Medien und Politiker derzeit kaum vor, was allerdings nicht bedeutet, dass sie keine Torheiten begehen würden. Vielleicht scheuen sie sich, dieses Wort zu verwenden, aus Angst, sich selbst damit zu treffen.

Wie sich höchste Intelligenz mit Torheit verbinden kann, sei hier an einer Geschichte demonstriert. In Wien herrschte zu Beginn der 20. Jahrhunderts eine glanzvolle Zeit. Auf fast allen Gebieten der Kunst und der Wissenschaft lebten und wirkten hier führende Köpfe. Nur ein paar Namen: die Schriftsteller Karl Kraus, Robert Musil, Arthur Schnitzler, Hermann Broch und Stefan Zweig; die Komponisten Gustav Mahler, Alexander von Zemlinski und Arnold Schönberg; die Maler Gustav Klimt, Egon Schiele, Oskar Kokoschka und viele andere. In der Psychoanalyse thronte als Seelenbeherrscher Sigmund Freud und scharte Verehrer, Anhänger, Schüler und Patienten in weitem Umkreis um sich. In dieser Zeit verlor jedoch der auf dem Höhepunkt seines Schaffens stehende Sigmund Freud auch seine beiden begabtesten Schüler und Anhänger. Der Wiener Alfred Adler und der

Schweizer Carl Gustav Jung sagten sich von ihrem psychologischen Lehrmeister und Über-Ich los. Dies hatte seinen Grund in der Torheit des Genies Freud.

C. G. Jung konnte sich nicht damit abfinden, dass Freud den Geist negierte, Religion als krankhafte Erscheinung disqualifizierte und letztlich alles auf die Sexualität zurückführte. Jung wandte ein, dass diese Hypothese, logisch zu Ende gedacht, zu einem vernichtenden Urteil über die Kultur führen müsse. Sie erscheine, so verstanden, als bloße Farce, als morbides Ergebnis verdrängter Sexualität. Freud sagte dazu nur: »Ja, so ist es. Das ist ein Schicksalsfluch, gegen den wir machtlos sind.« Dass Freud mit dem Wort »Schicksalsfluch« einen Übergriff in die von ihm sonst abgelehnte Welt metaphysischer Vorstellungen wagte, sei hier nur am Rande bemerkt. C. G. Jung, der hier und im Folgenden aus dem Buch »Erinnerungen, Träume, Gedanken« zitiert wird, weist übrigens darauf nicht hin. Es muss ein wahrlich echter Freud'scher Versprecher gewesen sein, einen solchen Begriff zu gebrauchen. Immerhin sieht man daraus, wie oft selbst diejenigen, die es leugnen, ohne Ausweichmanöver in das Jenseits selbst im Alltag nicht auskommen. Die Wiener Malerei dieser Zeit, ganz besonders die von Egon Schiele und Gustav Klimt, schien Freud mit seiner Sexualtheorie zu bestätigen; dies galt aber auch für das Theater, z. B. in den Stücken von Arthur Schnitzler (»Der Reigen«).

Für den gegenüber Freud um neunzehn Jahre jüngeren Basler Pfarrersohn C. G. Jung war die damalige Fixierung auf das Sexualleben längst nicht die ganze Kultur, sondern allenfalls eine Zeiterscheinung. Er wagte es 1910, seinem großen Meister zu widersprechen. Darauf Freud: »Mein lieber Jung, versprechen Sie mir, nie die Sexualtheorie aufzugeben. Das ist das Allerwesentlichste. Sehen

Sie, wir müssen daraus ein Dogma machen, ein unerschütterliches Bollwerk.« Auch diese geradezu religiöse Einschwörung auf Dogmatismus, eine Art Vatertreue und die Unverrückbarkeit einer einmal eingenommenen Lehre, konnte Jung nicht überzeugen, er ließ sich nicht einschüchtern. Als er seine Schrift »Wandlungen und Symbole der Libido« veröffentlichte, in der er sich deutlich von Freuds Lehre distanzierte, war es nicht nur mit der Freundschaft zu Freud aus und vorbei, auch manche Freunde und Bekannte, die von der unerschütterlichen Richtigkeit all dessen überzeugt waren, was Freud lehrte und praktizierte, sagten sich von Jung los. Sein Buch wurde für Schund erklärt und er selbst zum Mystiker gestempelt. Plötzlich stand er als verkannter Rebell und Abtrünniger von der sakrosankten Lehre Freuds fast allein mit seiner Wissenschaft da.

Die hier geschilderte Reaktion ist typisch nicht nur im Wissenschaftsbetrieb, sondern überall dort, wo Systeme geistiger oder technischer Natur ihre Herrschaft in den Köpfen angetreten haben. Das Neue interessiert nur, soweit man ihm selbst auf der Spur ist. Denn auch ein berühmter Forscher muss einst um Anerkennung gegen versteinerten Dogmatismus seiner Kollegen und Vorgänger gekämpft haben. Der errungene Sieg jedoch verführt immer wieder dazu, ihn ein Leben lang zu feiern und zugleich die eroberte Burg als Stammsitz neuer Dogmen gegen jüngere Draufgänger zu verteidigen. Toren und Weise kann man darin unterscheiden, wie sie mit dem Neuen, Ungewohnten, Anderen umgehen; ob sie es wenigstens zur Kenntnis nehmen oder ob sie von vornherein zu wissen vorgeben, der andere müsse im Unrecht sein, weil er nicht in ihr eigenes vorgefertigtes System passt. Es ist eine auch bei Vertretern der Weisheit immer wieder zu beobachtende Torheit, wenn sie sich an ihrem Standpunkt so festklammern, dass sie blind gegenüber dem Neuen sind. Der Weise hingegen kann seinen Standpunkt immer wieder verlassen, weil er weiß, wie er zu ihm zurückfindet. Er übt Toleranz, weil er seine Neugier nicht verloren hat. Er hat keine Angst um seine Lehre, wenn er auf andere hört.

Der Tor mit seinen ein für alle Mal festliegenden Erkenntnissen nimmt nicht wahr, wie sehr die Welt und ihr Denken im stetigen Wandel sind, er steht auf der Brücke und hält den Fluss für einen See. Er grenzt ab und grenzt aus: Wir sind die Besitzer der rechten Lehre und die Alleinerben himmlischer Freuden; ihr seid die Irrgläubigen und dereinst zu Höllenqualen verdammt. Da man jedoch an diesen Qualen im Jenseits doch zweifelt, möchte man sie den Irrgläubigen schon hienieden bereiten. An Stelle Tausender Weiser, die so geopfert wurden, sollen hier nur zwei genannt werden, die den Flammentod sterben mussten: Jan Hus, der böhmische Reformator, der 1415 auf dem Konzil in Konstanz verbrannt wurde, und der große italienische Philosoph Giordano Bruno, der 1600 in Rom den Tod auf dem Scheiterhaufen erlitt. Diese beiden und viele andere wurden das Opfer nicht ihres, sondern des Unglaubens der kirchlichen Instanzen, die nicht auf ein göttliches Gericht vertrauten und sicherheitshalber an dessen Stelle ihre eigene Fehlbarkeit einsetzten. Jan Hus soll, als ein Mütterchen noch einen Reisigbüschel in die Flammen warf, um ein gutes Werk für ihre eigene Seligkeit zu tun, als wohl letztes Wort gesagt haben: »O sancta simplicitas«, O heilige Einfalt, wobei nicht zu entscheiden ist, ob dieser Ausspruch der naiven Frau oder den noch naiveren Vertretern des Konzils gegolten hat.

Diesem Denken begegnen wir auch heute auf vielen Gebieten, wenn auch, wenigstens in zivilisierten Kulturen, ohne Flammen. Die psychische Grundstruktur der Inquisitoren blieb uns erhalten. Hier die allein wahre Schulmedizin mit ihren klinisch getesteten Wahrscheinlichkeiten; dort die so genannte Paramedizin, deren Erfolge manchmal weniger von der Methode des Arztes als von seiner Persönlichkeit abhängen und der deshalb aus der Sicht von Schulmedizinern ein Kurpfuscher sein muss, auch wenn Geheilte auf ihn schwören. Hier die Anhänger einer auf Wachstum zielenden Weltwirtschaft; dort die Vertreter einer dezentralen Wirtschaft nach menschlichen Maßstäben. Hier die Verteidiger chemischer Methoden in der Landwirtschaft, mit denen man sofort messbar die Ernteerträge steigern kann; dort die Warner vor ökologischen Spätwirkungen. Hier die Partei A, die alles besser machen wird, wenn sie erst an der Macht sein wird, obwohl sie es nicht besser gemacht hat, als sie selbst regierte; dort die Partei B, die die Gegenvorschläge für falsch und gefährlich hält.

Beifall geklatscht werden darf im Parlament nur, wenn ein Vertreter der eigenen Partei oder Koalition spricht, selbst wenn es der größte Schwachsinn ist, was er von sich gibt. Eisiges Schweigen oder höhnisches Gelächter gibt es für den Redner der Gegenseite, auch wenn er pure Weisheit vorträgt. Der Gegner hat von vornherein immer Unrecht, daher hören ihm die Toren nicht zu. In Fällen einfacher Geistesstruktur führt das zum »binären Menschen«, das heißt zu Typen, für die alles entweder gut oder schlecht ist. Sie kennen nur Ja oder Nein, Null oder Eins, Strom oder Nichtstrom, Schwarz oder Weiß, Freund oder Feind, Freud oder Nicht-Freud. Menschen, die der Welt überall mit solchen Pauschalurteilen gegenüberstehen, sind blind für Grautöne, Schattierungen, Farbabstufungen und für alles, was nicht in ihr simples Vorstellungsvermögen passt. Vor allem sind sie nicht in der Lage, den dialektischen Eigenwert der überall versteckten Widersprüchlichkeiten zu erkennen. Damit ist natürlich nicht gesagt, dass sämtliche Politiker binäre Menschen seien. Nur so viel lässt sich feststellen: Menschen, die ein Gefühl für die Widersprüchlichkeiten des Lebens und des eigenen Denkens entwickelt haben, können keine wirksamen Wahlredner sein und tun sich in der Politik schwer. Mit Schwarz-Weiß-Denken hat man mehr Erfolg bei den Menschen, die nur so denken können. Mit anderen Worten: ein Politiker darf nicht weiser sein als seine Wähler, sonst ist er nicht einer aus ihrer geistigen Nachbarschaft.

Leider tut uns die Welt nie den Gefallen, sich für unser denkerisches Streben in Ja-Nein-Kategorien erkenntlich zu zeigen. C. G. Jung schrieb einmal: »Die Struktur der Psyche ist in der Tat dermaßen kontradiktorisch oder kontrapunktisch, dass es wohl keine psychologische Feststellung oder keinen allgemeinen Satz gibt, zu dem man nicht sofort auch das Gegenteil behaupten müsste« (»Welt der Psyche«). Dies gilt nicht nur für die Psychologie, sondern für fast alles im Leben. Eigentlich ist es zum Verzweifeln, wenn man (wie Wittgenstein) feststellen muss, dass überall da, wo man meint, die Probleme gelöst zu haben, »Problem und Methode windschief aneinander vorbeilaufen«. Dass ein Mensch, der so denkt wie Jung, mit der monokausalen Begründung einer Theorie, wie sie damals Freud versuchte, sich nicht abfinden konnte, ist verständlich.

Wo binärdenkende Toren herrschen, gehören die Weisen zu ihren Feinden, weil diese anders denken. Weisheit för-

dert das Nachdenken, Torheit (bestenfalls) das Weg-
hören. Und doch heißt dies nicht, man müsse sich alles
anhören. Auch hier gilt Jungs kontradiktorische Feststellung, die immer wieder zu einem lästigen »Ja-Aber«
führen muss. Unter dem Neuen gibt es Unsinn, mit dem
man sich nicht zu belasten braucht. Ein Blick auf das
Fernsehprogramm bietet da reichlich Anschauungsmate-
rial zum Wegschauen. Man braucht nicht jeder Mode zu
folgen. Binäre Menschen werden hier fragen: Also was
nun? Soll man hinhören oder nicht? Weisheit bietet keine gültigen Antworten, sie lehrt zu unterscheiden. Mit
ihr erfährt man rechtzeitig das Wichtige und lässt das
Unwichtige links liegen. Sie fördert die Intuition und
verwirft Patentrezepte. Wer sich zu ihr wagt, muss sich
auch irren dürfen, hat jedoch auf lange Sicht Recht.

Das Verschließen gegenüber dem Anderen ist nicht der
einzige Aspekt der Torheit, genauso wenig, wie die
Offenheit gegenüber dem Neuen der einzige Aspekt der
Weisheit ist, es ist jedoch einer der wesentlichsten Ansatzpunkte. Ein Schulsystem und der entsprechende
Unterricht, ebenso wie die universitäre Lehre, die in
allem auf Lehrpläne, Leistung und Erfolg abgestellt ist
und das scheinbar Nebensächliche außer Acht lässt, verschließen sich gegenüber der Weisheit. Es ist der falsche
Weg, für das schlechte Abschneiden von Schülern im
internationalen Vergleich in erster Linie bildungspoliti-
sche Entscheidungen der Vergangenheit verantwortlich
zu machen, egal wie richtig oder falsch sie gewesen sein
mögen. Die Denkstruktur von Lehrern reagiert nicht
gleich auf gesetzgeberische Bemühungen. Lehrer in allen
Bereichen müssen einen Sinn für das nicht in ihr System
passende Denken ihrer Schüler entwickeln und Fragen
nach dem Neuen nicht ausweichen, sondern zeigen, wie

man aus dem Labyrinth der allgegenwärtigen Manipulationsversuche herausfinden kann. Das Neue liegt nicht auf, sondern neben und über dem Weg; Geradeausdenker können es nicht erblicken. Über dem Weg? Eine Inspiration kommt von außen, von innen und von oben zugleich. Künstler können das nachempfinden. Sie müssen die Harmonien der Welt zum Klingen bringen.

Der Gottheit näher durch himmlische Klänge

Die Weisheit der Musik und die Torheit eines Komponisten

Weisheiten können wie Liebeserklärungen sein und umgekehrt: Man kann sie in Worten und im Schweigen, durch Blicke und Gesten, vor allem auch in herzhaften und zärtlichen Taten ausdrücken – und in Noten: Musiknoten und Banknoten. Für einen innerlich einsamen Komponisten musste das Betasten des Klaviers das der Geliebten ersetzen.

Eine aus solchem Entbehren empfundene Liebeserklärung brachte einen der berühmtesten und zugleich tiefst empfundenen Liebesbriefe der Geistesgeschichte hervor. Da er aus Beethovens Nachlass stammt, muss man annehmen, dass er nie abgeschickt wurde; wer die namentlich nicht genannte »unsterbliche Geliebte« war, das weiß man noch immer nicht. Es müsste schon ein großer Zufall sein, wenn sich der Name der im Sommer 1812 so heiß und innig Angebeteten jetzt noch ermitteln ließe, falls es sie denn überhaupt je gegeben hat. Kann sich Liebe nicht auch an einem Mädchen entzünden, das nur Träume beherrscht, aber nie in Fleisch und Blut existiert? Dies wurde ebenfalls vermutet.

Schon die Anrede des liegen gebliebenen Briefs ist rätselhaft und könnte auf eine Traumgeburt hinweisen: »Mein Engel, mein alles, mein Ich.« Wollte man diese vermutlich spontan hingeschriebenen Worte analysieren, dann ergäbe sich hier ein Einblick in Zusammenhänge, die weit über die Ziele eines irdischen Liebesbriefs hinausreichen. Engel, das sind in vielen Kulturen die bildlich vorgestellten Boten, die die Verbindung zwischen Himmel und Erde, zwischen Jenseits und Diesseits, zwischen Geist und Natur darstellen. Zur Aufrechterhaltung eines solchen Pendelverkehrs brauchen sie natürlich Flügel. Versteht man sie als geistige Wesen, dann kommen sie auch ohne Flügel aus, dann können sie die Gestalt eines Mädchens aus Fleisch und Blut oder aus Träumen annehmen, das für den Verliebten eine Verbindung zum All, zum Weltganzen, zum Kosmos begründet oder, wie sich Beethoven immer wieder ausdrückte, zur Gottheit. Der Engel zeigt das Göttliche in einem realen oder geträumten Mitmenschen. Der zweite und dritte Bestandteil der Anrede, »mein alles, mein Ich«, zeigen gewissermaßen eine Trinität auf; drei bilden die Einheit: Gott, zugleich »alles«, der verbindende Geist (Engel) und der Mensch, der sich in diese Einheit eingebunden fühlt, als Ich. Beethoven muss das intuitiv gewusst haben; darauf deuten seine Worte hin: »… wenn ich mich im Zusammenhang des Universums betrachte, was bin ich und was ist der – den man den Größten nennt – und doch – ist wieder hierin das Göttliche des Menschen …« (Zitiert nach Martin Geck: »Beethoven«). Ohne solche Gefühle und Erkenntnisse, ohne Träume und Glücksausbrüche einer immer wieder neuen und dann doch vergeblichen Liebeshoffnung wäre Beethoven ein anderer, kleinerer gewesen. Seine Liebe war größer und umfassender, als es die Erfüllung durch ein Mädchen gewesen wäre, das schwärmerisch, aber banal auf dem Klavier herumklimpert, wie die legendäre »Elise«, die in Wirklichkeit »Therese« hieß, damals erst neunzehn Jahre alt war und das

Objekt eines erfolglosen Heiratsantrags und eines umso erfolgreicheren Klavierstücks wurde.

Auch Beethovens Liebe zur Natur und zur ländlichen Idylle kannte keine Grenzen. Er schrieb einmal: »Allmächtiger, ich bin selig, glücklich im Walde, jeder Baum spricht von Dir. Jeder Baum scheint zu sagen: Heilig, heilig!« Dies bleibt bei ihm keine Theorie, sondern sie äußert sich in Musik. In einem Wiesental bei Heiligenstadt ließ er sich zu seiner so genannten »Pastoralsymphonie« inspirieren. Obwohl sie klangmalerische Stellen enthält, wie die »Szene am Bach« mit Nachtigall, Wachtel und Kuckuck, sowie das heranrollende und auf den Pauken donnernde Gewitter, ist es etwas ganz anderes, was die Einmaligkeit dieser Musik ausmacht: Man kann Beethovens Freude an der Natur körperlich an sich selbst nachvollziehen. Das »Erwachen heiterer Gefühle bei der Ankunft auf dem Lande« kann man als Zuhörer in der dumpfen Finsternis eines großstädtischen Konzertsaales miterleben. Daraus lässt sich schließen, dass wenigstens Beethovens Liebe zur Natur von dieser erwidert wurde.

Das Wunder Beethoven besteht darin, dass ein äußerlich so zerrissener und in vieler Hinsicht chaotischer Mensch in seinen Werken nicht nur überlieferte Ordnungen hoch achtet, sondern gleichzeitig völlig neue Ordnungen schafft. Nie zerstört er das, was ihm unter anderem von Joseph Haydn oder Johann Georg Albrechtsberger beigebracht worden war oder was er in Mozarts Werken kennen gelernt hatte. In den Jahren, als in Paris die Köpfe der Monarchen von der Guillotine rollten und ein Emporkömmling aus Korsika sich zum Kaiser krönte, revolutionierte Beethoven die Musik, ohne denen, die bislang die Konzertsäle beherrscht hatten, das Geringste anzutun. Im Gegenteil, er schuf das Neue in Ehrfurcht vor dem Alten. Er benutzte es als Fundament für Schöpfungen, die bisher Unsagbares sagbar machten. Auf scheinbar schlampig beschmierten Notenblättern entstehen Werke, die bis in die letzten Details ausgefeilt erscheinen. Was soll es uns dann ausmachen, wenn andere das von Beethoven hingeschmierte Wort »Therese« als »Elise« lasen?

Natürlich wird das Neue zunächst nur von wenigen verstanden. 1810 kam eine bildungs- und kunstbesessene, schwärmerisch veranlagte Dame nach Wien. Es war die fünfundzwanzigjährige Bettina Brentano. Sie besuchte auch Beethoven. Später, als sie längst mit dem Dichter Achim von Arnim verheiratet war, veröffentlichte sie ihren Bestseller: »Goethes Briefwechsel mit einem Kinde«. Da dieses Buch erst 1835 erschien, also drei Jahre nach Goethes und acht Jahre nach Beethovens Tod und diese nichts mehr dementieren konnten, ist darin nicht nur Wahrheit, sondern auch viel Dichtung enthalten. Nach Bettinas Worten in diesem Buch soll Beethoven zu ihr damals in Wien Folgendes gesagt haben: »Sprechen Sie mit Goethe von mir, sagen Sie ihm, er soll meine Symphonien hören, da wird er mir Recht geben, dass Musik der einzige unverkörperte Eingang in eine höhere Welt des Wissens ist, die wohl den Menschen umfasst, [jedoch dergestalt,] dass er aber nicht sie zu fassen vermag. – Es gehört Rhythmus des Geistes dazu, um Musik in ihrer Wesenheit zu fassen: sie gibt Ahnung, Inspiration himmlischer Wissenschaften, und was der Geist sinnlich von ihr empfindet, das ist die Verkörperung geistiger Erkenntnis.« (Zitiert nach Geck.) Auch wenn dies vermutlich nicht Beethoven im Originalton ist, so muss die feinfühlige Bettina ihn doch seelisch ganz verstanden haben, er könnte sich so oder ähnlich ausgedrückt haben. Denn 1823, nach Vollendung seiner »Missa solemnis« schrieb Beethoven an seinen Freund und ehemaligen Schüler Erzherzog Rudolph: »Höheres gibt es nicht, als der Gottheit sich mehr als andere Menschen nähern und von hier aus die Strahlen der Gottheit unter das Menschengeschlecht verbreiten.« Diese Worte künden nun nicht gerade von Bescheidenheit. Wenn er der Gottheit »mehr als andere« nahe kam, dann fühlte er, wie sehr seine Musik eine von anderen Künsten nicht zu übertreffende Weisheit verkündete. Zugleich wusste er, inwieweit Musik überhaupt dazu fähig war. Denn nie hielt sich der allmählich ertaubende Meister für den größten Komponisten. Er wusste nicht nur, was er dem frommen Haydn und dem im Leben chaotischen Mozart zu verdanken hatte, sondern auch Johann Sebastian Bach und dessen Sohn Carl Philipp Emanuel. Er wusste vor allem, dass seine Musik nicht in erster Linie konstruiert, sondern von göttlicher Inspiration abhängig ist.

Von Weisheit reden oder schreiben, das ist nur ein Teil von ihr, vielleicht ist es der kleinere. Weisheit ist nicht beschreibbar, sie zeigt sich oder sie erklingt. Wem? Eigentlich müsste man selbst weise sein, um sie zu verstehen. Doch da tun sich Widersprüche und Klippen auf. Goethe, der weniger in seinem Leben als in dem, was er gesagt und geschrieben hat, ein weiser Mensch war, verstand Beethoven nicht oder – vorsichtiger formuliert – er erkannte nicht seine Größe. Wir werden uns damit abfinden müssen, dass auch die ganz Großen die Weisheit nicht als Ganzes fassen und verwirklichen können, sondern nur einen mehr oder minder großen Happen. Jeder hat seine Grenzen. Schelling formulierte das so: »Jeder Künstler kann nur so viel produzieren, als er mit dem ewigen Begriff seines eigenen Wesens in Gott verbunden ist. Je mehr nun in diesem für sich schon das Universum angeschaut wird, je organischer er ist, je mehr er die Endlichkeit der Unendlichkeit verknüpft, desto produktiver [ist er]« (»Philosophie der Kunst« 1802/03). Die Endlichkeit mit der Unendlichkeit, das Irdische mit dem überirdischen verknüpfen und daraus etwas schaffen in Tönen, Werken der bildenden Kunst, in Worten, Taten oder unmittelbaren, nämlich unmitteilbaren Erfahrungen, das ist höchste Weisheit, auch wenn sie den Menschen immer wieder in seine Schranken verweisen muss. Der begnadete Maler stellt nicht nur etwas Sichtbares dar, sondern führt den Betrachter in seine bisher unerfahrene Welt. Der Dichter beschreibt nicht vordergründig etwas, sondern er lässt den Leser das mit empfinden, was er beim Schreiben innerlich erlebt hat. Weisheit ist ein Berg, den jeder auf einem anderen Weg zu besteigen versuchen kann. Auf den Gipfel gelangt keiner in diesem Leben. Ob in einem anderen, das wissen wir nicht; wir können es allenfalls hoffen.

Verzicht und Freiheit

Wie eine schwache Blase
auf die Weltgeschichte einwirkte

Hegel möge verzeihen, wenn er hier ein wenig naiv erscheint, was er möglicherweise gar nicht war. Vom Willen hat er immer wieder geredet und geschrieben, aber von der schwachen Blase nie. Warum eigentlich nicht? In seinen »Vorlesungen über die Ästhetik« redete er einmal über den allgemeinen Weltzustand und behauptete, dieser hänge vom Willen ab. »Denn durch den Willen ist es, dass der Geist überhaupt ins Dasein tritt.« (Bd. 13, 235) Hegel ging davon aus, der Weltgeist bediene sich des gereiften Willensentschlusses großer Menschen vom Format eines Alexander, Caesar oder Napoleon. Von welchen Banalitäten so ein Wille jedoch gesteuert sein mag, darüber schweigt der schwäbisch-preußische Großdenker.

Die Geschichte verwendet jedoch nicht nur heroische Willensakte, sondern auch ängstliche Banalitäten, um ihre Ziele zu erreichen. Eine von ihnen kennen wir ziemlich genau. Wir kommen hier nochmals auf einen der größten Toren seines Jahrhunderts zu sprechen, auf einen Menschen, der nach damaligen gesellschaftlichen Maßstäben in seinem Leben sich so ziemlich alles verpatzt hat, was man verpatzen kann. Nie wartete er das Glück ab, sondern er machte sich stets auf und davon, wenn es sich nahte. Mehr oder weniger unbewusst muss er nach der

Devise gelebt haben: Was das Glück kostet, will ich gleich gar nicht wissen, ich bin jedenfalls nicht bereit, den Preis dafür zu bezahlen. Dreizehn Jahre vor der schon erwähnten Flucht auf die Petersinsel im Bieler See, begab sich Rousseau auf eine ganz andere Flucht. In der Nacht vom 18. auf den 19. Oktober 1752 fasste er einen für sein Leben und für den weiteren Verlauf der Weltgeschichte entscheidenden Entschluss, bei dem seine empfindliche Blase eine wichtige Rolle spielte.

Jean-Jacques Rousseau, der klassische Taugenichts und geniale Alleskönner, dessen Freiheits- und Unabhängigkeitsdrang ebenso schwer beherrschbar war wie sein Harndrang, hatte sich als musikalischer Dilettant an die Komposition einer Oper gewagt: »Le Devin du Village« (Der Dorfwahrsager) hieß sie. Schon bei den ersten Proben in Paris gefiel sie so gut, dass man sich um die Aufführungsrechte stritt. Das wird ein Riesenerfolg, sagte man sich, und so wurde es auch. Das Werk blieb trotz seines einfachen Strickmusters hundert Jahre im Repertoire. Der König sollte diese Oper sehen! Sie wurde im Schloss Fontainebleau vor König Ludwig XV. und dessen Freundin Madame Pompadour uraufgeführt. Das Publikum war hingerissen und gerührt, selbst der unerkannt aus der Loge zuschauende Komponist gab sich den Tränen hin. Der viel gereiste, scheue Mann stand vor einem Triumph und der ebenfalls begeisterte König ließ Rousseau mitteilen, er wolle ihn am nächsten Morgen gegen elf Uhr zur Audienz empfangen, um dem mehr oder weniger mittellosen Menschen eine Pension zukommen zu lassen. Dieser aber hatte schon einige Zeit zuvor seinen Lebensentschluss gefasst: »Ich entsagte für immer jedem Plan, mein Glück zu machen und vorwärts zu kommen. (…) Ich begann meine Umwandlung mit meinem Äußern. Ich legte alle goldenen Litzen und die weißen Strümpfe ab, ich nahm eine runde Perücke, ich legte den Degen ab, ich verkaufte meine Uhr, indem ich mir mit einer unglaublichen Freude sagte: Dank dem Himmel, ich brauche nicht mehr zu wissen, welche Stunde es ist« (»Die Bekenntnisse«).

In der Nacht nach der glanzvollen und erfolgreichen Premiere wälzte sich Rousseau schlaflos im Bett. Noch immer kämpften Hoffnung und Entsagung in ihm. »Soll ich zur Audienz oder nicht?«, fragte er sich immer wieder. Es ging ihm alles Mögliche im Kopf herum: Ich habe keine vornehmen Kleider mehr, ich bin schlecht rasiert, sicher rede ich wie immer unkontrolliert Sachen, die andere ärgern; und dann noch das Problem mit der Blase: »Mein erster Gedanke nächst dem an diese Audienz galt meinem häufigen Bedürfnis, den Raum zu verlassen, das mich bereits am Abend selbst im Theater sehr gequält hatte und mich am nächsten Tag quälen konnte, wenn ich in der Galerie oder in den Gemächern des Königs unter all den Großen das Vorüberschreiten seiner Majestät erwartete.« Wer in Barockschlössern nach WCs sucht, sucht vergebens; da konnte man nicht kurz einmal austreten, ohne Aufsehen zu erregen; ganz abgesehen von den umständlichen, im Hofzeremoniell vorgesehenen Beinkleidern ohne Reißverschluss. Für heutige Nasen waren solche Schlösser und ihre Bewohner eine Zumutung. Selbst die Pompadour roch nicht nur nach Moschus und Rosenöl. Dringende Bedürfnisse waren von den Architekten nicht eingeplant. In dieser Hinsicht waren selbst mittelalterliche Burgen besser ausgestattet, auch wenn das Flecken auf der Außenmauer hinterließ.

Ein Mensch, der auf Erfolg und Glanz im Leben verzichten wollte, musste die Gunst des Königs ablehnen.

»Ich entzog mich dem Joch, das sie mir auferlegt hätte. (...) Wie es künftig wagen, von Unabhängigkeit und Uneigennützigkeit zu sprechen? Ich musste, nahm ich diese Pension an, dann nur mehr schmeicheln oder schweigen.« Der Vierzigjährige träumte von anderen Idealen als denen eines an Zeit und Mode angepassten Höflings. Schon kurze Zeit nachher notiert er einen solchen Gedanken: »Den ganzen übrigen Tag tief im Wald weilend, suchte und fand ich dort das Bild der Urzeit, deren Geschichte ich kühn umriss; ich deckte die kleinen Lügen der Menschen auf; ich wagte ihre Natur bis zur Nacktheit zu enthüllen, dem Fortschritt der Zeit und der Dinge zu folgen, die sie entstellt haben…« In dieser Stimmung rief er im Geiste seinen Mitmenschen zu: »Wahnwitzige, die ihr ständig über die Natur klagt, lernet, dass alle eure Leiden nur von euch kommen.«

Der Enschluss der Nacht zum 19. Oktober fiel Rousseau, obwohl er ja nur konsequent war, dennoch nicht leicht. Auch er spürte die materielle Verlockung. Er ahnte, was er mit seinem Verzicht für sich und andere bewegte. Diesem Verzicht jedoch verdankte der vielseitige Autodidakt die Freiheit, Schriften zu verfassen, die überall inoffiziell Freude und offiziell Ärgernis erregten. Rousseau nahm Verfolgung, Schikanen, Verleumdung, Flucht und Steinwürfe auf sich. Doch seine Schriften wurden zu einer geistigen Grundlage für die große Revolution, die elf Jahre nach seinem Tod ausbrach. Man darf den Sultan töten, wenn er sein Land ins Verderben führt, hatte er geschrieben, wohl wissend, dass jeder verstand, wen Rousseau mit »Sultan« meinte. Hätte der ruhelose Denker die weißen Strümpfe und den Degen behalten, hätte er die königlich finanzierte Zukunft akzeptiert, wer weiß, welchen Lauf die Geschichte genommen hätte. Es wäre jetzt billig, folgende Behauptung aufzustellen: »Wegen Rousseaus nervöser Blase ist die Französische Revolution ausgebrochen.« Nein, so einfach lässt sich der Weltgeist nicht festlegen. Jedes Ereignis – und sei es auch noch so unbedeutend – hat unendlich viele Ursachen und Wirkungen. Man soll jedem misstrauen, der alles auf einfache Kausalketten zurückführen will. Und doch, jedes nebensächliche Geschehen kann zu etwas Großem beitragen. Das Größte, was je geschehen konnte, das ist die Welt, so wie sie heute ist. Sie beruht auf unendlich vielen Kleinigkeiten, die wir als Zufälle deuten müssen, weil wir nicht wissen, auf welches Ziel sie ausgerichtet sind.

War Rousseaus Entschluss nun weise oder töricht? Er selbst machte sich darüber Gedanken: »Meine Abreise [von Fontainebleau] erregte Aufsehen und wurde allgemein getadelt. Meine Gründe konnten nicht von jedermann verstanden werden. Mich eines törichten Stolzes anzuklagen war leichter getan und befriedigte leichter die Eifersucht eines jeden, der selbst fühlte, dass er nicht so gehandelt hätte.« Weisheit muss oft für Torheit gehalten werden, denn die Weisheit, die jedem sofort einleuchtet, ist billige Massenware. Wie aber Rousseau seine Weisheit erwarb, das wird in seinen »Bekenntnissen« immer wieder deutlich. Nicht aus Büchern hat er gelernt, sondern aus der Natur, aus der Wirklichkeit, die der unstete Wanderer in allen Phasen seiner oft verzweifelten Gegenwart immer geliebt hat.

Geistige Unabhängigkeit ist teuer. Sie kann mehr kosten als nur den Verzicht auf eine königliche Pension. Sie kostet den Verzicht auf Modebewusstsein, auf den gängigen Lifestyle, auf Einschaltquoten, auf Anerkennung bei den Zeitgenossen, auf manche Freundschaft, auf das Gefühl, zu denen zu gehören, die das Sagen haben. Sie besteht mitunter im Verzicht auf ungeschriebene und vorgeschriebene Denknormen, auf politische Konformität und schließlich in totalitären Staaten auf Freiheit und Leben. Wer mitschwingt hat es leichter, aber Weisheit fordert immer wieder zum Außenseitertum heraus.

Die folgenschwere geistige Unabhängigkeit ist bis in unsere Zeit Vorbild geblieben – wenn auch nur für wenige. Als die Journalistin Marion Gräfin Dönhoff (1909–2002) einmal über einige bedeutende Persönlichkeiten schrieb, charakterisierte sie diese gemeinsam mit diesen Worten: »Sie sind ganz echt, sie lassen sich nicht vom Zeitgeist oder von Werbeagenturen stilisieren. Sie machen keine Konzessionen an Publikum, Mode, Karriere. Sie folgen ihren eigenen Maßstäben und ihrer eigenen Intuition.« Mit diesen Begriffen kennzeichnete sich die Gräfin indirekt auch selbst. Sie allerdings lebte nicht ganz so verquer wie Rousseau. Der suchte seine Erkenntnis mitten im Wald, abseits von jedem Weg oder, wie wir gesehen haben, im Boot auf dem See. Sein Lehrmeister war nicht das, was alle wissen oder zu wissen vorgeben, sondern die Natur im weitesten Sinne. Er schöpfte aus der Quelle und nicht aus einem verzweigten Rohrsystem.

Das ist leicht gesagt und schwer getan. Man denke an den Einkauf von Lebensmitteln. In Deutschland ist es zur Zeit noch möglich, beispielsweise Mehl, einfach nur Weizenmehl oder (mit Einschränkungen) sogar Roggenmehl einzukaufen. In den USA, so wird berichtet, findet man in Supermärkten rund dreißig Sorten von Fertigmischungen für die verschiedensten Backwaren mit patentierter Zusammensetzung und allen möglichen Zusatzstoffen. Mit anderen Produkten ist es ebenso. Ähnlich ist es mit Einstellungen an technischen Geräten:

Auch da ist normalerweise das meiste nicht individuell wählbar, sondern vorprogrammiert mit Piktogrammen für Analphabeten. Natürlich gilt dies ebenso für alle Arten von Informationen, die über die Medien verbreitet werden. Der Meinungshandel verdrängt den Handel mit Rohinformationen. So wird das Leben leichter, bequemer und verführbarer! Der Weise setzt sein Denken aus Naturprodukten zusammen, er kombiniert selbst.

Rousseau wäre in unserer Zeit ein Mensch ohne politische Rückendeckung und ohne Einschaltquoten. Wenn seine Bücher dennoch erfolgreich waren, so verdankte er es denen, die wie er geistig unabhängig geblieben waren. Immer wieder gelingt es Menschen, sich aus der Vorprogrammierung zu lösen und auf geistige und materielle Fertigprodukte zu verzichten, koste es, was es wolle.

Die Grenzen der Logik

Kunst – Zen – Synchronizität

»Iss deinen Teller leer, dann scheint morgen die Sonne!«
Das ist eine uralte Denkmethode, die uns mehr beherrscht, als wir uns dies normalerweise eingestehen. Wir
denken doch so logisch! Nein, es ist anders. Unser Verstand mag sich um Logik bemühen, unsere Seele findet
jedoch ganz andere Wege. Wir holen zum Jahresende das
letzte Grün der Natur ins Haus und schmücken es aus
alter Tradition und ohne entsprechende Absicht mit
Lichtern und Flitter, damit im beginnenden neuen Jahr
die Natur wieder neu erwache. Jugendliche pinnen
Sportler und Popstars übers Bett, dorthin, wo vielleicht
noch bei der Oma oder deren Mutter ein verehrtes Hei-
ligenbild hing. Man erhofft Kraft aus Bildern. Die Fahne
der verhassten Nation wird von Fanatikern verbrannt,
damit jene untergehe. Wie denken wir als aufgeklärte
Menschen über solche Erscheinungen? Halten wir sie für
Aberglauben, für dumm und töricht oder besinnen wir
uns wieder auf mildere Urteile?
Unsere Logik setzt voraus, dass alles seine nachvollziehbare Ursache haben muss. Rein geistige Ursachen gelten
spätestens seit der Aufklärung als nicht existent und
somit als wirkungslos. Darüber sollten wir uns jedoch
nicht so sicher sein. Religionen in allen Zeiten und Kulturen gründen darauf, dass Gebete und Wünsche nicht

im luftleeren Raum des Alls verhallen, sondern letztlich auch eine Reaktion in der Materie bewirken können. Wir sollten uns zumindest die Frage stellen, weshalb die Menschheit je auf die Idee gekommen ist, mit solchen geistigen Kräften zu arbeiten, wenn dem nicht konkrete Erfahrungen entsprochen hätten. Das Argument, dass wir nicht erklären können, wie solche Wirkungen zustande kommen und dass auf sie kein Verlass ist, zählt nicht. Im Bereich der flackernden Kerzen hat jeder Hauch eine andere Wirkung. Das griechische Wort »pneuma« bedeutete ursprünglich nur Hauch und Wehen; daraus entwickelte sich der Wortsinn: Geist. Hauch und Wehen sind undeutliche und unsichere Kräfte.

Wer jedoch mehr über die geistigen Kräfte erfahren will, muss zunächst versuchen, sich aus den Banden der Logik zu befreien. Das fällt uns schwer. Es geht hier nicht gegen die Logik. Sie ist ein wesentliches Fundament unserer Normalvernunft. Doch Weisheit beginnt mit der Befreiung von den Fesseln der Logik. Wer von der höheren Mathematik fasziniert ist, wird damit nicht zum Gegner des kleinen Einmaleins. Wer die Vernunft beherrscht, lässt sich von ihr nicht beherrschen. Nur so ist religiöses Leben und auch Kunst im weitesten Sinne überhaupt möglich. Drei Weisheitsbereiche, die die Logik überwinden, sollen hier als Beispiele vorgestellt werden:

- Die Kunst
- Der im Zen-Buddhismus entwickelte Umgang mit Koans
- Die so genannte Synchronizität

Kunst setzt in all ihren Bereichen eine Welt voraus, in der die für unser Denken fundamentale Trennung in Geist und Materie keine Rolle spielt. Schelling schrieb in seinem Werk »System des transcendentalen Idealismus« (1800): »Kunst ist, das Unbewusste durch Produkte zu reflektieren.« Der Künstler holt, was er nicht weiter analysieren kann, aus sich heraus und stellt es als sein Produkt in die Materie. Deshalb folgerte Schelling: »Jedes herrliche Gemälde entsteht dadurch gleichsam, dass die unsichtbare Scheidewand aufgehoben wird, welche die wirkliche und die idealische Welt trennt.« Diese Scheidewand zwischen wirklicher und idealischer Welt ist dem Menschen nicht angeboren. Kinder und Völker auf einer früheren Entwicklungsstufe kennen sie noch nicht. Sätze wie: »Der Nikolaus kommt mit dem Schlitten« sind eine »idealische Wahrheit«. Schon das vierjährige Kind weiß zwar, dass Onkel Werner mit dem Auto gekommen ist und sich den Wattebart umgehängt hat. Doch das spielt keine Rolle. Er ist nun mal der Nikolaus und wird als solcher ernst genommen. Das gilt auch für die Märchenwelt. Natürlich kann ein Wolf nicht mit einem Satz die lebende Großmutter schlucken, sodass sie nachher ebenso munter wie zuvor aus dem Wolfsbauch gerettet werden kann. Trotzdem will man das Märchen wieder hören. Kinder können mit dem scheinbaren Unsinn umgehen, ohne am Verstand der Erwachsenen zu verzweifeln, weil für sie die Unterschiede zwischen der geistigen Welt, aus der sie kommen, und der materiellen Welt, in die sie hineingeschult werden, noch nicht voll erkennbar sind. Sie haben daher keine Probleme mit dem objektiven Wahrheitsgehalt von Märchen. Auch moderne Kinderbücher leben von der nicht existierenden Scheidewand zwischen wirklicher und idealischer Welt. Kinder lieben diese Form von Aneignung der Welt. Noch immer gilt Bruno Bettelheims Schlagwort, das einer seiner Buchtitel war: »Kinder brauchen Märchen.« Diese Weisheit ist alt. Die zeitlose Wahrheit und Wirklichkeit der Mythen wäre ohne sie nicht verständlich. Jesus sagte: »Wer nicht das Reich Gottes annimmt wie ein Kind, der wird nicht hineinkommen« (Lukas 18, 17). Kunst, Religion und kindliches Vorstellungsvermögen haben etwas gemeinsam: Es ist die Durchlässigkeit der Scheidewand zwischen körperlicher und seelischer Wirklichkeit. Der von Logik beschwerte Normalverstand hindert einen Menschen am Aufstieg in höhere Regionen, und damit zu einem wichtigen Aspekt der Weisheit. Wenn es nicht so wäre, müssten selbst Dichter verstummen.

Ein Gedicht der Nobelpreisträgerin Nelly Sachs (1891–1970) beginnt so:

> ERDE, Planetengreis, du saugst an meinem Fuß,
> der fliegen will,
> o König Lear mit der Einsamkeit im Arme.
> Nach innen weinst du mit den Meeresaugen
> der Leidenstrümmer
> in die Seelenwelt.

Natürlich kann man versuchen, so ein Gedicht Wort für Wort zu analysieren und zu interpretieren. Zur Übung mag das gelegentlich nützlich sein, ansonsten ist es überflüssig. Was damit allenfalls erreicht werden könnte, das wäre, einen Hauch aus der »idealischen Welt« in unsere Welt der logischen Systeme hineinzuzwingen. Damit würde sich der Hauch verflüchtigen und es wäre nichts erreicht im Sinne dieser Lyrik. Dabei ginge es doch darum, die »unsichtbare Scheidewand« vorsichtig zu heben, um uns einen scheuen Blick in diese andere, logisch nicht erfassbare Welt zu ermöglichen. Dann verzichten die »Meeresaugen« und die »Leidenstrümmer«

auf ihre Erklärung und üben eine geistige Wirkung auf unsere Seele aus.

Menschen, die in ihrer Jugend nicht mehr gelernt haben, die unsichtbare Bilderwelt, die »idealische Welt« anhand von Märchen, Mythen, Lyrik, Literatur, Musik zu erfassen und die aufgrund von visueller Dauerbestrahlung mit geistigen Fertigprodukten aus einer materialistischen Welt die Kraft verlieren, Texte in eine bilderreiche Innenwelt zu übertragen und in Träume zu verwandeln, laufen Gefahr, die wichtigste Quelle einer rettenden Weisheit zu verlieren. Es ist statistisch nachweisbar, dass musisch geförderte Kinder besser lernen. Hinter den logischen Vordergründen können sich Musik mit Physik, Kunst mit Mathematik und Lyrik mit Informatik verbünden. Bereits im 12. Jahrhundert war in China bekannt, inwieweit das einseitig auf die Logik fixierte Denken einen Menschen daran hindern kann, in geistige Bereiche oberhalb der Logik vorzudringen. Seit dem 7. nachchristlichen Jahrhundert wurde in China auf buddhistischer Grundlage eine Zen-Übung durch das Koan-Studium eingeführt. Ein Koan ist ein kurzer Text, der nicht in das logische Denken passt. Der Schüler muss über die scheinbar unsinnigen Worte mit dem Ziel meditieren, in ihnen einen höheren Sinn zu finden. Eine klassische Aufzeichnung und Erklärung solcher Koans verdanken wir dem Zen-Meister Mumon, der von 1138 bis 1260 gelebt hat. (Hier zitiert nach Shibayama: »Quellen des Zen«.) Statt Schellings »Scheidewand« verwendet er einen Begriff, der ins Deutsche mit »Schranke« übersetzt werden kann. Dazu formulierte er: »Wenn du diese Schranke durchschreitest, kannst du dich frei im Weltall bewegen.« Eine seiner Denkhilfen lautete: »Suche nicht draußen, sondern fasse ›Es‹, das aus deinem eigenen Geist hervorströmt.« Hier ein Beispiel für ein absurd wirkendes Koan:

Ein Mönch fragte einmal Meister Joshu:
»Hat ein Hund die Buddha-Natur oder nicht?«
Joshu sagte: »Mu«.

In seinem Kommentar schrieb Mumon, man müsse sich auf das Mu konzentrieren und den ganzen Leib in ein großes Suchen verwandeln. Obwohl »mu« eigentlich nein oder nichts hieß und es unbestritten war, dass auch Tiere »Buddha-Natur« haben, musste über diesen widersinnigen Satz meditiert werden. Vielleicht könnte ein Koan in westlicher Ausdrucksweise so lauten: »Ist der Hund ein Lebewesen oder nicht?« – Antwort: »Ne!« – »Meditiere über den Sinn von ›Ne‹!«

Die folgende Geschichte leitet zum dritten Beispiel eines Phänomens über, das die Logik hinter sich lässt. Tschuangtse ging einmal mit Hui Dsi am Ufer eines Flusses spazieren. Da sagte Tschuangtse »Wie lustig die Forellen aus dem Wasser springen, das ist die Freude der Fische.« Der andere sagte: »Woher wollt Ihr das wissen. Ihr seid doch kein Fisch?« Tschuangtse entgegnete: »Ich erkenne die Freude der Fische aus meiner Freude beim Wandern am Fluss.« (»Das wahre Buch vom südlichen Blütenland«.) Was haben die frohen Fische mit dem frohen Spaziergänger zu tun? Dafür bietet sich ein moderner Begriff an. C. G. Jung beobachtete das sinnvolle Zusammentreffen nicht kausaler Phänomene und nannte es »Synchronizität«, was eigentlich zunächst nur Gleichzeitigkeit bedeutet. Ihm ging es nicht um die Freude der Fische, sondern zunächst nur um übereinstimmende seelische Zustände zwischen Menschen oder das Verhältnis zwischen Menschen und symbolisch reagierenden Sachen, wofür kein Kausalzusammenhang erkennbar ist. Jung schrieb: »Ich habe den Terminus ›Synchronizität‹ gewählt, weil mir die Gleichzeitigkeit zwar sinngemäß, aber akausal verbundener Ereignisse als ein wesentliches Kriterium erschien. (...) Es ist nur die eingefleischte Überzeugung von der Allmacht der Kausalität, welche dem Verständnis Schwierigkeiten bereitet und es als undenkbar erscheinen lässt, dass ursachelose Ereignisse vorkommen oder vorhanden sein können. (...) Sinngemäße Koinzidenzen sind als reine Zufälle denkbar. Je mehr sie sich aber häufen und je größer und genauer die Entsprechung ist, desto mehr sinkt die Wahrscheinlichkeit und desto höher steigt ihre Undenkbarkeit, d.h., sie können nicht mehr als bloße Zufälle gelten, sondern müssen mangels kausaler Erklärbarkeit als Anordnungen aufgefasst werden. (...) Ihr Mangel an Erklärbarkeit besteht nicht etwa nur aus der Tatsache, dass die Ursache unbekannt ist, sondern daraus, dass eine solche mit unseren Verstandesmitteln auch nicht denkbar ist« (»Erinnerungen, Träume Gedanken«). Beispiele, die C. G. Jung nannte: Die Pendeluhr Friedrichs des Großen blieb stehen, als ihr Besitzer starb. – Der Spiegel, der zerbricht, oder das Bild, das von der Wand fällt, wenn jemand stirbt. – Eine Frau bestellt ein blaues Kleid. Versehentlich wird ein schwarzes geliefert, am Tag, als ein naher Verwandter stirbt. – Zwei wichtige Erfindungen werden unabhängig voneinander fast gleichzeitig gemacht. Sinnvolle Zufälle könnten auch die Evolution beherrschen, insofern, als ähnliche Mutationen in gleichen Zeiträumen vorkommen oder Mutationen in ihrer Auswirkung aufeinander angepasst sind: gleichzeitig größere Flügel und längere Federn. So könnte man darauf schließen, dass nur durch ihren Sinn, nicht aber durch materiell nachvoll-

ziehbare Kausalität miteinander verbundene »Zufälle«
auch außerhalb der Psyche ein Prinzip sind, das die Welt
gestaltet.

Eine andere Geschichte solcher akausaler Verknüpfun-
gen wurde über den Physiker und Nobelpreisträger
Wolfgang Pauli (1900–1958) erzählt. Pauli war in seinen
Theorien und wohl nur in diesen so sehr verhaftet, dass
er auf Laboratorien und diese auf ihn geradezu allergisch
reagierten. Unter Kollegen sprach man schon vom
»Pauli-Effekt«, der darin bestehe, dass jedes Mal, wenn
er ein Laboratorium betrete, ein Vakuumgefäß implo-
diere oder ein empfindliches Messinstrument zerbreche.
Der Göttinger Professor J. Franck schrieb einmal an
Pauli, in seinem Labor sei an einer Apparatur ein kom-
pliziertes Teil zerbrochen. Allerdings könne er Pauli, der
ja in Zürich lebe und arbeite, diesmal nicht mit seinem
Pauli-Effekt dafür verantwortlich machen. Pauli antwortete kleinlaut, leider sei er nach Kopenhagen unter-
wegs gewesen und sein Zug habe zur Zeit des Missge-
schicks Aufenthalt in Göttingen gehabt (Peat: »Synchronizität«). Ob zur Deutung hier der Begriff Synchronizität angebracht ist, oder ob vielleicht das Wort Psycho-
kinese (Bewegung der Materie durch geistige Kräfte)
besser wäre, mag unentschieden bleiben. In beiden Fällen gibt es keine physikalisch plausible Erklärung.

Pauli, der zusammen mit C. G. Jung über Phänomene der
Synchronizität nachgedacht hatte, glaubte, dass diese es
möglich gemacht habe, zwischen Physik und Psychologie einen Dialog zu eröffnen, in den Subjektives aus der
Psychologie und Objektives aus der Physik einfließen.
Wenn im Universum alles mit allem durch ein unsicht-
bares Band verknüpft ist – eine Weisheit großer Denker
seit dem Altertum –, dann kann dieses unsichtbare Band

auch für die Gleichzeitigkeit von Wirkungen nicht nur in der Psyche, sondern überall in der Natur verantwortlich gemacht werden. Diese schon von Pauli vertretene Hypothese erläutert der aus England stammende, in Kanada wirkende Physiker F. David Peat (geb. 1938) in seinem Buch »Synchronizität – Die verborgene Ordnung« (1987). Er untersucht eine Reihe von solchen akausalen Beziehungen und schließt daraus: »Es ist, als ob man durch einen dunklen Gang in die Tiefe steigt und dort in einen unergründlichen Ozean eintaucht, in dem jeder menschliche Geist seinen Ursprung hat. In diesem geheimnisvollen Reich können wir die Rhythmen des gesamten Universums und die schöpferische Kraft finden, aus der Materie und Geist hervorgegangen sind; der Urquell der Synchronizität ist aufgedeckt. Synchronizitäten sind durch die Einheit des Universellen mit dem Besonderen innerhalb von gleichzeitigen Ereignissen charakterisiert.«

Kosmische Symmetrien, Felder, Resonanzen und Töne können als Medium der Übertragung verantwortlich sein für Beobachtungen, die große Persönlichkeiten seit dem Altertum immer wieder gemacht haben: Eine geistige Kraft steht über allem Werden und Wirken im Kosmos. Wie sie auf die Materie wirkt, wissen wir nicht. Wir wissen allenfalls, dass ohne sie Leben nicht erklärt werden kann, auch wenn gerade dies von Materialisten immer wieder versucht wird. Und die Weisheit? Ist sie, wenn solche Forschungen über die Grenzen der Naturwissenschaft hinaus eines Tages weiter fortgeschritten sind, noch erforderlich? Diese Frage muss bejaht werden. Ohne Weisheit hängt alles in der Luft. Sie muss die Forschung inspirieren und erklären. Um dem Logos auf die Spur zu kommen, braucht der Weise kein Laboratorium.

Wolfgang Pauli beschrieb das Dilemma der Wissenschaft angesichts des Gegensatzes zwischen Ratio und Mystik so: »Auch der Forscher kann mehr oder weniger bewusst einen inneren Heilsweg gehen. Langsam entstehen dann zur äußeren Lage kompensatorisch innere Bilder, Fantasien, Ideen, welche eine Annäherung der Pole der Gegensatzpaare als möglich aufzeigen« (Dürr: Physik und Tranzendenz).

Der gemeinsame Nenner solcher Phänomene ist vielleicht nur die Einsicht, dass die von Vernunft und Logik vorgegebene Trennung zwischen geistiger und materieller Welt nicht das ist, wofür wir sie halten. Der der Physik zugrunde liegende Glaube an die Kausalität muss durch andere, über sie hinausgehende Phänomene relativiert werden. Sie stellen die Kausalität selbst nicht infrage, nehmen ihr jedoch ihren materiellen Ausschließlichkeitsanspruch.

Vierter Teil

Das Ich
ohne Gegenüber

*Weisheit überwindet die Grenze zwischen
dem Ich und der Welt.*

Das Problem mit der festsitzenden Schraube

Die Aufhebung der Trennung von Subjekt und Objekt

»Ohne die Hand vom linken Griff des Motorradlenkers zu nehmen, kann ich auf meiner Uhr sehen, dass es halb neun ist. Der Fahrtwind ist sogar bei sechzig Meilen pro Stunde warm und feucht. Ich frage mich, wie es erst am Nachmittag werden soll, wenn es schon um halb neun so schwül ist.«

So beginnt das Buch »Zen und die Kunst ein Motorrad zu warten« des Amerikaners Robert M. Pirsig, (Zen and the Art of Motorcycle Maintenance), das 1974 erschienen ist und zum Kultbuch wurde. Die Erzählung der großen Motorradreise, die ein Vater mit seinem Sohn auf dem Soziussitz durch die Weiten der USA unternimmt, kreist immer wieder um das Thema Mensch und Technik oder konkret: Mein Motorrad und ich. Man könnte die diesem Thema gewidmeten Passagen auch als eine Art Philosophie der Zweierbeziehung zwischen Mensch und Maschine bezeichnen. Hierfür eine Kostprobe: »Zu Lösungen für Probleme, die so kompliziert sind, dass gesunder Menschenverstand sie nicht bewältigt, gelangt man mittels langer Stränge gemischt induktiver und deduktiver Schlüsse, die zwischen der beobachteten Maschine und der geistigen Hierarchie der Maschine, wie man sie in den Handbüchern findet, hin und her geführt werden.« Während der langen Fahrt ergibt sich einmal das

Problem, dass ein Seitendeckel des Motorrads geöffnet werden müsste; er ist jedoch mit einer Schraube verschlossen und die ist ohne Schlitz für den Schraubenzieher. Wie kriegt man eine solche Schraube heraus? Auch bei dieser Gelegenheit lässt Pirsig seiner Philosophie freien Lauf: »Es ist ja auch wirklich nicht einzusehen, dass man an einem so winzigen Schlitz in einer Schraube so restlos scheitern soll. In Wirklichkeit steht man vor der großen Unbekannten, der Leere allen abendländischen Denkens. Man braucht irgendeine Idee, irgendwelche Hypothesen. Die herkömmliche wissenschaftliche Methode hat es leider nie so weit gebracht, dass sie einem sagen würde, wie man es anstellen soll, neue Hypothesen zu finden.«

Die Reise geht weiter, offensichtlich kann auch ohne den geöffneten Deckel gefahren werden. Pirsig setzt dennoch seine Schraubenphilosophie fort. Er sucht nach Lösungen außerhalb der herkömmlichen wissenschaftlichen Methode und kommt auf die Idee, das Grundübel in der westlichen Denktradition zu suchen, zwischen Subjekt und Objekt zu unterscheiden.

Verlassen wir Pirsig und seine wild-westliche Motorradphilosophie. Es bleibt jedoch die Frage: Warum denken wir so, wie wir denken? Ist dieses Denken in unseren Hirnen a priori verankert oder liegt es nur an unserer westlichen Tradition? Gäbe es da grundlegende Alternativen? Woher rührt die bei uns von Jugend an praktizierte Trennung zwischen dem Ich und allem, was nicht Ich ist, also den Objekten? Es ist der Dualismus zwischen Geist und Körper, zwischen dem herrschenden Menschen und der seelenlosen Maschine, zwischen Ich und Es, oder, noch allgemeiner gesagt, zwischen Subjekt und Objekt. Auf der Suche nach den Ursachen dieses Denkens stoßen wir auf einen der geistigen Drahtzieher der Moderne, auf den großen Vordenker der abendländischen Technokratie und Weltbeherrrschung: René Descartes (1596–1650). Seine Schrift: »Von der Methode des richtigen Vernunftgebrauchs und der wissenschaftlichen Forschung« (1637) wurde, ob gelesen oder nicht, bewusst oder unbewusst, zu einer der wichtigsten Grundlagen unseres Denkens und Forschens. Schon sein erfolgreichster Merksatz »Ich denke, also bin ich« (cogito ergo sum) grenzte das Subjekt von der Welt ab. Vielleicht könnte ein Gegenspieler von Descartes sein Kontra so formulieren: Nicht: *Ich* bin und *ich* denke, sondern: *Ich* nehme Teil am Denken der Welt, also bin ich ein Teil der Welt und dessen, was in ihr gedacht wird. Das so verstandene Ich hört auf, der Welt gegenüberzustehen, es wird ein Teil von ihr. Hier sei nochmals auf Schellings Satz hingewiesen: »Nicht ich weiß, sondern nur das All weiß in mir« (Würzburger Vorlesung, 1804). Tatsächlich erweist es sich ja immer wieder: Ich bilde mir ein, ich denke für mich allein, dabei denken die anderen für mich mit. Mein Denken ist ein Bestandteil allen Denkens. Wenn es nicht so wäre, ließen sich dann am Wahlabend nach den ersten fünf Minuten schon die Ergebnisse mit ziemlicher Treffsicherheit hochrechnen? Warum funktioniert denn überhaupt die Demoskopie? Hat man sich darüber schon genügend Gedanken gemacht? Wie sieht es mit meiner Denkfreiheit aus, wenn ich zwar selbst entscheiden kann, es sich jedoch später herausstellt, dass meine von mir als frei empfundene Entscheidung ein integrierender Teil eines großen Topfs war, in den ich sie hineingeworfen hatte? Die westliche Psychologie hat viel zu lange von dem Wahn gelebt, das Individuum sei ein abgrenzbarer Teil der Welt. Alle Beobachtungen seit Urzeiten und in der Gegenwart, die dem widersprechen, wurden in den schummrigen Bereich der Parapsychologie und der Metaphysik verbannt, den aufgeklärte Wissenschaftler fürchten wie der Teufel das Weihwasser. Der Weise hat diese Berührungsangst nicht, weil er solcherart verschlossene Pforten in beiden Richtungen durchschreiten kann. Er hat die Kraft, verrufene Höhlen wieder zu verlassen, wenn er spürt, dass fremde Mächte ihn gefangen nehmen wollen. Wir halten es für Vernunft, auf dem Boden der nackten Tatsachen zu verbleiben, dabei entgehen uns aber die Tatsachen, die in die bunten Gewänder der Sophia gekleidet sind.

Nochmals zu dem Entkleidungskünstler Descartes: Vor allem durch seine vier Grundregeln aus seiner »Abhandlung über die Methode des richtigen Vernunftgebrauchs« (1637) hat er alle Zugänge zu einer Weisheit außerhalb der Vernunft verriegelt, die so zu ihrem siegreichen Durchbruch im abendländischen Forschen gelangen konnte. Sie seien hier in etwas verkürzter Form wiedergegeben:

1. Ich nehme nie eine Sache als wahr an, die ich nicht sicher und einleuchtend erkenne.
2. Schwierigkeiten, die ich untersuchen will, zerlege ich zunächst in ihre Teile.
3. Ich ordne meine Gedanken nach Schwierigkeit und beginne mit den einfachsten.
4. Ich fertige vollständige Aufzählungen und Übersichten an.

Klarer und präziser kann man das nüchterne und objektive Denken als Grundlage westlicher Wissenschaften nicht darstellen. Mit ihm dringt man auf naturwissenschaftlichem Gebiet in nobelpreiswürdige Regionen vor, mit ihm konstruiert man Raumfähren, entschlüsselt Gene, mit ihm verpasst man jedoch den Frieden in seinem Inneren und den in der Welt. Was nicht aus einer so ausgerichteten Vernunft geschieht, gilt als wissenschaftlich wertlos. Was nicht rational ist, ist irrational, also nicht überprüfbar oder nicht nachvollziehbar. In seinen ausführlichen »Regeln zur Ausrichtung der Erkenntniskraft« (1629) schrieb Descartes: »Es ist besser, nie zu studieren, als sich mit so schwierigen Gegenständen abzugeben, dass man unfähig ist, Wahres von Falschem zu unterscheiden, und daher gezwungen wird, Zweifelhaftes als gewiss anzunehmen« (Erläuterung zu Regel 2).

Die Methode, nur das Sichere und Einleuchtende anzuerkennen, vermeidet die Wege der Ahnung, der Hoffnung, des Glaubens, der Liebe, der Weisheit, die großen Gebiete der Unüberprüfbarkeit. Man übersieht dabei das Einmalige, das kurz Aufleuchtende, das Unsichere, das Spontane, das Wunder. All dies liegt außerhalb der Reichweite der an Descartes gemessenen Vernunft. Impulse aus solchen Richtungen, sofern sie erscheinen, werden im cartesianischen Denken ausgeklammert oder gleich gar nicht wahrgenommen. Der so geleitete Mensch glaubt an seine Methode, mit der er die Objekte beherrschen kann, er glaubt an die Statistik und an die Wahrheit des empirischen Befundes und an Gebrauchsanweisungen. Er glaubt an seine eigene Objektivität und an die grundsätzliche Lösbarkeit aller Probleme mithilfe der Vernunft. Befunde, die sich der rationalen Denkmethode gegenüber störrisch verhalten, werden verkannt. Descartes: »Nur mit solchen Gegenständen darf man umgehen, zu deren zuverlässiger und unzweifelhafter Erkenntnis unsere Erkenntniskraft offenbar ausreicht« (Regel 2). Aus diesem Satz ist nebenbei zu erkennen, dass Descartes sich nie mit dem Problem befassen musste, eine von einem technisch hoch begabten Analphabeten verfasste Gebrauchsanweisung zu verstehen.

Es geht nun nicht darum, das auf Descartes gegründete Denken als falsch zu entlarven; das ist es natürlich nicht. Doch Kämpfer für die Weisheit an der Grenze der allein gültigen westlichen Vernunft hat es immer wieder gegeben. Das begann schon mit dem Mathematiker, Physiker und Mystiker Blaise Pascal. Sein Plädoyer für die Logik des Herzens, in der der Glaube verwurzelt ist, war gegen den etwas älteren Zeitgenossen Descartes gerichtet. »Wir erkennen die Wahrheit nicht allein mit der Vernunft, sondern auch mit dem Herzen; auf diese zweite Art erkennen wir die ersten Prinzipien, und vergeblich sucht das Vernunftdenken, das an ihnen nicht teilheit, sie zu bekämpfen« (»Pensées«, Nr. 282). Das führt Pascal zu der in sich widersprüchlichen Erkenntnis, die zugleich ein Beleg dafür ist, wie Weisheit die Logik hinter sich zurücklassen muss, um fortzuschreiten: »Nichts ist der Vernunft so angemessen, wie dieses Nichtanerkennen der Vernunft.« Statt dem Begriff »raison« (Vernunft) hätte Pascal in diesem Satz auch »sagesse« (Weisheit) verwenden können. Dann hätte er gelautet: »Nichts ist der Weisheit so angemessen, wie dieses Nichtanerkennen (désaveu) der Vernunft.« Denn in einem anderen Gedanken sagt Pascal: »Die Weisheit versetzt uns in die Kindheit« (Nr. 271).

Längst vor Pirsig und seinem Kultbuch über die Motorradfahrt in den Wilden Westen gab es eine Schrift mit ähnlichem Titel aus Deutschland: »Zen in der Kunst des Bogenschießens« des Philosophen Eugen Herrigel (1884–1955), das 1951 erschien und auch wegen seiner eingängigen Sprache zum Klassiker geworden ist. Herrigel, der von 1924–1929 in Japan Philosophie lehrte, war dort zugleich Schüler im Bogenschießen bei einem sehr strengen Lehrer und Zen-Meister. Der Weg, den er als Lehrling dieser Kunst begehen musste, begann mit einem Kampf gegen den immer wieder durchdringenden, am ichhaften Denken geprägten Willen zum Erfolg. Der Ausgangspunkt für den aus dem Westen stammenden Schüler war zunächst: Ich will diese Kunst erlernen und erarbeite dazu die Techniken, die ich beherrschen muss, um mein Ziel zu erreichen. Der Zen-Meister lehnte diese Einstellung grundsätzlich ab, bei der er seinen Schüler immer wieder ertappte. Am Ende musste der Schüler diese Erkenntnis verinnerlicht haben: Der Bogen, der Pfeil, das Ziel und sein Ich sind nicht mehr getrennte Gegenstände, sondern sie bilden eine Einheit. Der Schüler muss dies so verstehen: Ich muss meinen Willen ausschalten, damit Es zum richtigen Zeitpunkt schießt. Der Lehrer sagte dazu einmal: »Sie können von einem gewöhnlichen Bambusblatt lernen, worauf es ankommt. Durch die Last des Schnees wird es herabgedrückt, immer tiefer. Plötzlich rauscht die Schneelast ab, ohne dass das Blatt sich gerührt hätte. So ist es in der Tat: Wenn die Spannung erfüllt ist, muss der Schuss fallen, er muss vom Schützen abfallen wie die Schneelast vom Bambusblatt, noch ehe er es gedacht hat.« Die Frage, ob das Blatt den Schnee abwirft oder ob der Schnee von sich aus fällt, stellt sich nicht. Der Schüler lernt die Technik nur, um sie zu überwinden und zu vergessen. Sie verschwindet im Ganzen, dessen Teil der Schüler wird. Nicht er herrscht, sondern es geschieht.

Einen anderen Weg von West nach Ost und von Ost nach West beging der Missionar, Zen-Meister und Jesuitenpater Hugo M. Enomiya Lasalle (1898–1990). Sowohl er wie auch beispielsweise der Benediktinermönch Willigis Jäger, der ebenfalls Zen-Meister ist, haben gezeigt, dass man sich auch als Christ auf das Abenteuer des Zen-Weges einlassen kann, ohne den Verlust seiner christlichen Identität zu befürchten. So verstanden bietet Zen nicht religiöse Inhalte und schon gar keine Dogmen, es ist eine aus dem Buddhismus hergeleitete Methode des Erkennens und Meditierens. Lasalle stellte das so dar: »Beim Buddhismus kommt alles auf die persönliche Erfahrung an; Glaube reicht dafür nicht aus. Das ist eine ganz andere Einschätzung des Glaubens als im Christentum, das alles auf den Glauben an die Offenbarung gründet« (»Zen und christliche Spiritualität«). Zen kann und muss trainiert werden, die Beschränkung auf ein ausdrückliches Bekenntnis dazu führt zu nichts. Man bekennt sich ja auch nicht zum Klavier- oder zum Tennisspiel. Wenn es darum geht, selbst zu spielen, muss da zunächst jahrelang geübt werden. Dank Lasalle können auch christliche Klöster und Lehrstätten sich mit Zen befassen. Er kommentierte dies so: »Jedes beschauliche Ordenshaus, jeder Ashram und jedes Exerzitienhaus, das in dieser Weise seine Aufgabe erfüllt, ist wie ein elektrisches Kraftzentrum, das den Menschen Licht und Kraft bringt.« Eines der »Geheimnisse« des Zen besteht in der Anerkennung des Arationalen. Lasalle erläutert dies so: »Bisher sind in den östlichen Religionen das Arationale, die Auflösung der Gegensätze und das Erfassen des Ganzen typisch, im Gegensatz zum westlichen Denken, in dem bisher die Tendenz des Scheidens der Dinge voneinander vorherrschend war. Gerade aus diesem Grunde sollte man in der gegenwärtigen Not das Angebot des Ostens nicht ablehnen, sondern annehmen.«

Die Überwindung der Subjekt-Objekt-Trennung ist

übrigens kein Privileg östlicher Lehren; sie war nur unter abendländischen Denkern normalerweise kein Thema. Große Dichter, Künstler, Komponisten und ihre Interpreten verdanken ihre Leistung ihrer intuitiven Fähigkeit, ein Teil ihres Werks zu werden, mit ihm zu verschmelzen. Dazu ein Beispiel: Ein Pianist trägt ein Klavierkonzert vor: Bei ganz besonders schwierigen und lauten Passagen wippt er wie ein Wilder mit Kopf und Hinterteil zum Rhythmus der Musik hin und her. Wenn es lyrisch wird, legt er träumerisch sein Haupt auf die Seite. Man sieht am Künstler, wie er mit der ganzen Person nicht nur die Schönheit, sondern auch die akrobatische Technik des Werks beherrscht und für alle sichtbar vorführt, als ob er sagen würde: Da schaut mal her, was ich aus dem Werk mache.

Einen Gegensatz dazu zeigte einmal der Pianist Wilhelm Backhaus (1884–1969) schon als relativ alter Mann mit dem zweiten Klavierkonzert von Johannes Brahms. Bei ihm war das ganz anders. Er setzte sich ans Klavier und ließ es spielen, als ob ihn das Konzert nichts anginge. Er zeigte keinerlei persönliche Regung und Bewegung. Spielte er mit geschlossenen Augen? Spielte er ein Kinderliedchen oder eines der kniffligsten Klavierkonzerte der Musikgeschichte? An seinem Verhalten gegenüber dem Instrument hätte man das nicht unterscheiden können. Und doch bekam das Konzert durch ihn einen eigenen Glanz, tauchten da plötzlich musikalische Farben auf. Saß da nicht Brahms selbst am Klavier? Solange man einem Künstler noch ansieht, was er Bravouröses zu bieten hat und wie schwer es ist, was er leistet, steht er nicht über der Sache. Erst wenn ihm seine Kunst wie von selbst zufällt, wenn nicht mehr erkennbar ist, ob der Pianist auf dem Klavier oder dieses mit dem Pianisten spielt, hat er die höchste Stufe erreicht. Etwas ganz Ähnliches konnte man in einer Fernsehaufzeichnung mit dem damals weit über achtzigjährigen Arthur Rubinstein und dem f-Moll-Klavierkonzert von Chopin erleben. Auch hier eine völlig emotionsfreie Haltung bei geschliffener Perfektion und intensiver musikalischer Einfühlung in das Werk. Ähnliche Beobachtungen kann man übrigens auch bei Zirkusakrobaten machen. Die ganz großen lächeln und lassen einen vergessen, dass man staunen müsste. Ob Herrigels Zen-Meister etwas von Brahms oder Chopin verstanden hätte, wissen wir nicht. Zumindest hätte er Backhaus, Rubinstein und vielen anderen großen Künstlern aus dem Westen, die so mit ihrer Kunst umgehen, seine Anerkennung nicht vorenthalten.

Die strömende All-Gegenseitigkeit

Frau Holle und das Hören auf das Reden der Objekte

Frau Holles Federbetten sind zwar berühmt, aber noch immer ungeklärt ist die Frage, ob die strenge und gütige Dame über der Erde in den Wolken – zwecks Schnee-fall – oder unten hinter dem Grund des Brunnens haust. Sicher ist, dass aus ihrem über- und zugleich unterirdi-schen Reich eine große Weisheit strömt – bis heute. Über das Märchen von Frau Holle ist schon manches gerätselt und geschrieben worden, wir wollen uns hier jedoch nur mit einem Aspekt aus diesem wundersamen und im wahrsten Sinne des Wortes in die Tiefe gehenden Mär-chen befassen. Als die arme, ungeliebte Stieftochter der Witwe in den Brunnen springen musste, um die da hi-neingefallene Spindel heraufzuholen, verlor sie die Be-sinnung und erwachte wieder auf einer schönen Wiese, wo die Sonne schien und tausend Blumen blühten. Der Sturz in die andere Welt hat das Mädchen gründlich ver-ändert. Es ist zu einer fundamentalen Weisheit vorge-drungen; geschehen ist nicht mehr und nicht weniger als der Abstieg aus der vermeintlichen menschlichen Über-legenheit in die Tiefe der kreatürlichen Erdverbunden-heit, die ihr als »holde« Mutter – Frau Holle – erscheint. Die oben ungeliebte Stieftochter vernahm nach dem Eindringen in die Tiefe jetzt plötzlich das Reden der Dinge. Aus dem Backofen hörte sie das Brot rufen:

Zieh mich heraus! Der Apfelbaum sagte: Ach, schüttel mich! Sie nahm diese Stimmen nicht nur wahr, sie reagierte auch auf das, was sie sagten. Sie half dem Brot und dem Baum. Während wir normalerweise Ofen und Baum als unsere dienstverpflichteten Objekte ansehen, mit denen wir allein nach unseren Nützlichkeitsvorstellungen umgehen, dreht sich hier dieses Verhältnis um. Die Dinge sprechen uns an und fordern uns zum Handeln auf.

Lassen wir den Symbolgehalt von Brot und Apfel außer Betracht, auch die Arbeit für Frau Holle, die Erdmutter, und ihre Schnee spendenden Betten: Bei ihrer Rückkehr in die Heimat wird das aufmerksame Mädchen unter dem Tor reich belohnt, es kehrt goldbedeckt mit einer Erfahrung auf die Erde zurück, die ihm ein Leben in Glück und Zufriedenheit verspricht. Der hochmütigen Schwester geschieht das Gegenteil. Sie stellt sich taub gegenüber den Nöten der Objekte. Zum Apfelbaum mit den reifen Äpfeln sagt sie – modern gesprochen: Du bist nicht mein Chef, dafür bin ich nicht zuständig und werde dafür auch nicht bezahlt. Ich habe nicht die entsprechende Ausbildung! Und im Übrigen, wer haftet, wenn mir ein Apfel auf den Kopf fällt? Wenn du noch mal etwas von mir verlangst, was nicht in meinem Dienstplan steht, melde ich es dem Betriebsrat. Dem Ofen gegenüber nimmt sie dieselbe Abwehrhaltung ein. Wer meint, so würden bequemliche Arbeitnehmer erst in unserer Zeit reagieren, der irrt sich. Wenn diese Art von Einfältigkeit eine neue Errungenschaft wäre, käme sie nicht schon in einem alten Märchen vor. Die faule Tochter wurde bekanntlich mit einem vernichtenden Dienstzeugnis entlassen, d. h., im Märchen wurde sie beim Verlassen von Frau Holles Reich mit Pech übergossen.

Hier geht es nicht um die vordergründig erscheinende Lehre: Die Fleißige wird belohnt, die Faule wird bestraft, sondern um etwas viel Tieferes, nämlich um das Verhältnis zwischen Subjekt und Objekt. Nicht nur in diesem Märchen ist die Welt kein willenloses Objekt, das der Mensch allein nach seinen Vorstellungen formen und verformen kann, sondern Partner oder Mitsubjekt. Dieses Mitsubjekt hat Forderungen und Rechte, es erhebt seine Stimme, es mahnt uns und es kann sich wehren. Auch wenn es im Leben nie so schwarz auf weiß zugeht wie im Märchen, so bleibt doch die Lehre, die der hochnäsigen, schließlich mit Pech überschütteten Schwester zuteil geworden ist, weil sie auf die Stimmen der Objekte (Mitsubjekte) nicht eingegangen ist. Die eine Schwester hat getan, was die andere nicht konnte oder wollte: Die Dinge wahrnehmen. Wahr werden und wahr sein kann nur das, was wir persönlich wahr-nehmen. Wir nehmen von Menschen und Dingen etwas auf, indem wir es ihnen zurückgeben. Wahrheit wird so zur lebendigen Interaktion und nicht zu einem besitzbaren Gut. Sie entsteht mit den Dingen, nicht über sie hinweg und schon gar nicht gegen sie.

Das Objekt mit dem eigenen Willen, das seine Stellung als selbst handelndes Subjekt einfordert, tritt immer wieder in Erscheinung, aber es gibt dafür völlig verschiedene Deutungen. Die eine mag jedem einleuchten: Das Objekt, mit dem wir uns befassen, nimmt einen Teil unseres Gemüts für sich ein oder umgekehrt: Wir sehen das Problem, das wir mit ihm haben, nur als unser Problem. Joseph Haydn (1732–1809) beklagte sich einmal in einem Brief vom 9. Februar 1790 an Marianna Sabina von Genzinger über sein Klavier. Er sprach von ihm als einem unbeständigen und ungehorsamen Subjekt. Natürlich lässt sich sagen, wenn einer manchmal nicht gut gestimmt ist, dann klingt ihm auch sein Klavier nicht gut gestimmt und es gelingt ihm auch das sonst Gekonnte nicht. Man schiebt sein eigenes Versagen auf das Objekt, wohl wissend, dass es passive Materie ist, die geduldig darauf wartet, besser gestimmt zu werden oder einen besser gestimmten Partner zu finden. Dies ist sicher ein wichtiger Teil dieser Wahrheit, aber noch längst nicht die ganze. Einen Schritt weiter geht Friedrich Theodor Vischer (1807–1887). Der wie sein Freund Eduard Mörike aus Ludwigsburg stammende Professor für Ästhetik und einst geschätzte Schriftsteller widmete sein berühmt gewordenes Buch »Auch Einer« (1879) unter anderem dem Verhältnis des Ichs zum Objekt. Dieses jedoch zeigte sich immer wieder von seiner bösen Seite. Vischers als »Auch Einer« bzw. A. E. bezeichneter Reisegefährte spricht von der »Tücke des Objekts« und geht so weit, besonders tückische Objekte zum Tode zu verurteilen. Eine Brille, die sich immer wieder vor ihm versteckt hatte, zertrampelt er; nicht aus Wut, sondern um sie zu bestrafen. Vischer, ein bis auf die Knochen aufgeklärter, rationaler Mensch, der sogar die Mystik und Symbolik von Goethes Faust II ad absurdum führen wollte, in dem er die Faust-Tragödie auf meisterhafte Weise durch einen parodierenden III. Teil ergänzte, stellte in A. E. einen Menschen seiner Zeit vor, der dem Objekt zwar einen eigenen Willen, aber kein eigenes Recht zubilligte, selbst wenn es zu revoltieren schien. Woher auch der Widerstand rührt, er muss gebrochen werden. Obwohl Vischer das alles mit versteckter Ironie darstellte, traf er doch einen Zustand der Welt, der sich seither nicht geändert, sondern sogar noch verstärkt hat. Wer die Macht über die Objekte hat, braucht sich um ihr widerstrebendes Eigen-

leben nicht zu kümmern. Man prügelt nicht nur den stör-
rischen Ochsen, sondern auch das Inventar. Die bestraf-
te Brille wird zum Sinnbild eines Gegenstands, der einer
gewaltbereiten Herrschaft ausgeliefert ist. Ob Vischer
dieses Bild wirklich bewusst geworden ist, braucht uns
dabei nicht zu interessieren. Tatsache ist, dass sich auch
heute weltweit die Gewalt gegenüber den scheinbar
sprachlosen Objekten zeigt, in Zuständen, die gravieren-
der sind als ein fertig gebackener Brotlaib, ein nicht
geschüttelter Apfelbaum, ein geprügelter Ochse oder
eine verlegte und dann zertretene Lesebrille.
Während im Märchen Brot und Baum ihre Stimme erheben, verhält sich die Brille in der Wirklichkeit stumm.
Die Tücke der Objekte bleibt dennoch erhalten, nur
haben ihr Rufen und ihre Gegenwehr einen längeren
Atem, vor allem dann, wenn es sich nicht um private
Gebrauchsgegenstände handelt, sondern um komplexe-
re Phänomene. Dazu sollen hier einige Beispiele aus Forschung und Wirtschaft genannt werden.

- Die Natur kann beliebig ausgebeutet und verändert
  werden. Durch chemische Eingriffe werden Böden gezwungen, Früchte zu tragen, für die sie von Natur aus
  nicht geeignet sind. Natürlich wehren sich die Böden,
  aber sie äußern sich nicht in unserer Sprache.
- Schlachttiere werden, obwohl wir ein Tierschutzgesetz
  haben, das sie auf heuchlerische Weise als »Mitge-
  schöpfe« bezeichnet, im Interesse der Ernährungs-
  industrie auf brutalste Weise gezüchtet, über sinnlos
  weite Strecken nur wegen der Marktpreise transpor-
  tiert und gequält. Ihre eigenen Lebensbedürfnisse werden von Vieh-Industriellen nicht anerkannt. Das
  schließt nicht aus, dass in der gleichen Gesellschaft

Hunde und Katzen von vielen verhätschelt und mit teuren Markenprodukten gemästet werden.

- Lebewesen, die dem Menschen nicht ins Konzept passen, werden ausgerottet. Ihre durch Schöpfung und Evolution besiegelte Daseinsberechtigung wird von denen, die so handeln, nicht ernst genommen. Dennoch werden sie uns fehlen.

- Genetische Strukturen, die ebenfalls durch die Evolution ihre Ausprägung erhalten haben, werden als mehr oder weniger frei manipulierbar angesehen, um dem Menschen weitere Vorteile, oft zu Lasten anderer Lebewesen, zu verschaffen. Manipuliertes Saatgut wird unter Patentschutz gestellt, sodass Landwirte zu Handlangern der Industrie werden. Die Gefahr, die durch unangepasste Gene droht, die außer Kontrolle geraten, wird verharmlost.

- Auch Eingriffe in geophysische Gegebenheiten im weitesten Sinne mit kaum abschätzbaren Auswirkungen auf das Klima werden von denen, die sie betreiben, als erlaubt und selbstverständlich angesehen. Die Erde wird nicht gefragt, weil man ihr Klagen nicht auf Tonband aufzeichnen kann.

- Menschen im Arbeitsleben, vor allem in Großunternehmen, werden zunehmend nicht als Subjekte mit eigenen Rechten angesehen, sondern als unpersönlicher Kostenfaktor. Man kann sie je nach Bedarf im Interesse der Aktienkurse beliebig hin- und her- bzw. auf den von der Allgemeinheit finanzierten Arbeitsmarkt abschieben.

- Konkurrierende Wirtschaftsgiganten behandeln sich gegenseitig nicht als Partner, sondern als Feinde, die es zu vernichten oder zu erobern gilt.

- Obwohl die Zeit des Kolonialismus offiziell beendet

ist, besteht er auf anderer Rechtsgrundlage nach wie vor fort. Die landwirtschaftlichen Erzeugerpreise werden theoretisch auf dem Weltmarkt ausgehandelt, praktisch werden sie den Landwirten von global handelnden Unternehmen aufgezwungen, und dies nicht nur in hoch verschuldeten Ländern der Dritten Welt. Diese Länder werden so zu machtlosen Objekten der Industriestaaten. Ihre Stimme wird nicht ernst genommen, solange sie mit Worten reagieren.

Derartige Fakten sind längst allgemein bekannt, sie werden immer wieder beklagt und diskutiert, sie werden von vielen für unumgänglich, von wenigen für vermeidbar gehalten. Natürlich gab und gibt es Gegenkräfte, teilweise wachsen sie. Im Grunde jedoch ist weltweit keine wirksame Änderung in Sicht. Mit diesem Problem befasste sich auch der österreichisch-amerikanische Bio-Kybernetiker Heinz von Foerster. Er spricht von einer »Partizipationskrise«, weil das Individuum vom sozialen Prozess zunehmend ausgeschlossen werde. Massenmedien bieten, seiner Meinung nach, nur eine Einbahnstraße: »Sie reden, niemand aber kann darauf antworten. Da der Rückkopplungskanal fehlt, ist das System nicht zu kontrollieren.« Aus diesem Zustand folgert von Foerster eine Gefahr für die ganze Menschheit: »Solange die Menschheit sich selbst als ein offenes System behandelt und die Signale der Sensoren ignoriert, die seinen eigenen Zustand vermitteln, bewegen wir uns unaufhaltsam diesem Ende zu« (»Short Cuts«).
Die Taubheit gegenüber dem Rufen der Objekte (oder das Fehlen eines »Rückkopplungskanals«), auch soweit es sich um menschliche Rückmeldungen handelt, nimmt mit technischen und wirtschaftlichen Entwicklungen zu,

selbst wenn sich Politiker auf mehr oder weniger gut gemeinte und doch nutzlose Verlegenheitskompromisse einigen.

Entscheidend ist nicht das Gerede, sondern der Erfolg. »Nur der Boden erkennt die Güte der Saat«, schrieb Antoine de Saint-Exupéry in seiner Erzählung »Wind, Sand und Sterne« (»Terre des Hommes«). Er versuchte auf eine für seine und unsere Zeit neue, im Leben der Menschheit jedoch uralte Weise, die Stimmen der Welt zu hören: »Über der Wüste liegt eine tiefe Stille wie über einem Hause, in dem alles in Ordnung ist. Aber schon wieder prallen zwei Libellen und ein grüner Schmetterling an meine Lampe. Und erneut regt sich in mir das dunkle Gefühl, gemischt aus Freude und Besorgnis, als ob jemand von sehr weit her mit mir redete. Ist das Instinkt? (…) Ich habe wie ein Indianer eine Fährte gewittert, in der sich die Zukunft meldete. Ich habe aus dem Flügelschlag einer Libelle die Kunde vom nahenden Wüstensturm gelesen.«

Die Fähigkeit, solche unhörbaren und unbeschreiblichen Signale aus der Zukunft mehr oder weniger unbewusst zu vernehmen, gehörte zur Grundausstattung der Menschen von Anfang an, sie war eine Voraussetzung für das Bestehen der harten Prüfungen durch die Evolution. Solche Signale sind dem Weisen (und der Libelle) nicht verborgen, vielleicht braucht er allerdings die Ruhe einer Wüstennacht, um sie zu vernehmen. Im lauten Getriebe der Welt werden sie überhört und übersehen.

Versuche, eine Heilung von der Taubheit gegenüber dem anderen zu finden, hat es immer wieder gegeben. Schelling veröffentlichte 1795 mit damals zwanzig Jahren seine Schrift »Neue Deduktion des Naturrechts«. Darin stellte er unter anderem diesen Grundsatz als eine Art alternativen »kategorischen Imperativ« auf: »Handle so, dass durch deine Handlung (ihrem Inhalt und ihrer Form nach) kein vernünftiges Wesen als bloßes Objekt, sondern als mithandelndes Subjekt gesetzt werde.« Die Kehrseite dieser Medaille erörtert Schelling natürlich auch. Man kann nur den als »mithandelndes Subjekt« betrachten, der in gleicher Weise den andern auch so behandelt. Es muss die gemeinsame Unterwerfung unter einen unpersönlichen »allgemeinen Willen« bei allen beteiligten Partnern zustande kommen, erst dann werden die Individuen frei. Die Weisheit, die darin besteht, einen »allgemeinen Willen« anzuerkennen, ist in unserer Zeit noch nicht genügend ausgelotet worden. Vielleicht genügte es schon, von Zeit zu Zeit auf die Erdmutter Holle, von manchen auch als Gaia (griechisch: Erde) bezeichnet, zu hören.

Das Märchen von Frau Holle zeigt uns eine Ethik, die im westlichen Denken spätestens seit der Aufklärung zugeschüttet wurde. Das ist nicht überall so. In Afrika beispielsweise gibt es immer noch eine »Wir-Kultur« an Stelle der in westlichen Ländern immer stärker dominierenden »Ich-Kultur«. Der afrikanische Bio-Ethiker und Philosophie-Professor Godfrey Tangwa aus Kamerun beklagt den Versuch der Europäer und Amerikaner, ihre Kultur den Afrikanern überzustülpen. Stattdessen forderte er, mit Afrikanern ganz anders zu reden als mit Europäern. In Afrika entscheide nicht der Einzelne, auch für sich selbst nicht. Alles, was geschehe, müsse mit der Gemeinschaft der Betroffenen besprochen werden. Tangwa beklagt die westliche Unsitte, immer nur zu reden und überzeugen zu wollen, anstatt zunächst zuzuhören, auf welche Mentalität das stoße, was man durchsetzen wolle. Dass sich seine westlichen Kollegen mit zu vielen detaillierten Unterscheidungen abmühen, ist für ihn ein Zeichen, dass sie vor lauter Kleinkrämerei die zentralen Fragen nicht sehen (Die Zeit 6/2002).

Einen anderen Weg, das Verhältnis Subjekt-Objekt aufzulösen, beschreitet der aus Wien stammende jüdische Philosoph und Theologe Martin Buber (1878–1965), der einer der großen Weisen des 20. Jahrhunderts war. Er veröffentlichte 1923 seine Schrift »Ich und Du«, in der er in einer noch vom Symbolismus beeinflussten Sprache das herkömmliche Verhältnis zwischen Subjekt und Objekt auflöst und zu einer neuen Einheit verschmilzt. Er legt den Grundsatz seiner Erörterungen so dar: »Die Welt als Erfahrung gehört dem Grundwort Ich-Es zu. Das Grundwort Ich-Du stiftet die Welt der Beziehung.« Es geht also in dieser Weisheit um die These: Beziehung statt Erfahrung. Diese Beziehung ist aber nicht etwas, das man haben kann. »Gefühle werden ›gehabt‹, die Liebe geschieht. Gefühle wohnen im Menschen; aber der Mensch wohnt in seiner Liebe. Das ist keine Metapher, sondern die Wirklichkeit: die Liebe haftet dem Ich nicht an, sodass sie das Du nur zum ›Inhalt‹, zum Gegenstand hätte; sie ist zwischen Ich und Du.« Liebe ist, so verstanden, nicht etwas in der Psyche der jeweiligen Partner, die sich gegenseitig zum Objekt werden, sondern etwas über ihnen, an dem sie gemeinsam Anteil haben. In unserer Sprache muss man solche Empfindungen auf manchmal schwierige Weise umschreiben.

Buber schreibt: »Insofern der Mensch sich an den Dingen genügen lässt, die er erfährt und gebraucht, lebt er in der Vergangenheit. (…) Gegenwart ist nicht das Flüchtige und Vorübergleitende, sondern das Gegenwartende und Gegenwährende.« Bubers Fazit dieser Überlegungen: »Wir leben in der strömenden All-Gegenseitigkeit.«

In philosophischen Texten wird das, was wir als Wahrnehmung bewusst empfinden, gelegentlich durch den Begriff Apperzeption umschrieben. Das lateinische »ad percipere« meint jedoch nur ein zusätzliches Erfassen dessen, der etwas »apperzipiert«. Unser Wort Wahrnehmung hingegen, bezieht auch das Objekt mit ein. Der Wahrnehmende nimmt von seinem Gegenüber, sei es ein Früchte tragender Baum, eine Libelle oder die eigene Freundin eine Wahrheit entgegen und vermittelt sie ihm zugleich. Es findet ein Austausch auf einer Meta-Ebene statt. Wer dieses Gegenüber überwiegend unter dem Gesichtspunkt der eigenen Erwartungen oder gar der Nützlichkeit betrachtet, hat die Liebe schon aufgegeben. Liebe muss scheitern, wenn sie auf den Bereich der jeweils eigenen Psyche beschränkt bleibt; sie ist etwas, an der die Partner teilhaben. Die Partner werden nicht zum gegenseitigen Besitz, sondern sie erfahren ihre gemeinsame Liebe, die nicht etwas in ihnen, sondern zwischen ihnen ist.

Es geht jedoch nicht nur um die Liebe, was immer sie auch sei, sondern um das Verstehen des anderen überhaupt. Wer seine subjektive Welt nicht verlassen kann, muss nicht nur egoistisch, sondern intolerant erscheinen. Eines der wichtigsten Attribute der Weisheit ist die Toleranz gegenüber anders Denkenden. Dabei geht es nicht darum, sich andern kritiklos unterzuordnen, sondern zunächst darum, mit ihnen auf eine gemeinsame Ebene des sich Verstehens zu gelangen.

Unsere geistige Privatsphäre für eine uneinnehmbare Festung zu halten ist einer der großen, weit verbreiteten Irrtümer, dem die Weisen zu allen Zeiten nie verfallen sind. Wir sind ein Teil der Welt – und die Welt ein Teil von uns. Die Erfahrung ist uns weitgehend verloren gegangen: »Ich bin ein Teil des Alls und das All ist ein Teil von mir.« Nur so kann die Erfahrung, dass alles mit allem unlösbar verbunden ist, und daraus folgend eine weltweite Solidarität mit anderen Menschen und mit der Natur erlebt und verwirklicht werden. Diese alte und doch verborgene Weisheit zu verinnerlichen, könnte ein Erziehungsgrundsatz sein. Kinder sind ihm von Geburt an viel näher, solange sie noch nicht einem Schulsystem ausgeliefert sind, das in erster Linie die messbaren Leistungen honoriert, nicht aber ein Gehör, wie es dem guten Mädchen auf dem Weg zu der erdmütterlichen Frau Holle aufgegangen ist. Sie wurde ein Teil des Systems Apfelbaum und Backofen und hat den Regelkreis geschlossen. Vielleicht müssten wir eine Spindel in den Brunnen fallen lassen, um gezwungen zu sein hinunterzuspringen, in eine Welt, in der wir endlich wieder lernen können, auf die Stimmen der anderen und der Objekte zu lauschen, um mit ihnen eins zu werden. Vermutlich würde uns dies einen goldenen Guss bescheren, nicht auf das Konto, aber in die Herzen.

Die siegende Demut

Die Weisheit derer, die gewaltfrei kämpfen und sich opfern

Demut hat mit Unterwürfigkeit nichts zu tun. Solange jemand die beiden Begriffe durcheinander bringt, kann er die Kraft der Demut, die ein großes Geheimnis der Weisheit ist, nicht einsetzen. Weisheit und die aus ihr hervorgehende Demut sind kein Garant für einen friedlichen Tod. Wer über einen eindeutigen Unterschied zwischen Weisheit auf der einen und Schläue, Taktik und funktionaler Intelligenz auf der anderen Seite Bescheid wissen will, der braucht sich nur das Leben einiger Kämpfer anzuschauen, die ihr Leben für die Gewaltlosigkeit geopfert haben. Solche Menschen gibt es immer wieder.

»Konsequenz besteht darin, dass man der Wahrheit nachlebt, so wie man sie von Augenblick zu Augenblick erkennt, mag das dann auch inkonsequent sein gegenüber dem Verhalten in der eigenen Vergangenheit« (»Handeln aus dem Geist«). Diese Worte von Mahatma Gandhi beleuchten einen Menschen, der im Leben immer bis zur letzten Konsequenz gegangen ist, auch wenn er dabei seine Taktik ändern musste. Damit ist er ein Beispiel für ein altes, oft missverstandenes Paradoxon, das man so formulieren kann: Konsequent kann man nur sein, wenn man den Mut hat, auch Inkonsequenzen auf sich zu nehmen. Gandhi hat eine der größten Taten der Weltgeschichte vollbracht, eine Tat, die ohne ihn ganz anders ausgefallen wäre. Er hat Indien aus der keineswegs zimperlich gehandhabten britischen Kolonialherrschaft befreit und so den Ausbruch eines Krieges verhindert, der Hunderttausende, wenn nicht gar Millionen von Menschenleben gekostet hätte. Er selbst lebte vor, was er von seinen indischen Landsleuten im Kampf um die Unabhängigkeit erwartete: extreme Anspruchslosigkeit, Friedfertigkeit, Unerschrockenheit gegenüber Gefahr, Leidensfähiget, Mut, Ausdauer, Geduld, Unverzagtheit und unermüdliche Arbeit im Kleinen wie im Großen. Sein wichtigstes Bekenntnis jedoch war das zur Gewaltlosigkeit. Der zähe, jahrzehntelange Kampf endete formell am 15. August 1947 mit dem Ende der Kolonialherrschaft über Indien. An diesem Tag erlebte Gandhi keinen Triumph. Er betete und fastete den ganzen Tag. Seine Hoffnung, ein einiges Indien in die Unabhängigkeit zu führen, hatte sich nicht erfüllt, denn das überwiegend hinduistische Indien und das moslemische Pakistan wurden als getrennte Staaten in die Selbstständigkeit entlassen. Während Gandhi schweren Herzens sich mit der Teilung Indiens, die er als geistige Tragödie erlebte, abfinden musste und er sich insoweit zu einer Inkonsequenz gegenüber seinen bisherigen Hoffnungen bekannte, waren fanatische Hindus dazu nicht bereit. Ihr Befreier Gandhi erschien ihnen jetzt plötzlich als Verräter. Einer von ihnen erschoss Gandhi am 30. Januar 1948 auf dem Gebetsplatz in Neu Delhi.

Gandhis Tod war eine Konsequenz aus seinem Kampf an verschiedenen Fronten. Von den Briten war er mehrmals verhaftet worden, zuletzt brachte er von 1942 bis 1944 fast zwei Jahre in britischer Haft zu. Gandhis unermüdliches Beharren auf Gewaltlosigkeit und seine tiefe Religiosität beruhten auf keiner Beschränkung auf eine bestimmte Religion. Er war von Haus aus Hindu und blieb sein Leben lang auf unorthodoxe Weise mit dieser Tradition verbunden. Andererseits war er während seines Rechtsstudiums in England, seiner Anwaltstätigkeit in Südafrika, aber auch in seiner indischen Heimat mit dem Christentum in enge Berührung gekommen. Sieht man auf sein Leben, dann verkörperte er ohne ausdrückliches Bekenntnis auch die Weisheit des Christentums mehr als seine dem Namen nach christlichen Gegner oder überhaupt andere Politiker vor und nach ihm in der westlichen Welt. Gandhi war einer von denen, die Jesus in seinen Seligpreisungen gemeint hatte. Seine äußerliche Demut, seine extreme Anspruchslosigkeit für sich selbst, seine Bereitschaft, Leiden auf sich zu nehmen, waren getragen von einem steinharten Willen.

Eine andere Heldentat des 20. Jahrhunderts, die diesmal bewusst in der Nachfolge Jesu vollbracht worden ist, war der erfolgreiche Kampf um die Gleichberechtigung der schwarzen Bevölkerung in den Vereinigten Staaten. Sie soll, weil auch sie allgemein bekannt ist, hier nur erwähnt werden. Immer wieder setzte sich der promovierte Theologe und Baptistenprediger Martin Luther King für Gewaltlosigkeit ein, obwohl in den USA auf beiden Seiten, bei Weißen und Schwarzen, die Gewaltbereitschaft offen zu Tage lag. Wiederholt musste Martin Luther King erleben, wie es bei seinen friedlich angelegten Aktionen und Demonstrationen zu gewalttätigen Ausschreitungen kam. Trotz dieser Rückfälle und Demütigungen, häufiger Verhaftungen und ständiger Bedrohungen setzte er seinen Kampf mithilfe seines unerschütterlichen Gottvertrauens fort, um seinen großen Traum zu verwirklichen: »Ich habe einen Traum, dass eines Tages auf den roten Hügeln von Georgia die Söhne früherer Sklaven und die

Söhne früherer Sklavenhalter miteinander am Tisch der Brüderlichkeit sitzen können.« (Zitiert nach Presler.) Der Kampf für diesen Traum kostete ihn das Leben. Am 4. April 1968 wurde Martin Luther King von einem weißen Berufskiller erschossen. Über die wahren Hintermänner wurde die Öffentlichkeit nicht aufgeklärt.

In diesem Zusammenhang ist auch Nelson Mandela zu erwähnen. Der 1918 geborene Rechtsanwalt machte sich zur Aufgabe, Anwalt der schwarzen, unterdrückten Bevölkerungsmehrheit in Südafrika zu werden. Und so wurde er schon 1944 Mitglied des »African National Congress« – ANC. Gegen die 1948 gesetzlich geregelte »Apartheid« (das ist ein Begriff auf Afrikaans und heißt eigentlich Getrenntheit) kämpfte er seit 1952 mit einer gewaltfreien Kampagne, die sich die bewusste Übertretung der Rassengesetze zum Ziel setzte. Immer wieder wurde Mandela angeklagt und zeitweise inhaftiert, denn auch die von ihm geforderte Gewaltlosigkeit missriet immer wieder. Schließlich wurde er 1962 verhaftet und 1963 wegen Hochverrats, Verschwörung und Sabotage zu einer lebenslänglichen Haftstrafe verurteilt. Erst 1990, also nach achtundzwanzig Jahren Haft, wurde Mandela unter der Regierung de Klerk auf freien Fuß gesetzt und der verbotene ANC wieder zugelassen. Den Friedensnobelpreis erhielt er 1993 zusammen mit de Klerk wegen des erfolgreich praktizierten Versöhnungswillens. Von 1994 bis 1997 war Mandela erster schwarzer Ministerpräsident von Südafrika. Auch wenn es Mandela in seiner Kampfzeit ebenso wenig wie Gandhi und Martin Luther King gelungen ist, die angestrebte Gewaltlosigkeit durchzusetzen, war sich Nelson Mandela immer bewusst, dass eine Lösung der Rassenprobleme nur auf friedlichem Wege erfolgreich sein könnte. Wie jedoch soll

Gewaltlosigkeit sich durchsetzen, wenn gewaltbereite Hitzköpfe das Ruder in der Hand halten? Weisheit ist nichts für Theorien, sie muss vorgelebt werden.

Im Gegensatz zu Gandhi und Martin Luther King, die beide einem Attentat zum Opfer gefallen sind, das zwar ungewollt, aber doch eine mehr oder weniger bewusst in Kauf genommene Konsequenz aus ihrer Aktivität war, soll hier von einem Tod die Rede sein, der für das Opfer vorherzusehen war. Es handelt sich um die einundzwanzigjährige Studentin Sophie Scholl aus Ulm. Sie starb zusammen mit ihrem älteren Bruder Hans in München-Stadelheim am 22. Februar 1943, um 17 Uhr, wenige Stunden nach Gerichtsverhandlung und Urteilsverkündung. Freisler, der geifernde Blutrichter des Volksgerichtshofs, der in aller Eile selbst angereist war, um dieses Urteil zu fällen, kümmerte sich um keinerlei rechtsstaatliche Schutzrechte. Den Eltern Scholl gelang es, die Verurteilten kurz zu besuchen, sie hofften noch auf ein Gnadengesuch und ahnten nicht, dass die Vollstreckung unmittelbar bevorstand. Die Mutter hatte für ihre Kinder noch Süßigkeiten mitgebracht. Während Hans ablehnte, sagte Sophie: »Ja, gerne, ich habe ja noch gar nicht Mittag gegessen.« Dann konnten Hans und Sophie vor der Hinrichtung (natürlich getrennt) vom Gefängnispfarrer in ihrer Zelle das Abendmahl empfangen und Hans schrieb in einem (nicht weitergeleiteten) Abschiedsbrief an seine Eltern: »Ich bin ganz stark und ruhig (…). Gott ist bei uns (…).« Bevor er kurz danach sein Haupt auf den Block legte, rief er noch mit lauter Stimme: »Es lebe die Freiheit.«

Der Kriminalbeamte, der die Vernehmung geführt hatte, erinnerte sich später: »Sophie war krampfhaft bemüht, alle Schuld auf sich zu nehmen, um damit ihren Bruder, an dem sie offensichtlich mit letzter Hingabe hing, zu entlasten, wenn nicht zu retten. Ich habe keinen Zweifel, dass Sophie Scholl, wenn sie es vermocht hätte, ihr junges, hoffnungsvolles Leben zweimal hingegeben hätte, wenn sie ihrem Bruder dieses Ende hätte ersparen können. (...) Ja, wenn das Glück oder Unglück eines großen Volkes auf dem Spiele stehe, sei kein Mittel oder Opfer zu groß, es freudig darzubringen. Sophie und Hans Scholl waren bis zuletzt davon überzeugt, dass ihr Opfer nicht umsonst sei.«

Ihr »Verbrechen« hatte darin bestanden, dass sie am Morgen des 18. Februar 1943, nur vier Tage vor ihrer Hinrichtung, von der oberen Balustrade aus Flugblätter in den Lichthof der Münchner Universität geworfen hatten. Der Pedell hatte sie dabei erwischt und das Haus verriegeln lassen, bis die Gestapo die beiden abführen konnte. In dem Flugblatt standen unter anderem diese Sätze: »Auch dem dümmsten Deutschen hat das furchtbare Blutbad die Augen geöffnet, das sie im Namen von Freiheit und Ehre der deutschen Nation in ganz Europa angerichtet haben und täglich neu anrichten. Der deutsche Name bleibt für immer geschändet, wenn nicht die deutsche Jugend endlich aufsteht, rächt und sühnt zugleich, ihre Peiniger zerschmettert und ein neues geistiges Europa aufrichtet.« Schon zuvor waren von den Geschwistern Scholl und ihrem Freundeskreis in mehreren Städten Deutschlands Flugblätter unter dem Namen »die Weiße Rose« verteilt worden. Hans hatte nur ein paar Tage zuvor seine Parolen mit Teerfarbe am Universitätsgebäude angebracht. Erst durch den spektakulären und, vom kriminalistischen Standpunkt aus gesehen, unbefangenen und leichtfertigen Abwurf der Flugblätter, wurden die Aktionen der »Weißen Rose« von der Gestapo aufgedeckt. Es gab zahlreiche Todesurteile. Ihnen fiel unter anderen auch der Münchner Philosophieprofessor Kurt Huber, ein geistiger Mentor der »Weißen Rose«, zum Opfer.

Sophie Scholls letzten Traum kurz vor dem Erwachen am Morgen des Tages ihrer Verurteilung und Hinrichtung erzählte sie einer Mitgefangenen: »Ich trug an einem sonnigen Tag ein Kind in langem weißem Kleid zur Taufe. Der Weg zur Kirche führte einen steilen Berg hinauf. Aber fest und sicher trug ich das Kind in meinen Armen. Da plötzlich war vor mir eine Gletscherspalte. Ich hatte gerade noch so viel Zeit, das Kind sicher auf der anderen Seite niederzulegen – dann stürzte ich in die Tiefe.« Natürlich wusste Sophie beim Aufwachen, was dieser Traum bedeutete, sie sagte es selbst: »Das Kind ist unsere Idee, sie wird sich trotz aller Hindernisse durchsetzen. Wir durften Wegbereiter sein, müssen aber zuvor für sie sterben.«

Das Gemeinsame an solchen Selbst-Opferungen lässt sich so darstellen: Je mehr Bindungen ein Mensch hat, desto mehr Rücksichten muss er nehmen. Er will seinen Besitz, seine Familie, seine Beziehungen zu anderen Menschen, seinen guten Ruf, seine Karriere, sein Leben erhalten und muss sich daher nach allen Seiten umschauen. Das Vertrauen in eine seelische Zeitlosigkeit machte die hier als Beispiel genannten Menschen frei von irdischen Bindungen. Ihre Erlösung begann in dem Augenblick, als sie den Entschluss fassten, nicht mehr um ihr Leben zu fürchten und sich in ihr Schicksal zu schicken. Dieser Entschluss ist der entscheidende Augenblick. Er setzt alle Kräfte frei, über die ein Mensch verfügen kann. Es ist wie eine Kernspaltung. Die Bindung ans Leben wird gelöst und die dabei frei werdende Kraft kann eine seelische Explosion hervorrufen. Sie kann andere mitreißen. Sobald der Mensch den Tod nicht mehr fürchtet und er somit auch nichts mehr verlieren kann, ist ihm kein Risiko zu hoch, kann er alles.

Diese menschheitsalte Erfahrung ist immer aktuell geblieben. Der Entschluss reifte bei Gandhi und Martin Luther King im Lauf der Jahre. Bei Sophie Scholl lässt er sich etwa datieren. Der entscheidende Augenblick war an einem Abend Anfang Februar gekommen, als Sophie nach einem Konzert im Bayerischen Hof noch mit ihrem Bruder und dem Maler Wilhelm Geyer sprach. Da sagte sie: »Es fallen so viele Menschen für dieses Regime, es ist Zeit, dass jemand dagegen fällt.« Dies äußerte sie wenige Tage vor ihrer leichtfertigen Aktion. Sie fühlte sich durch diese Entscheidung innerlich frei und brauchte jetzt den Tod nicht mehr zu fürchten, obwohl sie immer gehofft hatte, den psychischen Terror, der auf dem Volk lastete, zu überleben. Die Geschwister Scholl wussten, dass früher oder später die Gestapo auf ihre Spur kommen und dies ihr Ende sein würde. Sophie spürte jedoch in sich den Auftrag und die Kraft, ein Beispiel geben zu müssen. Immerhin geschah dies alles fast eineinhalb Jahre vor dem Attentat auf Hitler vom 20. Juli 1944.

Ein ebenfalls leider undatiertes Dokument, das wie alle anderen hier zitierten Berichte über die Geschwister Scholl dem von der Schwester Inge Aicher-Scholl herausgegebenen Buch »Die Weiße Rose« entnommen ist, ist die Erinnerung eines Studenten an den Vorfall im Lichthof der Universität am 18.2.1943, nachdem die Flugblätter heruntergefallen und das Haus abgeriegelt war: »Man tuschelte untereinander, aber sonst geschah nichts, auch nicht als ein junges Mädchen von zwei Gestapobeamten, deren Beruf schon an ihren Visagen erkenntlich war, durch die Menge hindurch abgeführt wurde. Ich kochte vor Wut, Zorn und Hass, war aber zu feig, auch nur den Mund aufzumachen.« Ein Wachtmeister erinnerte sich an die letzten Sekunden von Sophie: »Dann wurden sie abgeführt, zuerst das Mädchen. Sie ging, ohne mit der Wimper zu zucken. Wir konnten alle nicht begreifen, dass so etwas möglich war. Der Scharfrichter sagte, so habe er noch niemanden sterben sehen.«

Vordergründig hat das Verhalten der »Weißen Rose« um die Geschwister Scholl den Lauf der Geschichte nicht geändert. Der Terror ging weiter. Das Zeichen, das sie gesetzt haben und von dessen historischer Wirkung die Mitglieder der »Weißen Rose« überzeugt waren, hatte zunächst nichts bewirkt. Erst nach Kriegsende wurde es gewürdigt und verstanden. Es war kein vergebliches Opfer, weil es zeigte, wie geistige Kräfte über der Zeit stehen, sie können auf Vergangenheit und Zukunft gleichermaßen einwirken.

Die Beispiele und Schicksale – Mahatma Gandhi, Martin Luther King und die Geschwister Scholl – verbindet nicht nur ihr gewaltsamer Tod, sondern eine gemeinsame Weisheit, eine gemeinsame Idee und ein gemeinsames Ziel, wobei diese Begriffe nicht nebeneinander zu verstehen sind, sondern sich zu einer Haltung im Leben verbunden haben.

Die hier beschriebenen Menschen wussten von der Macht der Gewaltlosigkeit. Schon Laotse hatte es im Taoteking (Spruch 76) formuliert: »Das Große und Starke sinkt hernieder, das Weiche und Schwache steigt empor.« Oder: »Weichheit bewahren heißt stark sein.« (Spruch 52). Eine der buddhistischen Grundforderungen besteht darin, sich der Zerstörung lebender Wesen zu enthalten. Jesus hat in der Bergpredigt gesagt: »Selig sind

die Sanftmütigen, denn sie werden das Erdreich besitzen« (Matthäus 5, 5).

Das Bekenntnis zur Gewaltlosigkeit wird in vielen Religionen vertreten, in keiner jedoch konsequent befolgt. Es
blieb schon immer eine Herausforderung, die Menschen
von ihrer Gier nach Gewalt abzuhalten. Auf lange Sicht
hat sich jedoch das Wort, die Sanftmütigen würden einst
das Erdreich besitzen, immer wieder für Augenblicke
bewahrheitet, denn die Welt hat noch nie einen dauer-
haften Erfolg zugelassen. Um diese Wahrheit musste und
muss immer wieder von neuem mit geistigen Waffen
gekämpft werden. Gerade deshalb ist es so schwer, sie zu
verkünden, weil sie nur so lange gilt, wie sie das Handeln
motiviert. Menschen, die ewige Wahrheiten als ihren Besitz verteidigen wollen, greifen zur Gewalt. Weisheit kann
man hingegen nicht beweisen, sondern man muss sie
leben. Sie ist nur da, wo sie sich zeigt. So verstanden sind
ihre Aktionen nicht die Verkündung einer Lehre, sondern: die Taten der Weisen sind zugleich ihre Lehre.

M. Gandhi, M. L. King, Nelson Mandela, die Geschwister Scholl und viele andere lebten aus einer Hoffnung, an
die sie glaubten. Das von Kolonialdiktatur befreite
Indien, das Ende von Missachtung und Unterdrückung
der schwarzen Bevölkerung in Südafrika und in den
USA, die Überwindung der Nazi-Gewaltherrschaft in
Deutschland. Die dahinter stehende gemeinsame Vision
ist die einer von Gewalt und Unterdrückung befreiten
Menschheit, die in Freiheit und Frieden leben kann.

Das eigene Leben, der eigene Besitz, der eigene Erfolg,
das alles zählt nicht. Es geht um die Demut gegenüber
einer höheren Idee, die nur aus dem Glauben kommen
kann. Jeder Mensch kann sich als Teil einer großen kos-
mischen Einheit erleben, die alle Individuen zusammen-

fasst. Sich ihr unterzuordnen fordert und fördert eine befreiende und erlösende seelische Kraft. Kein Schritt ist vergeblich und vertan, wenn er auf das Ziel hin gerichtet ist. Hier lässt sich ein gemeinsamer Nenner aller Weltreligionen erkennen: Die Menschen, die einen opferbereiten Kampf ohne Gewalt gegen die Gewalt führten, sind dazu nur aufgrund ihres erprobten und gelebten Glaubens fähig, der nicht ohne Gebet auskommt. Gandhi starb auf dem Weg zum Gebet. Nicht der selbstmörderische Gewaltakt ändert die Welt, sondern die liebevolle Hingabe an sie. Sie spüren: Die Welt ist ein Teil von mir und ich bin ein Teil der Welt. Die Welt handelt in mir und durch mich. So kann nichts verloren gehen.

Fünfter Teil

Das unformulierbare System

Weisheit baut auf Logik und überwindet sie.

Der sterbliche und der
unsterbliche Eros

Die Dialektik der Diotima

Es ist kaum vorstellbar, dass die griechische Priesterin Diotima aus Mantineia vor fast zweieinhalb Jahrtausenden zur Weisheit einen Schlüssel besaß, der vielen, um nicht zu sagen den meisten, inzwischen verloren gegangen ist. Das vermutlich älteste und noch immer ungelöste Rätsel des menschlichen Denkens und Grübelns betrifft die Frage nach dem Sinn alles Werdens und nach dem Geist in und über den Dingen. Ist die Welt ein Einfall Gottes oder ein Zufall aus dem Nichts? Verdankt sie ihre Existenz göttlichen Ideen und fortwährender göttlicher Fürsorge oder ist sie ein Etwas ohne Sinn und Ziel? Musste die Welt entstehen oder konnte sie es nur? Gibt es einen Grund für die Schöpfung oder ist sie grundlos, unbeabsichtigt, gewissermaßen versehentlich entstanden und war der Startschuss zu allem gar eine Panne in der zeit- und raumlosen Ruhe eines nicht existierenden Kosmos?
Diese Fragen provozieren eine andere: Um wessen Absicht oder Versehen könnte es sich hier gehandelt haben? Ist die Welt ein zeitliches Produkt oder ist die Zeit ein Produkt der Welt? Gibt es vor- und außerzeitliche Zustände und Ereignisse? Ist der Mensch frei oder ist er an der Kausalkette gefesselt? Solche Fragen nehmen kein Ende und sie finden auch keine allein gültige,

von allen gleichermaßen akzeptierte Antwort. Wenn es eine Antwort mit Mitteln der Vernunft gäbe, hätten wir sie längst gefunden. Wo nur das eine oder das andere richtig sein kann, gelten viele Fragen unlösbar, sowohl für die Philosophie als auch für die Naturwissenschaft. Eine Antwort kann nur dialektisch gefunden werden, in der Gegenüberstellung der streitenden Thesen.

In der Logik gilt: Wenn A = B, dann ist die Aussage A≠B ausgeschlossen. Nur die eine der beiden sich widersprechenden Aussagen kann richtig sein. Deshalb wird gestritten (↯). Die Beendigung des Streits wäre nur dann möglich, wenn auf einer höheren Ebene eine Antwort erscheint, die die beiden konträren Aussagen zu einer Einheit zusammenfasst. So etwa urteilte die weise Priesterin. Lassen wir uns als Beispiel auf den Streit ein: Ist Liebe ein Produkt des Körpers, also etwas, das aus materiellen Funktionen hervorgebracht wird? Oder ist sie eine »Himmelsmacht«, ein Phänomen, das primär als etwas Geistiges, Immaterielles zu verstehen ist, auch dann, wenn es auf den Körper einwirkt? Der Streit darüber ist alt und noch immer nicht lösbar. Selbst der australische Gehirnforscher und Nobelpreisträger John C. Eccles (1903–1997) ließ erkennen, dass es für die Erklärung der Frage, wie die Interaktion zwischen Geist und Gehirn funktioniert »unüberwindliche Schwierigkeiten« gibt. Diotima hatte eine Lösung. Bei dieser Gelegenheit wird erkennbar, wie jenseits der modernen Forschung, die immer weiterschreitet, die Einsichten der Weisheit unvergänglich bleiben. Das hier zur Verdeutlichung gezeigte Schema ist aus meinem Buch »Der philosophische Himmel« übernommen.

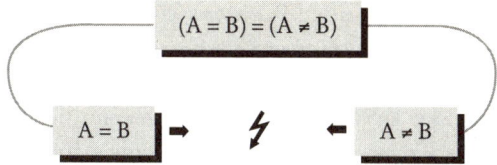

$$(A = B) = (A \neq B)$$

$$A = B \quad \rightarrow \quad \lightning \quad \leftarrow \quad A \neq B$$

Dieses Denkdilemma ist natürlich nicht neu, denn schließlich hatte schon Sokrates seine Erfahrungen mit ihm. In Platons berühmtem Dialog »Symposion« (Das Gastmahl) erzählt Sokrates von einer Frau, von der eine seiner wichtigsten Einsichten stammt. Dies ist auch deshalb bemerkenswert, weil sonst in den Dialogen von Platon nur eine reine Männergesellschaft geschildert wird. Frauen dienten hierbei allenfalls für das Rahmenprogramm, zum Reigentanz, zum Musizieren mit Flöte und Kithara und zum Nachschenken der leeren Becher. Doch bei dem philosophischen Trinkgelage im Hause des reichen Agathon erzählte Sokrates von einer für sein Denken wesentlichen Begegnung mit einer Frau. Diotima von Mantineia besaß einen einfachen Schlüssel zur Weisheit. Zunächst hatte sie sich mit Sokrates über den Eros, vermutlich rein theoretisch, man könnte sagen, platonisch unterhalten; man kam jedoch nicht so recht vom Fleck. Dann lockte sie ihren Schüler in eine logische Falle: »Hast du denn nicht bemerkt, dass es ein Mittelding zwischen Wissen und Nichtwissen gibt?«

Sokrates ist erstaunt: »Was soll denn das schon wieder sein?«, fragt er. Diotima spricht nun den Grundsatz der Weisheit aus, der allen verständlich macht, dass schon Sophia, von der Salomo so schwärmte, eine Frau war. »Weisheit ist das Meinen des Richtigen, ohne Rechenschaft darüber abgeben zu können. Weißt du nicht, dass dies weder Wissen noch Nichtwissen ist? Also ist offenbar die richtige Meinung ein Mittleres zwischen Einsicht und Unwissenheit.« Man kann diese Aussage und zugleich Absage an die Logik und das Bekenntnis zu einer positiv zu wertenden »weiblichen Logik« auch so verstehen: Weisheit fordert keine Beweise, denn was sich mit Fakten und Vernunftgründen beweisen lässt, kapiert schließlich auch ein gebildeter Tor.

Das »Meinen des Richtigen«, die beweislose Sicherheit, ist dem vorbehalten, der über die Fakten und die Logik hinausdenkt und Zusammenhänge mit in sein Denken einbezieht, die sich der Analyse und der Erklärung entziehen. Das faktenlose Wissen wird in diesem Dialog erläutert.

Die Frage ging zunächst nämlich darum, ob die sinnliche Liebe, die Erotik oder, vornehmer ausgedrückt, die »Liebe zum Schönen« eine im Körper verankerte, biologisch begründete Eigenschaft des Menschen ist oder ob sie allein aus der immateriellen Seele gefolgert werden müsse. Dies ist ein Problem, das bis heute nicht gelöst ist, denn hier stehen sich immer noch gegnerische Denkpositionen gegenüber: die materialistische Auffassung, die Liebe aus Genen und Hormonen herleiten will, und die geistige, für die Liebe als solche nicht materiell fassbar ist, auch wenn sie von materiellen Vorgängen im Körper begleitet wird.

Sokrates und Diotima konnten sich damals noch nicht über Gene, Hormone und Psychologie im heutigen Sinne unterhalten. Dafür fehlte zu Platons Zeit jegliches Vokabular. Sie mussten sich einer vorwissenschaftlichen, mythischen Ausdrucksweise bedienen. Ihr Thema war daher nicht: Ist das Psychische im Menschen eine Folge oder die Ursache materieller Prozesse?, sondern, was im

Ergebnis auf das Gleiche hinausläuft: Ist Eros ein Gott oder nicht? Ist er also unsterblich oder sterblich?

Um diese Frage zu beantworten, wagt Diotima eine große Provokation des Denkens, weil sie die Logik überwindet: »Eros ist ein Mittleres zwischen sterblich und unsterblich.« Der junge, noch an die Logik glaubende Sokrates reagiert verblüfft, denn er denkt: Entweder oder; beides geht doch nicht. Er wirft nur ein: »Was soll denn das sein, Diotima?« Darauf sie: »Eros ist ein großer Daimon, Sokrates, denn alles Daimonische steht zwischen Gott und Sterblichem.« Daimon, das ist nicht ein (böser) Dämon nach unserem Sprachgebrauch, sondern es ist die innere Stimme, die von der Zusammenarbeit von Körper und Seele kündet. Es ist das unerklärbar auf den Menschen Einwirkende, das ihn je nachdem verführt, beherrscht, antreibt, warnt und beschützt. Diotima definiert das Daimonische ausführlich: »Es verdolmetscht und überbringt den Göttern, was von den Menschen kommt, und den Menschen, was von den Göttern kommt: von den einen Gebete und Opfer, von den anderen die Erkenntlichkeit für die Opfer. Er steht in der Mitte zwischen beiden und füllt die Kluft aus, sodass das All in sich verbunden ist ...«

Der Mensch sieht und hört die Götter nicht unmittelbar, sondern er muss darauf vertrauen, seelisch mit ihnen kommunizieren zu können. Er spürt unbewusst den Daimon, der in ihm ist, der jedoch zugleich mit dem Weltganzen verbunden ist. Die Verwurzeltheit des sterblichen Menschen im ewigen All als Grundlage aller Weisheit, diese unbeweisbare Gewissheit, das ist die große und zeitlose Lehre der Diotima und damit natürlich zugleich der Philosophie Platons. Sie bleibt uns erhalten, auch wenn wir heute den Begriff Daimon durch andere

Begriffe zu umschreiben versuchen. Besser ausdrücken lässt sich das alles auch heute noch nicht: Eros ist sterblich und unsterblich zugleich, er ist in und über der Materie. Andererseits ist Eros nur ein Beispiel für diese Erkenntnis, die mehr umfasst als nur die Liebe zwischen Menschen, es geht um die Liebe zur Welt, zum Kosmos.

Über die Forschung in
sumpfigem Gelände

Der flüchtige Geist und das Unerklärbare

Eine Mutter beobachtete das Verhalten ihres Sohns. Die äußere Ähnlichkeit mit seinem Vater war erkennbar, aber nicht besonders auffällig. Wie er sich allerdings verhielt, das war für sie frappierend. Die Art, wie er sich an den Tisch setzte, wie er die Tasse in die Hand nahm, seine Vorlieben für einzelne Gerichte, sein Gang, seine Sprechweise, bei der er einzelne Silben lehrhaft betonte, sein manchmal schnelles Resignieren bei Missgeschick, seine langsame, gründliche Art beim Lesen, die Gewohnheit, Steine vom Weg zu kicken, und viele weitere Eigenheiten, die man eigentlich gar nicht mit Worten beschreiben kann, entsprachen genau denen des Vaters. Immer wieder musste die Mutter zu sich sagen: »Ganz der Vater.« Normalerweise könnte man meinen, der Junge kopierte seinen Vater. In dieser Familie war es anders: Der Sohn wurde im März 1943 geboren. Im August bekam der Vater Urlaub von der Front, um den neuen Erdenbürger erstmals zu begrüßen. Dies war jedoch auch schon sein Abschied, denn im Dezember des gleichen Jahres fiel er in Russland. Der Sohn hatte seinen Vater nie bewusst erlebt. Das alles festzustellen war natürlich der Mutter vorbehalten, weil nur sie ihren Mann so genau gekannt hatte und somit fähig war, das Wesen des Sohnes mit dem seines Vaters zu vergleichen.

Eine andere Begebenheit spielte sich im Frühjahr 1945 ab, wenige Tage vor Kriegsende in einem Dorf im Norden Württembergs. Ein achtjähriger Junge begegnete auf dem Heimweg von der Schule einem fremden Soldaten, der in abgerissener deutscher Uniform daherkam. Der Soldat legte dem Jungen die Hand auf die Schulter und nannte dessen Namen. Als der Junge zurückfragte: »Und wer bist du?«, war der Soldat plötzlich weg, wie in Luft aufgelöst. Zu Hause auf dem Bauernhof, in dem nicht nur die Großeltern, die Mutter und die Geschwister des Jungen lebten, sondern auch eine aus der Stadt aufs Land geflüchtete Tante, erzählte er von der eigenartigen Begegnung und beschrieb den Mann in Uniform. Da rief die Tante: »Ach Gott, das war mein Rolf!« Rolf war ihr Sohn, der seit einigen Wochen als vermisst galt. Sie sah ihren Sohn nie mehr lebend und hat auch nie erfahren, wo und wie er gestorben ist. Dafür ist er seiner Mutter noch jahrelang immer wieder erschienen, um ihr mit hilfreichen Informationen beizustehen, die einem lebenden Menschen unzugänglich waren. Ihr Sohn wusste Zukünftiges und Verborgenes. Im Lauf der Jahre wurden seine Besuche seltener und hörten schließlich, noch vor dem Tod seiner Mutter, auf.

Wer heute solche Geschichten erzählt, setzt sich bei manchen dem Verdacht aus, er glaube an Okkultes, an Spuk, Geister und Hellseherei. Die Sache hat nur einen Haken: Weisheitslehren, Mythen, Märchen, Dichtungen, Epen aus allen Kulturen und allen Zeiten haben sich noch nie gescheut, das außergewöhnliche Wirken geistiger Kräfte auf die Materie offen und direkt als etwas geradezu Selbstverständliches zu beschreiben. Ägyptische und tibetische Totenkulte und Totenlehren, Kulte und

Mythen der Indios, Kulte aus Schwarzafrika, die Weisheiten und Praktiken der Schamanen, aber auch germanische und keltische Göttermythen berichten, manchmal mit erstaunlicher Übereinstimmung, von dem »Zusammenhang der Natur mit der Geisterwelt« (ein Werktitel von Schelling). Wenn es solche Erfahrungen nicht gegeben hätte, wären die Menschen vermutlich nie auf die Idee gekommen, ihre wichtigsten Weisheiten auf sie zu stützen.

1808, in einer Zeit, in der weniger die Romantik als der Rationalismus die Köpfe der denkenden Menschen beherrschte, veröffentlichte der damals in Karlsruhe lebende Großherzogliche Badische Geheime Hofrat Dr. Johann Heinrich Jung genannt Stilling (1740–1817) ein Buch mit folgendem umständlichen Titel: »Theorie der Geister-Kunde, in einer Natur-, Vernunft und Bibelmäßigen Beantwortung der Frage: Was von Ahnungen, Gesichten und Geistererscheinungen geglaubt und nicht geglaubt werden müsse«. Der Goethe- Freund und -Zeitgenosse Jung-Stilling trat in dieser Schrift keineswegs als leichtgläubiger Gespenster- und Spukfreund auf, sondern als kritischer und rational denkender Beobachter und Forscher. Der Hofrat in badischen Diensten war zuvor Professor für Finanz- und Kameralwissenschaften in Marburg und hernach in Heidelberg Professor für Staatswissenschaften gewesen. Seine gesammelten und nüchtern analysierten Spukgeschichten, bei denen er wohl nur gelegentlich auch mancher erzählten Flunkerei aufgesessen sein könnte, zeugen von wissenschaftlichem Ehrgeiz und dem Bestreben, als neutraler Forscher angesehen zu werden.

Etwas andere Phänomene beschrieb der Arzt und Dichter Justinus Kerner (1786–1862) in einem Bericht über seine Patientin Friederike Hauffe, die als die »Seherin von Prevorst« (1829) in die Literatur einging. Die stets kränkelnde Friederike verbrachte lange Zeit auf der Grenze zwischen diesseitigem und jenseitigem Leben, die sie gelegentlich im kleinen Grenzverkehr in beiden Richtungen überschreiten konnte. Phänomene wie sie Jung-Stilling, Kerner und manche andere beschrieben, haben in unserer Zeit keineswegs aufgehört. Darüber gibt es gerade aus den letzten Jahren eine umfassende Literatur. Das heutige Problem besteht jedoch darin, dass unter der Vorherrschaft des an der Physik orientierten Denkens alle Erscheinungen, die nicht in deren Weltbild passen, normalerweise, falls überhaupt, als nicht ernst zu nehmend registriert oder in das etwas dubios erscheinende Reich der Esoterik und Parapsychologie verbannt werden. Auf Seriosität in den Augen ihrer Kollegen bedachte Wissenschaftler meiden solche Bereiche ängstlich. In Zweifelsfällen, wie etwa dem geschilderten Fall des Sohnes der Kriegswitwe, flüchtet man zu der Erklärung, es hätten sich die väterlichen Verhaltensmuster durch die Gene übertragen, wobei man vermutlich deren materielle Speicherkapazität erheblich überschätzt. In dem Beispiel der Begegnung mit dem vermissten Landser könnte man behaupten, der von der Schule und dem langen Heimweg müde Junge sei kurz in einen Traum verfallen. Solche Rationalisierungsversuche mögen manchmal hilfreich sein, sie erklären jedoch diese Phänomene keineswegs. Keine der Weisheitslehren seit Beginn der menschlichen Kultur kommt mit dem auf Empirie und Logik gegründeten Normalverstand aus, denn in allem, was gewusst und erlebt wird, in allem, was entsteht und vergeht, überall setzt das Verständnis solcher Vorgänge voraus, dass geistige Kräfte und Felder uns umgeben und dass Menschen an etwas Anteil haben, was nicht in ihnen selbst gespeichert ist, sondern sie von außen »inspiriert«.

Zur gleichen Zeit, als in Karlsruhe Jung-Stilling seine »Geisterkunde« schrieb, arbeitete scheinbar völlig unabhängig von ihm in Jena Georg Wilhelm Friedrich Hegel (1770–1830) an seiner »Phänomenologie des Geistes« (1807). Schelling, der in diesen Jahren kaum mehr Kontakt mit seinem einstigen Studien- und Zimmergenossen Hegel hatte, schrieb zwischen 1809 und 1812 an seinem dann doch nicht veröffentlichten Werk »Über den Zusammenhang der Natur mit der Geisterwelt«, einem Gespräch, in dessen Mittelpunkt Clara steht, eine beseelte Frau wie Schellings verstorbene erste Frau Caroline. Ein Zitat aus Schellings Buch: »Die Geisterwelt ist doch zum mindesten eine ebenso reale Welt als diese sichtbare hier. Wir sollten sie nicht für eine bloße Gedankenwelt halten.«

Hegel setzt seinen freien, über den Phänomenen stehenden Weltgeist einfach voraus, während Jung in erster Linie von konkreten Vorgängen berichtet. Auch Jung weiß, dass »die guten und bösen Engel und Geister mächtig auf die Weltgeschichte mit einwirken«; im Übrigen ist seine »Geisterkunde« eine wesentlich unterhaltsamere Lektüre als Hegels »Phänomenologie«. Eines ist sicher: am »Geist« kommt Weisheit nicht vorbei, im Gegenteil, beide bilden eine Symbiose.

Moderne Menschen zu allen Zeiten (Kant inklusive) wollten und wollen nicht vom Geist sprechen, weil keiner weiß, was das ist. Man spricht und schreibt doch nur von etwas, was man beherrschen kann, auch wenn das notfalls mit ein bisschen Gewalt einhergeht. Selbst die dafür sonst ungeeignete Philosophie wurde so manchmal zu einem Feld, auf dem Macht ausgeübt wurde, und sei es nur dadurch, etwas zu definieren. Das Undefinierbare passt nicht in akademische Besitztümer. So gibt es zwei verschiedene Verhaltensweisen, dem Geist zu begegnen: Entweder man klammert ihn aus dem Denken aus wie Kant und die moderne Naturwissenschaft oder man versucht, ihn zu akzeptieren, ohne die Hoffnung, ihn je beherrschen zu können. Man hofft auf Weisheit, um wenigstens seine Spuren zu entdecken.

Gegen Ende des 20. Jahrhunderts traten Naturwissenschaftler auf, die sich von den verhärteten Denkgesetzen lossagten, innerhalb derer der Geist, was das auch immer sei, keinen Platz gefunden hatte. Sie beschritten völlig neue Wege, was ihnen natürlich meist wenig Anerkennung bei ihren etablierten Kollegen verschaffte. Einige ihrer Vertreter und Theorien sollen hier als Beispiele erwähnt werden.

- *Generative Ordnung* (der Physiker David Bohm, langjähriger Mitarbeiter von Albert Einstein); Stichwort: Allem Leben und auch der unbelebten Materie ist eine tiefere generative Ordnung gemeinsam, von der Impulse auf das Werdende ausgehen.
- *Omegapunkt Theorie* (Teilhard de Chardin und der Astrophysiker Frank J. Tipler); Stichwort: Die Welt strebt auf einen Endpunkt hin, in dem alles, was je geschehen ist, gespeichert sein wird.
- *Symmetrien und Synchronizitäten* (der kanadische Physiker F. David Peat); Stichwort: Scheinbar voneinander unabhängige Vorgänge bilden sinnvolle Gesamtheiten.
- *Resonanzen und morphische (oder morphogenetische) Felder* (der englische Biochemiker Rupert Sheldrake);

Stichwort: Die Gene sind nicht alles. Die Natur hat ein zeit- und raumloses Gedächtnis, aus dem Mensch und Natur nicht nur ihre Gestalt, sondern auch ihre Verhaltensmuster erhalten.

• *Energetik des geistigen Prozesses* (ein Begriff des englisch-amerikanischen Anthropologen Gregory Bateson); Stichwort: Die Wechselwirkung zwischen Teilen des Geistes wird durch das Spannungsverhältnis von Unterschieden ausgelöst. Sie sind nicht in Raum und Zeit lokalisiert.

• *Tao der Physik* (der österreichisch-amerikanische Physiker Fritjof Capra); Stichwort: Physikalische Forschungen zeigen einen keineswegs zufälligen Anklang an fernöstliche Weisheitslehren über die Natur.

• *Holografisches Weltbild* (der amerikanische Naturwissenschaftler und Philosoph Ken Wilber, ausgehend vom Begriff Holon von Arthur Koestler); Stichwort: Die Wirklichkeit ist nicht aus Dingen oder Prozessen zusammengesetzt, sondern aus Holons, die mit dem Kosmos verbunden sind. (Leibniz sprach in vergleichbarer Weise von »Monaden«.)

• *Transpersonale Psychologie* (u. a. vertreten durch den amerikanischen Psychiater Stanislav Grof); Stichwort: Die menschliche Psyche ist kein auf das Individuum beschränkter Privatbereich. Es gibt eine Überwindung der Ich-Identität durch menschliche Erfahrungen, die über den Bereich der Individualität und Personalität hinausgehen.

• *Mathematische Katastrophentheorie* (René Thoms; u. a. dargestellt von dem in Frankreich lehrenden Mathematiker Ivar Ekeland); Stichwort: Das kleinste Elektron am äußersten Rande des bekannten Universums übt noch Einfluss auf die Erde aus.

• *Familienaufstellung* (begründet von dem Psychologen Bert Hellinger); Stichwort: Die von einem Probanden in der Mitte eines Seminarraums aufgestellten Übungsteilnehmer erleben plötzlich psychisch und körperlich ein schicksalhaftes Geschehen, das ihre Stellung auf den Probanden ausübt. So erkannte Spannungen und Konflikte können dadurch positiv beeinflusst werden. Wie so etwas funktionieren kann, weiß Hellinger selbst nicht. Tatsache ist nur, dass es funktioniert. Es müssen hier wohl psychische Felder in Minutenschnelle auf- und abgebaut werden.

Von den hier stichwortartig genannten Forschern und anderen auf solchen Pfaden Wandelnden hat wohl keiner den allein passenden Schlüssel zur Schatzkammer ewiger Weisheiten zutage gefördert. Doch immerhin ist ihnen eines gemeinsam: Es ist die Gewissheit, dass das traditionelle physikalische Weltbild, das auf der Logik, der Materie und dem Prinzip fußt, dass gleiche Ursachen gleiche Wirkungen haben müssen, nur ein Teil der Wahrheit ist. Es ist die Erkenntnis, dass nur der aus der Weisheit hervorgehende Umgang mit dem Unbeweisbaren und Unbegreiflichen, dem Flüchtigen, dem Einmaligen und dem Spontanen aus den Sackgassen der Erkenntnis hinausführen kann, an deren Ende eine vom Geist befreite Welt ohne jede Hoffnung anzutreffen wäre. Forscher wie die hier beispielhaft Erwähnten scheuen sich nicht, auch solchen Phänomenen nachzugehen, die außerhalb der Bandbreite physikalischer Versuchsanordnungen liegen. Sie wenden sich bewusst von einer Wissenschaft ab, die auf das vordergründig Nützliche, nobelpreiswürdige Forschen angesetzt ist. Der »Nutzen« ihrer Überlegungen mag gering sein, doch darauf kommt es ihnen nicht an. Eigenartigerweise haben etablierte Philosophen in dieser Beziehung das Ruder aus der Hand gegeben und es denen überlassen, die ihr Denken auf Phänomene bauen, für die es in der herkömmlichen Philosophie mangels einer geeigneten Fachsprache wenig Interesse gibt.

Die göttliche Weisheit ist also listig. Sie flüchtet die ihr gewerbsmäßig Dienenden und neigt sich denen zu, die ihr mit neuer Sprache, mit andersartigen Kulten und Riten dienen. Sie hat etwas vor mit den Menschen: Sie möchte, dass nach einigen Jahrhunderten Trennung zwischen den Wissenschaften endlich wieder Naturwissenschaftler, Philosophen und Theologen an einem Tisch sitzen können und sich in einer gemeinsamen Sprache unterhalten. Solange jedoch traditionelle Physiker ihre auf unwegsames Neuland voranschreitenden Kollegen nicht anerkennen, weil sie in sumpfiges Gelände vordringen und mit schlammigen Stiefeln zurückkehren, wird dieses Weisheitsziel nicht so schnell zu erreichen sein. Hoffen darf man schon, denn die Weisheit lässt sich Zeit. Wenn erst einmal ihr Ziel anerkannt ist, wird sie den Geist in dessen Richtung lenken.

Die Nacht zum neunten
Schöpfungstag

Geist überwindet die Biologie

»Wir haben eine ältere Offenbarung als jede geschriebene: die Natur. Diese enthält Vorbilder, die noch kein
Mensch gedeutet hat.« Diesen Satz aus Schellings Schrift
über das Wesen der menschlichen Freiheit scheint ein
anderer verwirklicht zu haben, auch wenn er ihn sicher-
lich nie gelesen hat. Ihm ging es darum, die Natur zu
deuten ohne Rücksicht auf geschriebene Offenbarun-
gen.

Als Charles Darwin (1809–1882) mit zweiundzwanzig
Jahren an Bord der »Beagle« eine vierjährige Weltumseg-
lung begann, um naturwissenschaftliche Forschungen zu
betreiben, ahnte er zunächst noch nicht, welche Folgen
diese Exkursion für den seelischen Zustand nicht nur seiner selbst, sondern der ganzen Menschheit haben würde.
Auf dieser abenteuerlichen Fahrt war er, wie er schrieb,
»aufs höchste überrascht durch gewisse Merkwürdigkei-
ten in der Verbreitung der Tiere und Pflanzen Südameri-
kas« (»Die Entstehung der Arten«). Darwin achtete auf
Phänomene, die für andere gar nicht existierten, weil
ihnen dafür noch jeglicher Blick fehlte. Sein Heraustreten aus der damals gängigen Wissenschaft begann nicht
erst mit dem Erarbeiten von Schlussfolgerungen, sondern mit einer völlig anderen Art des Betrachtens. Die
Entstehung der Arten war für ihn und einige seiner Vor-

läufer, die sich ebenfalls hinter dieses Problem gemacht hatten, »das Geheimnis aller Geheimnisse«. Ein Geheimnis zu ahnen ist möglicherweise eine größere Leistung als die, es zu ergründen. Erst als Fünfzigjähriger (1859) stellte Darwin das Ergebnis seiner Untersuchungen der Öffentlichkeit in einem Buch vor. Er beschrieb nicht nur, was er beobachtet hatte, sondern, frei nach Schelling: Er deutete die Vorbilder der Natur. Er gab seinem Werk diesen ausführlichen Titel: »The Origin of Species by Means of natural Selection, or the Preservation of Favoured Races in the Struggle for Life« (Die Entstehung der Arten durch natürliche Zuchtwahl oder die Erhaltung der begünstigten Rassen im Kampf ums Dasein). Mit den damals wie auch manchmal heute noch viel diskutierten Erkenntnissen des Darwinismus und den Folgerungen und Ergänzungen durch seine geistigen Nachfolger im Rahmen des so genannten Neo-Darwinismus, mit seinen Lücken, Widersprüchlichkeiten und Unvollkommenheiten wollen wir uns hier nicht befassen. Es geht um zwei andere, nicht in den Rahmen der Biologie passende, dennoch nicht minder aufregende Erkenntnisse.

1. Darwin nahm auf die traditionelle, aus der Bibel abgeleitete Lehre keine Rücksicht, wonach die Arten der Lebewesen ein für alle Mal in ihrer durch den Akt der Schöpfung festgelegten Form erhalten blieben. In seinem 1871 erschienenen Werk über die Abstammung des Menschen erweiterte er seine Folgerungen auch auf die Herkunft des Menschen aus niedereren Wesen. Mit dem dann kursierenden – so nicht von ihm formulierten – Slogan: »Der Mensch stammt vom Affen ab« erregte er größtes Aufsehen und Ärgernis, das jahrzehntelang Wellen schlug und das bei Anhängern einer fundamentalistischen Bibelgläubigkeit teilweise noch bis in die Gegenwart vorhält.

Dabei wäre ja die Abstammung vom Affen noch das Harmlosere, denn heute geht man davon aus, dass unsere Vorfahren zunächst als Eiweißmoleküle in der Ursuppe herumgeplantscht haben, auch wenn unter den Biologen niemand überzeugend darlegen kann, wie und woher der erste Funke des Lebens gezündet wurde.

Darwins Geniewerk besteht zunächst darin, dass er sich von allen Denkgewohnheiten und überlieferten Tabus lossagte und die Natur mit erstaunten und doch wissenden Augen betrachtete. Während die bisherigen Forscher die Natur als ein gegebenes System zu beschreiben und zu katalogisieren suchten, konzentrierte sich Darwin auf die dynamischen Prozesse der Evolution. Er studierte dazu nicht die meist langweiligen Lehrbücher, sondern machte sie durch seine aufregenden Beobachtungen zu Makulatur.

Revolutionäre Forscher und Denker, die Ärger mit den amtlichen Verwaltern von archivierten und fest verschnürten Wahrheiten bekamen, gab es auch zuvor schon viele. Stellvertretend für sie seien hier nur zwei erwähnt: Galileo Galilei, der sich nur durch einen im wahrsten Sinne des Wortes scheinheiligen Widerruf seiner Erkenntnisse aus den Fängen der römischen Inquisition retten konnte, um seine Freiheit wieder zu erlangen, und sein Landsmann und Zeitgenosse Giordano Bruno, der, wie oben schon erwähnt, im Jahr 1600 in Rom öffentlich verbrannt wurde. Auch sie hatten Denktabus gebrochen, sahen jedoch die Schöpfung noch als etwas an, mit dem man zuverlässig rechnen konnte, wenn man erst einmal die Formel wusste. Bei Darwin war es Schluss damit. Rückblickend betrachtet, ist das Wesentliche an seinem Werk nicht eine benennbare Wahrheit, sondern die Entdeckung eines Pfades, auf dem die Forschung weiterarbeiten kann. Aber selbst dieser Pfad konnte für manche Irrwege missbraucht werden. Auch wenn sich Darwin nicht so ausdrückte, gilt für ihn: Die Schöpfung ist unvollendet und noch im Gange.

Die Vertreter der Geistlichkeit hätten damals, wenn sie weise gewesen wären, so reagieren können: Da schaut her, der Schöpfer hat seinen siebten Schöpfungstag nicht dazu missbraucht, ihn zum Beginn eines unendlichen Ruhestands zu machen, sondern er hat am achten Tag seine Arbeit an der Welt wieder aufgenommen. Wir Geschöpfe haben also die Chance, uns weiterzuentwickeln. Nur eines würden wir gerne wissen: Feilt der Schöpfer an seiner Welt, um sie zu vervollkommnen, oder spielt er mit ihr? Eine solche Reaktion der Archivdenker wäre zwar nicht der Weisheit letzter Schluss gewesen, immerhin ein guter Schritt auf dem Weg zu ihr. Sie hätten schließen können: Gott ist nicht Statiker, sondern Dynamiker. Doch was geschah stattdessen? Es ist bekannt. Die Zeit der Scheiterhaufen war im 19. Jahrhundert – Gott sei Dank – vorüber, Menschen, die Darwin wegen seiner nüchternen Denkkonsequenz und Unvoreingenommenheit jedoch gerne in Rauch hätten aufgehen sehen, gab es mehr als genug.

2. Ein anderer Aspekt in Darwins Werk sind die psychischen Folgen und Missverständnisse seines zum Schlagwort gewordenen Begriffs »Kampf ums Dasein«. Gekämpft wird im Tierreich und unter Menschen seit Beginn der Evolution. Man weiß, wie Reviere verteidigt werden, wie Hähne aufeinander losgehen, wenn es um die Gunst der Hennen geht, mit deren Hilfe sie ihre Gene der nachfolgenden Generation im Hühnerstall übermitteln wollen – artgerechte Haltung vorausgesetzt. Wenn Menschen Kriege führen, dann krähen auch sie lauthals

und tragen irgendwelche Fahnen und Ideologien vor sich her. Doch ihre Kampfgesänge bezogen sich nie auf biologische Themen. Hähne sind da ehrlicher. Seit Darwin bemühen sich manche Biologen, auch Kriege unter Menschen letzten Endes mit denen der Kampfhähne auf einen biologischen Nenner zu bringen, etwa unter diesem Aspekt: Bildet euch doch nichts ein auf euere heiligen und scheinheiligen Kriege, im Grunde geht es doch nur um das Überleben der Tüchtigsten im Kampf ums Dasein, das heißt: Wegen eurer heiligen Gene schlagt ihr die andern tot! Lässt man die Moral beiseite, dann gilt, dass alle Kämpfe, selbst die innerhalb des Büros, letzten Endes auf einen evolutionären Sinn zurückgeführt werden können. Wenn nun aber auch der Mensch seit der Schöpfung auf den Kampf ums Dasein angewiesen ist, mit welchem Recht soll er dann Streitlust und Rachsucht verurteilen; sind sie nicht vielmehr von Natur aus vorgegeben? Folgt auf den so verstandenen Darwin nicht die Auflösung jeder Moral?

Zum Glück ist der Kampf mit Schnäbeln und Kanonen nicht das einzige Mittel der Evolution. Darwin wusste, dass es auch andere Strategien gibt, um als Individuum oder als Art zu überleben, z. B. die, zu fliehen, sich zu verstecken, sich zu tarnen, sich tot zu stellen, sich rasch an geänderte Umwelteinflüsse anzupassen oder ganz einfach die zu erwartenden Verluste durch stärkere Vermehrung wieder auszugleichen. Zu welcher dieser Strategien darf sich der Mensch bekennen? Zu allen, zu keiner? In den Weisheitslehren seit Urzeiten werden Friedfertigkeit, Gewaltlosigkeit, Gelassenheit und Seelenruhe als höchstes Gut gewürdigt. Dies gilt nicht nur beispielsweise für Taoismus, Buddhismus, Hinduismus und Christentum, sondern auch für eher weltliche Denkungsarten wie den Stoizismus. Soll sich das Neue wirklich durch-setzen oder kann man auch diese stoische, von dem rö-mischen Kaiser Marc Aurel (121–180) in seinen »Selbst-betrachtungen« empfohlene Haltung einnehmen?: »Liebe das bisschen Fachwissen, das du gelernt hast, und finde darin dein Genügen. Und durchwandere den Rest deines Lebens wie einer, der all seine Sachen von ganzer Seele den Göttern anvertraut.« Das mag ein guter Rat für die Nerven sein. Es geht jedoch nicht nur um die Erweite-rung oder kritiklose Weitergabe von Wissen, sondern auch um die Art, wie man kämpft. Die Brisanz geistiger Waffen wurde schon immer erkannt. Und hier zeigt es sich, dass es leichter ist, Bomben zu werfen als Flugblät-ter mit unerwünschten Botschaften.

Der gewaltlose Kampf führte, wie an den Beispielen Gandhi, Martin Luther King und den Geschwistern Scholl gezeigt wurde, zu einem historischen Erfolg. Wir können darauf vertrauen, dass die Weisen zu allen Zeiten intuitiv oder durch Beobachtung ihrer Zeit und aufgrund ihrer Erfahrung die Dinge klar gesehen und gewusst ha-ben, wovon sie redeten. Ihr Mittel der Erkenntnis war die kontemplative Betrachtung der Welt: »Wer die Welt, wie sie jetzt ist, gesehen hat, hat alles gesehen: was von Ewigkeit her geschehen ist und was in Ewigkeit gesche-hen wird. Denn es ist alles gleicher Art und gleichen Wesens.« Diesem Satz von Marc Aurel könnte auch Darwin teilweise zugestimmt haben. Er konnte ja nicht den Verlauf der Naturgeschichte betrachten, sondern das, was aus ihr geworden ist und was sich aus alter Zeit in die Gegenwart gerettet hat. Andererseits hätte er dem Kaiser widersprochen, denn es hat sich ja seit der Ewigkeit einiges geändert. Gilt das auch für den Men-schen?

Natürlich ist auch der Mensch der Evolution unterworfen. Die Masse des Gehirns ist seit Neandertalers Zeiten größer und die der Haare kleiner geworden – Ausnahmen bestätigen auch hier die Regel. Seit seinem Eintritt in die immer hektischer ablaufende Menschheitsgeschichte ist in dieser Hinsicht allerdings nicht mehr viel geschehen. Der Mensch wurde in die Freiheit entlassen, seine Geschicke jenseits der Biologie in die Hand zu nehmen. Er kann sich nicht mehr auf sie berufen, wenn er meint, er müsse seinen in der Evolution erprobten Instinkten freien Lauf lassen. Während sich diese Erkenntnis in zivilisierten Gesellschaften einigermaßen durchgesetzt hat, herrscht in der Wirtschaft und zwischen Krieg führenden Ländern oder Terror-Organisationen immer noch ein nackter Darwinismus, wie ihn Darwin selbst nie gelehrt hat. Der Rat der Weisen ist hier nicht gefragt. Wenn man jedoch bedenkt, dass selbst die Aussagen eines Laotse nach rund zweieinhalb Jahrtausenden noch gültig sind, dann können wir ermessen, wie langsam die Evolution selbst mit uns eiligen Menschen umgeht. Laotse verkündete: »Sind die Kriegsheere stark, siegen sie nicht. Sind die Bäume stark, werden sie gefällt. Das Große und Starke sinkt nieder. Das Weiche und Schwache steigt empor« (Spr. 76). Ist das nur ein frommes Wunschdenken oder stehen dahinter menschheitsalte Erfahrungen? Im 20. Jahrhundert verlor Deutschland zwei Weltkriege. Nicht weil es nicht stark gewesen wäre, sondern weil es im Vertrauen auf seine Stärke nicht nur eine törichte, völlig verfehlte, im Zweiten Weltkrieg durch Hitler auch eine verbrecherische Politik betrieben hatte. Das Deutsche Reich war ein starker Baum, der gefällt wurde. Es war nicht das einzige Land in der Geschichte, dem dieses Schicksal widerfahren ist, sonst hätte Laotse einen solchen Satz nicht schon vor rund zweieinhalb Jahrtausenden schreiben können.

Der menschliche Geist ist über die Biologie längst hinausgewachsen. Die Biologie mag uns zeigen, in welchem Zustand die Natur unseren Geist einst aus der Evolution in die Menschheitsgeschichte entlassen hat. Wie der vor Gott und seinen Mitmenschen Verantwortung tragende, freie Mensch sich allerdings zu verhalten hat, darüber schweigt sie, weil die eigentliche Menschwerdung erst mit der Vertreibung aus dem Paradies der natürlichen Unschuld begonnen hat. Zwar sind wir Menschen aus der Evolution hervorgegangen, aber wir haben die Gemeinsamkeiten mit der Naturgeschichte hinter uns zurückgelassen, um das Staunen zu lernen und um den Schöpfer zu lieben. Wenn wir dies bedenken, können wir uns nicht auf ein System, eine fertige Lehre berufen. Vertrauen wir lieber auf die Lehre des bei der Bibelredaktion vergessenen oder unterschlagenen Kapitels über Gottes Schöpfungstaten am achten und den folgenden Tagen. Vielleicht leben wir erst in der Nacht vom achten auf den neunten Tag. Noch gibt es keine sichere Aussage darüber, wie es der göttlich gesteuerte Zufall geschafft hat, aus einem Einzeller auf den Menschen hinzuarbeiten. Wir sehen nur das Ergebnis, nicht aber den Plan und das Ziel. Vielleicht hat der Mensch nur das eine Ziel, die Welt hinter sich zurückzulassen.

Sechster Teil

Vom Jenseits der Materie

*Weisheit hebt die Unterschiede
zwischen Materie und Geist,
zwischen Diesseits und Jenseits auf.*

Der materialisierte Geist
und der neurotische Professor

Die Quellen der Metaphysik –
Mythologie und Moderne

In früheren Zeiten konnte man Geistern in Menschengestalt auf der Straße begegnen, sie lebten gesund und munter, weil sie aus den Quellen der Metaphysik trinken
konnten. Heute fristen sie in Form von abstrakten, meist
psychologischen Begriffen ein dürstendes Schattenda-
sein. Ein ziemlich verspäteter Aufklärer, der Philosoph
und Mathematiker Bertrand Russell (1872–1970) stellte
einmal mit Genugtuung fest, dass wieder eine Quelle metaphysischer Produktion trockengelegt worden sei. Seine Feststellung mag zutreffen, aber das Ergebnis solcher
Eingriffe in die Ökologie des menschlichen Denkens
besteht nun darin, dass dort, wo im Menschen einst die
Geister-, Bilder- und Fantasiewelt angesiedelt war, sich
eine öde Steppe ausbreitet, in der sich geschäftstüchtige
Wasserverkäufer herumtreiben. Schauen wir uns doch
einmal einen solchen Steppenbewohner aus der Spätzeit
der Aufklärung an.

Professor F. kommt in die Midlifecrisis mit bedrohlichen
Symptomen. Er stellt nämlich fest, dass seine ganze bis-
herige Forschung auf verschiedenen Gebieten im Grunde erfolglos war. Er hatte seinen Studenten oberflächli-
ches Faktenwissen vermittelt, aber der geistige Gehalt des
Wissens war für ihn als Anhänger eines alles beherr-
schenden Materialismus zu kurz gekommen. Er hatte sich

lange Zeit von banalen Studenten und Assistenten, denen es nur um Punkte und Noten ging, in die Irre führen lassen und fühlt sich jetzt selbst daran mitschuldig, dass die Universität so viele angepasste Mucker und Streber verlassen. Auch er hatte seine Studenten durchs Examen gepaukt und sie nicht zu Wahrheit suchenden Wissenschaftlern gemacht. Der Professor muss darüber hinaus feststellen, wie sehr er bei seiner aufreibenden Forschungs- und Lehrtätigkeit sein eigentliches Leben versäumt hat. Liebe und Lebensfreude hat er bei anderen gesehen, selbst ist er zu den Genüssen des Lebens immer auf Distanz geblieben. Und nun sieht er, dass er auch mit seiner nur am Rationalen und Materiellen haftenden Forschung in eine Sackgasse geraten ist. Stunden- und tagelang sitzt er depressiv in seinem Büro und grübelt vor sich hin, ohne konzentriert arbeiten zu können. Der Schlaf flieht ihn. In seiner Verzweiflung denkt er an Drogen und Selbstmord. Schließlich begegnet er eher zufällig bei einem Spaziergang einem Psychiater, der sofort erkennt, was dem psychisch kranken Professor fehlt. Der begibt sich in seine Behandlung. Eigentlich erwartet er, dieser werde ihm zunächst Psychopharmaka verordnen, doch der Psychiater ist ein völliger Außenseiter seines Fachs und von ganz anderem Schlag. Er krempelt den trübsinnigen Forscher gründlich um und verschreibt dem an sich und seiner geistigen Umwelt Leidenden eine körperliche und geistige Radikalkur. Er schickt ihn zur kosmetischen Behandlung, macht ihm modische Kleidungsvorschläge, führt ihn in das Leben der Jugend ein. Der Professor treibt sich mit dem Psychiater in Nachtlokalen herum und reist mit ihm an Sonnenstrände in der Karibik. Außerdem verschreibt er ihm Potenzmittel und vermittelt ihm ein noch etwas naives und schüchternes

Mädchen als Geliebte. Die Freundin des Professors wird schwanger, verheimlicht jedoch ihren Zustand, weil sich ihr gelehrter Freund inzwischen anderen Abenteuern zuwendet und sich nicht mehr sehen lässt. Sie tötet in ihrer Verzweiflung das Kind gleich nach der Geburt. Die Sache kommt heraus und die junge Mutter wird verurteilt. In der Haft bricht bei ihr eine schwere psychische Krankheit aus. Als der Professor sie dort besucht, ist sie zunächst unansprechbar und redet dann völlig konfus. Sie verfällt in Depression und hegt Selbstmordgedanken.

Dies ist, in etwas modernisierter Sprache, so etwa die Geschichte von Goethes Faust I. Teil. Nur wurde hier der böse Geist Mephisto durch einen gewöhnlichen Menschen ersetzt und auf alle Zauberei verzichtet. So könnte sich die Geschichte auch heute noch zutragen, wobei natürlich nicht die Person des hier handelnden Psychiaters als Mephisto verallgemeinert werden darf. Wenn Goethe mitten in der Zeit der Aufklärung dennoch den Teufel in Person auf die Bühne holt, so folgt er damit einer uralten Tradition. Schon im Jahre 1587 erschien bei dem Frankfurter Drucker Johann Spies das Buch »Historia von D. Johann Fausten, dem weitbeschreyten Zauberer und Schwarzkünstler, wie er sich gegen den Teuffel auf eine benannte Zeit verschrieben, was er hierzwischen für seltsame Abenteuer gesehen, selbst angerichtet und getrieben, bis er endlich seinen wohlverdienten Lohn empfangen«. Der anonyme Bericht über den zaubermächtigen Doktor Faust ist mehr oder weniger erfunden, beruht jedoch auf einem historischen Kern. Im Buch von 1587 lesen wir, dass Faust beabsichtigte, zu heiraten, ihm dies aber von Mephisto verwehrt wurde, weil doch die Ehe ein heiliger Stand ist. »Nach diesem kam der

Geist Mephistopheles zu ihm und sagte zu ihm: »... so du nit kannst keusch leben, so will ich dir alle Tage und Nacht ein Weib zu Bett führen, deren du in dieser Stadt oder anderswo ansichtig und du nach deinem Willen zur Unkeuschheit begehren wirst.«

Hier geht es nicht um Goethes Weisheit, die er in keinem anderen Werk in so komprimierter Form niedergelegt hat wie im Faust, sondern um ein ganz anderes Phänomen, für das die Europäer seit der Aufklärung mehr oder weniger das Gespür verloren haben, das aber in früheren Jahrhunderten ein ganz natürlicher Bestandteil des Denkens und Handelns war. Das Böse war einst eine Domäne der Dämonen gewesen, die die Macht hatten, sich in Menschengestalt auf der Erde zu bewegen, wenn es sein musste in allerlei Verkleidung, z. B. als Mönch. Gelegentlich traten sie auch in ihrer teuflischen Originalgestalt auf, die an Hörnern und Bocksbeinen leicht zu erkennen war. Auch das Gute ließ sich körperlich erkennen, beschreiben und malen. Es erschien in menschlicher Gestalt als geflügelter Engel. Die Verkündigungsengel des florentinischen Mönchs und Malers Fra Angelico, um nur ein Beispiel zu nennen, sind mehr als nur Bilder aus der Fantasie; sie erregen Gefühle und Erkenntnisse, die aus der Welt des Dargestellten (nicht des Malers) auf den Betrachter einwirken und die sich nur so und nicht anders vermitteln lassen. Auf diese Weise wurden Kunstwerke mit geistigen, geistlichen Aussagen zumindest von den Zeitgenossen verstanden. Manchmal wurden Engel sogar mit Sprechblasen oder, besser gesagt, mit Sprechfahnen versehen, auf denen der Verkündigungstext zu lesen war. Die Bilder waren mehr als nur ein kunstvoller Farbauftrag auf einer weißen Wand in der Klosterzelle. Der Maler selbst blieb im Hintergrund, nicht er redete, sondern die von ihm gemalten Heiligen und Engel selbst.

Die Aufklärung bereitete diesen bösen und guten Gestalten ein unblutiges Ende und verbannte ihr Tun und Lassen in immer abstrakter werdende Begriffe, die nur im Verhalten des Individuums noch erkennbar waren. Gewiss, es gibt nach wie vor Menschen mit guten und schlechten Eigenschaften, das Gute als geflügelte und das Böse als bocksbeinige Gestalt mit eigenem Willen wurden jedoch in die irreale Welt der Fabel verwiesen. Der moderne Psychiater kämpft gegen die Krankheit und nicht gegen den Dämon, der einen Menschen beherrscht. Die kunstbeflissenen Touristen im ehemaligen Kloster San Marco in Florenz bewundern Fantasie, Komposition und Farbauftrag der Fresken, aber die Gestalten selbst bleiben stumm, auch ihnen hat es mit der Aufklärung die Sprache verschlagen. Der Geist hat die Bodenhaftung verloren und ist aus der Materie abgewandert. Wohin? Mit abstrakten Begriffen lässt er sich nicht einfangen.

Die Aufklärung war in der abendländischen Geistesgeschichte ein unumgänglicher und unumkehrbarer Prozess, der in mancher Hinsicht noch immer nicht ganz abgeschlossen ist. Der Aufklärung verdanken wir unter vielem anderen das Ende der Hexenprozesse und die unbestreitbaren Fortschritte der modernen Wissenschaft, Technik und Zivilisation. Sie infrage zu stellen oder gar in manchen Bereichen rückgängig machen zu wollen wäre absurd. Es bleibt jedoch eine andere Feststellung: Die Quellen der Metaphysik waren auch eine Quelle der Weisheit. Dies wird heute wieder von verschiedener Seite so gesehen. Was in vorwissenschaftlicher Zeit die Denker und Propheten im Umgang mit Himmel und Erde,

Natur und Menschen von der Welt erkannt haben, birgt Schätze, die denen der modernen Wissenschaft ebenbürtig sind, auch wenn sie auf ganz andere Weise gefunden und verarbeitet wurden als in unserer Zeit. Wir können getrost davon ausgehen, dass die Menschen in den letzten fünfhundert Jahren höchstens an Wissen, nicht jedoch an Weisheit reicher geworden sind.

Jürgen Habermas schreibt in seinem Buch »Nachmetaphysisches Denken«, dem philosophischen Denken stelle sich nach wie vor die Aufgabe, »sich die Antworten der Tradition, nämlich das in Hochkulturen entwickelte Heilswissen der Religionen und das Weltwissen der Kosmologien, im schmaler und schärfer werdenden Lichtkegel dessen anzueignen, was davon den Töchtern und Söhnen der Moderne mit guten Gründen noch einleuchten kann«. Mit anderen Worten, wenn wir uns mit Weisheit befassen, kommen wir auch als moderne und aufgeklärte Menschen nicht an den Denktraditionen der Menschheit vorbei, auch soweit diese auf religiösen und mythischen Inhalten beruhen. Dem schmaleren und schärferen Lichtkegel unseres Erkennens entgeht darüber hinaus auch vieles, das in den Schatten geriet und doch zum unverzichtbaren Bestandteil des menschlichen Denkens seit Urzeiten geworden ist. Es gibt keinen rationalen Ersatz für Religion, auch wenn manche Denker seit der Aufklärung versucht haben, einen solchen zu konstruieren. Die in der Französischen Revolution in den Kirchen etablierte Göttin der Vernunft hatte nur ein kurzes Leben, immerhin war sie noch eine sichtbare Verkörperung einer Idee. Heute wird die Vernunft kultlos angebetet, was am Sachverhalt kaum etwas ändert.

Nur auf einem Gebiet konnte die Aufklärung mit ihren grellen Lampen Licht und Schatten nicht klar voneinander abgrenzen. Die metaphysischen Quellen sprudelten ungehindert weiter in der Musik. Ohne Religion und Mythologie wäre die europäische Musik nicht zu ihren hohen Kunstformen aufgestiegen. Getanzt und gesungen wurde immer, aber neben diesen Vergnügungen entwickelte sich die Musik zum Lobe Gottes in immer höhere künstlerische Bereiche.

Doch dann geschah etwas Neues. Im Jahre 1594 wurde im Hause des Florentiner Aristokraten Jacopo Corsi die vermutlich erste Oper der Musikgeschichte aufgeführt: »Dafne«. Die Musik, die Giulio Caccini und Jacopo Peri geschrieben hatten, ist leider verloren gegangen. Von da an blieben die Opernstoffe über viele Generationen hinweg eine Domäne der Mythologie. Orpheus, Euridike, Ariadne, Alkestis, Theseus, Armida, Castor und Pollux, Dido und Aeneas, Medea, Elektra und viele andere Gestalten der griechischen und römischen Mythologie wurden von den Komponisten immer wieder auf ähnliche und manchmal neuartige Weise in Musik gesetzt.

Selbst Richard Strauss mit Elektra, Ariadne auf Naxos und Daphne war nicht der Letzte, der antike Mythen verarbeitete.

Richard Wagner, der seinen Opern germanische und keltische Mythen zugrunde legte, blieb ebenfalls in dieser Tradition, wenn auch ganz auf seine Art. Das Ende der Mythologie auf dem Gebiet der Oper ist nicht abzusehen.

Auch das Sprechtheater widmet sich bis in die Gegenwart mythologischen Stoffen. Wobei der Begriff Mythos längst nicht mehr auf antike Gestalten beschränkt bleiben muss. Julius Caesar, Johanna von Orleans, Faust, Don Carlos und viele andere historische Persönlichkeiten sind längst neben ihrer Geschichte auch zu mythischen Gestalten geworden, bei denen wichtiger ist, was man über sie schreibt und erzählt als das, was sie in Wirklichkeit waren.

Die Faszination der Mythologie besteht darin, dass hier menschliche Grundsituationen in verklärter und oft überhöhter Gestalt dargestellt werden können. Nicht die historische Wahrheit ist das Thema, sondern die zeitlose Allgemeingültigkeit des erlittenen Schicksals. Ein »Richard III.« von Shakespeare auf der Bühne ist weit aufregender und aufschlussreicher als ein trockenes Geschichtsbuch über englische Könige oder gar der Versuch, die Probleme eines zynischen und rücksichtslosen Herrschers in wissenschaftlicher Sprache darzustellen, über den die Historiker ohnehin nicht allzu viel wissen können.

Weisheit braucht die sprudelnden Quellen der Metaphysik, ohne sie wäre sie zum Schweigen verdammt. So weiß man zum Beispiel, dass Don Carlos (1545–1568), der Sohn des Königs Philipp II. von Spanien, ein körperlich und geistig zurückgebliebener Psychopath war. Das Zeug zum feurigen und heldenhaften Verfechter der Freiheit, wie ihn Schiller darstellt, hatte der historische Infant bestimmt nicht. Über diesen hätte sich keine Tragödie gelohnt. Schiller hat einen mythischen Carlos auf die Bühne gestellt. Es gibt daher keinen größeren Unsinn als den, im Interesse der historischen Genauigkeit die mythologischen Grundlagen eines Theaterstücks oder einer Oper mithilfe angelesener Geschichtskenntnisse zu übertünchen, wie es in Mode-Inszenierungen sowohl beim Schiller'schen Drama wie auch bei der Oper Don Carlos von Verdi, deren Text auf diesem fußt, gelegentlich geschieht. Bei Schiller ist Don Carlos ein Mythos, ein Held und kein Cretin, wie ihn ein zeitgenössischer Tor auf die Bühne gebracht hat.

Wer Mythos und Geschichte nicht auseinander halten kann und deshalb miteinander zu vermengen sucht, sollte selbst historische Dramen schreiben, nicht jedoch als Regisseur vor dem Publikum zu erkennen geben, dass er nicht verstanden hat, was der Dichter sagen wollte. Schon gibt es Opernhäuser und Theater, die sich nur noch um ihre Kritiker und nicht mehr um ihr Publikum bemühen. Das Ergebnis ist einfach: Die Presse jubelt, das Publikum verzieht sich. Der Hintergrund dieser Entwicklung ist, dass Einfühlungsvermögen in ein Werk ein Indiz für Weisheit, Selbstinszenierung in der Regie eines für Torheit ist. In diesem Zusammenhang sei nochmals auf die mittelalterlichen Maler hingewiesen. Sie stellten nicht sich, ihre subjektive Meinung und ihr Können in den Vordergrund, sondern sie blieben meist anonym. Der Engel redete, nicht der Maler.

Nun mag uns die Frage beschäftigen, was aus den frustrierten Professoren von einst und jetzt geworden ist. Als Goethe mit dem ersten Teil seines Faust fertig war, wusste er noch nicht, wie er seinen schuldbeladenen Helden schließlich noch erlösen konnte. Im viel später geschriebenen zweiten Teil, einem Alterswerk, unternehmen Faust und Mephisto eine ziemlich aufwändige, um nicht zu sagen umständliche Reise durch die Welten der Mythologie. Schließlich kommt der in den Doktor Marianus verwandelte Faust in einer Art von Vorhimmel an. Das büßende Gretchen, das schon vor längerem da oben eingetroffen war, möchte den Neuankömmling noch gerne darüber belehren, wie es da zugeht, aber dann muss sie auf Geheiß der Mater Gloriosa in noch höhere Sphären hinaufsteigen. Da erübrigt sich die Belehrung, denn die Himmelsmutter kennt den Faust und sagt zur Büßerin: »Wenn der merkt, dass du schon da oben bist, dann kommt der von selbst.« Goethe formuliert dies allerdings kürzer und treffender: »Wenn er dich ahnet, folgt er nach.« Gretchen jedoch bleibt nicht das Individuum, das man von Erden her kennt, sondern sie löst sich in ein geistiges Wesen auf, sie vereinigt sich mit der Mater Gloriosa zum Ewig-Weiblichen, bestehend aus Jungfrau, Mutter, Königin und Göttin. Den mystischen Marianus-Faust zieht es trotzdem hinauf bzw. »hinan« in das Unzulängliche und Unbeschreibliche.

Mit der Sprache einer durch die Aufklärung hindurchgegangenen Wissenschaft ließe sich etwas so Realitätsfernes weder formulieren noch erfassen. Man könnte allenfalls feststellen, dass es sich hier um schieren Unsinn handeln müsse. Die Ebene, in der sich Fausts Erlösung abspielt, zumal wenn sie von mehreren hundert Stimmen in der Vertonung von Gustav Mahler in seiner 8. Symphonie besungen wird, kann der Mensch, der alles auf die Karte seiner eigenen Vernunft setzt, nie erreichen. Er verschließt seinen Verstand vor der Weisheit. Doch nur sie vermag die Grenze zwischen Geist und Wirklichkeit zu überschreiten. Goethe ging mit dem, was er hier zeigen wollte, über die Grenzen des Sagbaren hinaus. Er drückte das so aus: »Das Unbeschreibliche, hier ist's getan.« Die letzte und höchste Weisheit lässt sich nicht mehr formulieren. Faust bleibt sprachlos und lässt stattdessen den Chorus Mysticus singen.

Über das weitere Schicksal des modernen Professors aus unserer Gegenwart lässt sich nur spekulieren. Ist er nach seiner Zeit als Lustgreis in der Disco doch noch dem Alkohol verfallen, den Drogen oder hat er resigniert und labert er jetzt wieder nach alter Väter Sitte in von Semester zu Semester leerer werdenden Hörsälen sein abgedroschenes Faktenwissen vor sich hin? Denkbar wäre auch ein Erfolg der Kur, aber wohin führt sie den Gelehrten? Was sich auch immer über ihn sagen ließe, es endete in Banalitäten. Die Welt der Mythologie, für die sich der alte Goethe entschieden hat, lässt sich durch nichts ersetzen. Sie ist auch heute noch offen für uns. Wir haben gegenüber früheren Zeiten den Vorteil, sie zusätzlich zu den Segnungen der Aufklärung zu genießen.

Zeit – Zufall – Zukunft

Die Lehre von der geträumten Straßen-
bahn

Je genauer unsere Uhren gehen, desto fragwürdiger wird unsere Vorstellung dessen, was wir für Zeit halten. Ein Junge hat einen Traum: Heimlich will er einen Freund besuchen und geht zu ihm auf den Schienen der Straßenbahn. Da kommt plötzlich von hinten eine Straßenbahn und verfolgt ihn, er geht immer schneller und die Bahn kommt bedrohlich näher. Er läuft ihr voller Angst davon, unfähig, das Gleis zu verlassen. Er schaut sich um und entdeckt seinen Vater als Straßenbahnführer. Kurz vor einem Unfall bremst und klingelt die Bahn. Das Klingeln der Bahn ist das Klingeln des Weckers.

Dieser Traum, der dem Buch »Denn der Geist ist's, der den Körper baut« von Hans Werner Woltersdorf nach-erzählt ist – schon viele hatten ihn in ähnlicher Weise erlebt –, stellt uns vor ein Rätsel. Es gibt zwei verschiedene Erklärungsmöglichkeiten. Entweder hat der Träumer in Vorahnung des bald ertönenden Weckers den Traum zeitlich so eingerichtet und abspulen lassen, dass die geträumte Straßenbahn zum Zeitpunkt des Wecker-klingelns mit ihrem Klingeln an der Reihe war. Dies wäre eine ziemlich unwahrscheinliche Lösung, denn das Unterbewusstsein hätte dazu eine geradezu hellsehe-rische Präzisionsarbeit mit anschließender Punktlandung leisten müssen. Der andere Erklärungsversuch wäre dieser: Das Traumbild entstand erst im Augenblick des Klingelns und täuschte dem erwachenden Träumer einen zeitlichen Ablauf vor, den es in Wirklichkeit gar nicht gab. Der ganze Traum hätte dann den Bruchteil einer Sekunde oder vielleicht überhaupt nicht gedauert, wäre also zeitlos gewesen. Ähnliches wird von Menschen erzählt, die nach einem Unfall oder während einer schweren Krankheit ein Nahtod-Erlebnis hatten. Sie spulten ihr Leben in chronologischer Abfolge wie in einem Film noch mal ab. Bei ihrer Rückkehr ins wache Leben erfahren sie, dass dieser »Film« keine ihm entsprechende Dauer gehabt haben konnte, obwohl er ohne Eile erlebt worden war. Vielleicht war auch er ein zeitloses Erlebnis.

Eine andere Geschichte, diesmal nicht aus einem Traum, sondern aus der Wirklichkeit. Eine junge Frau fährt in der Straßenbahn zum Bahnhof. Auf der Fahrt ist die Bahn in einen Verkehrsunfall verwickelt, den ein Lastwagenfahrer dadurch verursacht, dass er eine Kurve schneidet. Die nach hinten ausschwenkende Bahn streift und beschädigt den Lastwagen. Bis der relativ harmlose Unfall in aller Schnelle aufgenommen ist, vergehen nur wenige Minuten. Der Zug jedoch ist fort. Die Frau nimmt den nächsten Zug. In ihm lernt sie den Mann fürs Leben kennen.

Wir reißen die Kalenderblätter ab und die Zeit reißt uns erbarmungslos mit sich. Kein Tag, keine Minute kehrt je zurück. Und doch gibt es uralte Zweifel an diesem Uhrwerk der Welt. Am kürzesten und präzisesten hat diese Zweifel Johannes Scheffler (1624–1677) immer wieder formuliert. Unter dem Pseudonym Angelus Silesius schrieb er in seinem Werk »Cherubinischer Wandersmann« z. B. diesen Zweizeiler:

Du selber machst die Zeit: das Uhrwerk sind die
sinnen:
Hemstu die Unruh nur, so ist die Zeit von hinnen.

Oder in diesem Vers, der zugleich von mystischem Erleben spricht:

Mensch, wo du deinen Geist schwingst über Ort
und Zeit/
So kanstu jeden blik seyn in der Ewigkeit.

Wenn es einzelnen Menschen gelingt, sich aus dem Zeitablauf auszuklinken, also wie in der Uhr die Unruhe zu
hemmen, um sie anzuhalten, dann entsteht in ihnen die
alte mystische Frage, ob es so etwas gibt, wie die göttliche Zeitlosigkeit oder eine nicht immer währende, sondern gar nicht während Ewigkeit. Mystiker aller Zeiten
und Kulturen berichten im Wesentlichen übereinstim-
mend von solchen Zuständen, aus denen sie eine mit
sonst nichts zu vergleichende Kraft und Weisheit schöp-
fen konnten.

Die Aufhebung der Zeit stellt auch unser ganzes System
von Ursache und Wirkung infrage. Schon die beiden
keineswegs außergewöhnlich erscheinenden Straßenbahn-
Berichte haben etwas Gemeinsames, das uns in eine neue
Richtung weist. Sie ermöglichen eine andere Sicht auf
Kausalabläufe als die uns gewohnte, die strikt davon ausgeht, dass die Ursache zeitlich vor der Wirkung liegen
müsse. In der materiellen Welt dürfte das kaum zu
bezweifeln sein. Schon Aristoteles wusste es. Und David
Hume formulierte es in seiner »Abhandlung über die
menschliche Natur« endgültig: »Was einen Anfang hat,
hat auch eine Ursache.« Ernste naturwissenschaftliche
Zweifel an diesem Grundsatz äußerte Werner Heisen-

berg für die Kernphysik: Was treibt die subatomaren Teilchen im Atom an? Werden sie angetrieben oder holen sie sich die Kraft, die sie antreibt, erst herbei? Wo liegt die Ursache? Erst Bewegung und daraus resultierend die Kraft; oder erst Kraft und ihr folgend die Bewegung? Lässt man den Zeitfaktor beiseite, dann verschwindet die Frage, dann ist beides zugleich. Hier auf der Grenzlinie zwischen Physik und Geist musste die Physik feststellen, dass es diese viel beschworene Grenze gar nicht gibt. Nach den Erfahrungen der Quantenphysik verhalten sich die Teilchen nicht in Zeitabläufen, in denen die Wirkung auf eine Ursache folgt, sondern sie bilden Bewegungen und Felder, die nach Wahrscheinlichkeiten strukturiert sind. Die als Selbstverständlichkeit vorausgesetzte »Wirklichkeit der Materie« zerrann den Forschern immer mehr unter den Händen. Man könnte diese Erkenntnis so verallgemeinern: Es gibt eine Ebene, auf der das Zusammenwirken zwischen Geist und Materie nicht an zeitliche Kausalabläufe gebunden ist. Unabhängig davon, wie man den Traum des Jungen von der drohenden Straßenbahn auffasst, in beiden Fällen ist die zeitliche Komponente aufgehoben.

Gibt man dem Traum eine gewisse zeitliche Dauer, und sei es auch nur eine Sekunde, dann muss das träumende Unterbewusstsein schon etwas von dem Wecker »gewusst« und den Traum daraufhin »konstruiert« haben. Die Ursache des Aufwachens, das Weckerklingeln, wäre dann also, zeitlich vorweggenommen, schon die Ursache der ganzen Geschichte im Traum gewesen. Sieht man den Traum dagegen zeitlos, nur als ein einmaliges Bild, dann gaukelt er dem Träumer einen Zeitablauf vor, den es überhaupt nicht gegeben hat. Hier können also Ursache und Wirkung ebenfalls nicht an einer Zeitkette gesehen werden. In beiden Fällen ist der Traum ein Signal aus einer Welt, die anders funktioniert als unsere Uhren.

Dies gilt auch für die zweite Straßenbahn-Geschichte. Äußerlich, materiell gesehen, gab es konventionelle Verbindungen von Ursache und Wirkung. Der Lastwagenfahrer, der einen weißen Strich in der Kurve nicht beachtete, verursachte den Unfall. Natürlich war auch der Straßenbahnführer Verursacher, nur traf ihn keine Schuld. Dass der Zug verpasst wurde, war die logische Folge des Zuspätkommens; daraus folgte die Fahrt mit dem nächsten Zug. Diese leicht nachvollziehbare Abfolge interessiert hier nicht. Wie aber, wenn das Mädchen den späteren Zug nehmen »musste«, um ihren Partner fürs Leben kennen zu lernen? Entweder war dies reiner Zufall, so die materialistische Deutung, oder es war ihr und ihm vom Schicksal, wer und was dieser vage Begriff auch bedeuten mag, vorherbestimmt, dass die beiden an einem bestimmten Tag im gleichen Zug, im gleichen Wagen, im gleichen Abteil fahren müssen, um sich kennen zu lernen. So verstanden hätte also der Unfall seine Ursache nicht nur aus der Vergangenheit, sondern auch aus der Zukunft gehabt. Könnte man Ursachenpfeile aus zwei Richtungen unterstellen, einen für uns gewöhnlichen aus der Vergangenheit und einen für uns nicht erklärbaren aus der Zukunft, zwei Pfeile, die in der Gegenwart aufeinander treffen, dann würde sich der Begriff Zufall für uns in nichts auflösen. Für den, der diesen Gedanken nachvollziehen kann, bekommt die Welt ein ganz neues Gesicht, eines, das die Weisen allerdings schon längst kannten.

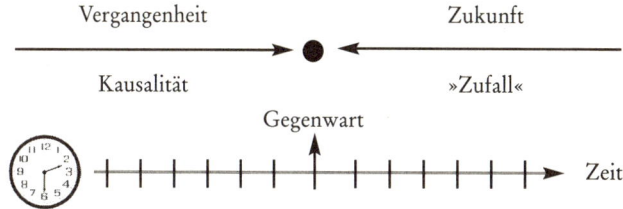

Natürlich muss uns die Begegnung in Bezug auf die Zukunft des Liebespaares als reiner Zufall erscheinen. Das rührt daher, dass wir im Zeitpunkt eines Ereignisses die Zukunft und damit auch seinen Sinn im Rahmen größerer Zusammenhänge noch nicht kennen können. Dann fragen wir uns, was hat ein unvorsichtiger Lastwagenfahrer mit der Liebe zweier Menschen zu tun, die nicht nur er nicht kennt, sondern die sich selbst zunächst auch nicht kennen. Wäre nun allerdings die Zukunft als vorherbestimmt anzusehen, dann hatte er gar keine andere Wahl, dann steuerte die ganze Welt ihre Zufälle auf dieses Ereignis hin. Der Lastwagenfahrer wäre dann also ein blindes Werkzeug gewesen, um einen zukünftigen Zustand in der Gegenwart zu ermöglichen. Dies nachzuvollziehen fällt uns nicht leicht. Und gerade das ist das große Rätsel. Seine Lösung könnte so umschrieben werden: Die Welt, wie sie in jedem Augenblick ist, ist die größtmögliche Kombination aller Zufälle, die es je gegeben hat. Wenn die Welt einen Sinn hat, wenn sie aus einem Logos hervorgegangen ist, dann gibt es keinen Zufall, der sich nicht im Sinne dieses Logos ereignen kann und muss. Der Schluss dieser Überlegungen: Es gibt keine »zufälligen Zufälle«. Dieser Satz passt natürlich nicht in ein logisches System. Um die Logik zu retten, könnte man diesen Gedanken so formulieren: Anstöße, die von zukünftigen Zuständen ausgehen, halten wir für Zufälle, nur deshalb, weil wir die Zukunft nicht kennen. Die von Einstein angenommene Zeitkoordinate als eine vierte Dimension ist mit unseren Sinnen nicht wahrnehmbar.

Dies alles wäre nur ein Gedankenspiel, wenn aus ihm nicht die zeitlose, von Gottfried Wilhelm Leibniz formulierte Weisheit hervorginge. Es ist die Erkenntnis, dass die Welt, so wie sie ist, die bestmögliche aller denkbaren Welten ist. Der Mensch, der aus dieser Erkenntnis lebt und leidet, muss nicht nur alles Schöne akzeptieren, sondern auch alles Übel. Er sieht selbst Hunger, Elend, Gewalt, Not, Katastrophen als unlösbare Bestandteile einer sinnvollen, gottgewollten Welt. Sich selbst als Teil einer bis ins Einzelne sinnerfüllten Welt zu erleben, sich in eine kosmische Geborgenheit eingebettet zu fühlen, in der nichts Zeitliches verloren gehen kann, macht auch das Leiden zum Bestandteil einer Ordnung, wie sie schon die Stoiker zu erleben suchten. Mit dieser Haltung darf allerdings kein passiver Fatalismus verbunden sein, denn wir kennen ja die Zukunft nicht. Das heute Böse kann ein Vorbote des morgen Guten sein. An uns liegt es, das Werdende zu dem zu machen, was werden muss und werden wird. Mit dieser Weisheit lässt sich auch die Evolution in einem anderen, neuen Licht erkennen. Auch sie empfängt, wie alles, was geschieht, ihre Impulse aus den beiden Zeitrichtungen, die wir mit unserem durch die Evolution begrenzten Erkenntnisvermögen in Vergangenheit und Zukunft unterscheiden müssen. Wenn Gott den Menschen gewollt hat, dann musste er von Anfang an die »Zufälle« so steuern und vermeintlich streuen, dass schließlich nicht nur der Frosch und der Affe, sondern auch der Mensch als Ergebnis einer langen Evolution in der Welt erscheinen konnte. Ob diese Planung dann ein paar Tage oder ein paar Milliarden Jahre gedauert hat, das ist, so gesehen, nebensächlich. Und vermutlich wird auch der Mensch irgendwann einmal durch etwas anderes ersetzt werden.

Schalten wir die Zeit aus, dann fallen nicht nur zeitgebundene Abläufe innerhalb eines Traums auf einen ideellen Punkt in sich zusammen, sondern auch Abstände, selbst wenn sie Millionen Lichtjahre umfassen. Kausalitäten, wie wir sie verstehen, und Entwicklungen sind dann im wahrsten Sinne des Wortes gegenstandslos, weil alles zur gleichen »Zeit« gegeben ist, eine Erkenntnis, die Augustinus in seinen »Bekenntnissen« (im elften Buch) besonders eindringlich an Gott richtete: »Deine Jahre stehen alle zugleich, denn sie stehen fest, werden nicht fortgehend von herkommenden verdrängt, denn sie gehen nicht vorüber. (…) Dein heutiger Tag ist Ewigkeit.« Wenn Abläufe in sich zusammenfallen, existiert das Werdende schon im Plan, im Urbild, in der Idee und auch schon in der uns zeitgebundenen Erdenbürgern unzugänglichen Zukunft. Von ihr wissen wir nichts; wir wissen nur, dass sie aus einem ins Endlose verlängerten und immer wieder neu erlebten Heute besteht. Die Schöpfung schreibt die Planung fort. Wir kennen nur ihre erreichten, nicht ihre angestrebten Ziele.

Der Weise kennt die Zukunft genauso wenig wie der Normaldenker, aber er sieht sie in einem anderen Licht. Nur manchmal mag es ihm gelingen, in den heutigen Zufällen Zeichen zu erkennen, die die Zukunft in das Heute hineinwirft. In einer Hinsicht gibt es eine auch für Menschen nachvollziehbare Zeitlosigkeit. Es ist die in Religionen und Mythen seit Anfang vorausgesetzte. Mythen sind keine Geschichte, selbst wenn sie auf einen historischen Kern zurückgehen; und sie haben auch keine Geschichte. Daher brauchen sie nicht historisch wahr zu sein, denn ihr Wahrheitsgehalt muss sich in jeder Gegenwart immer wieder aufs Neue bewähren. Wir haben es schon bei Ikaros und Dädalos gesehen. Aus dem Höhenrausch des Ikaros wird beispielsweise der des zunächst erfolgreichen Unternehmers, dem der Erfolg den natürlichen Sinn für Harmonie und Balance vernichtet. Statt den Punkt der Umkehr zu entdecken, richtet er sein Unternehmen durch immer gewagtere Spekulationen zugrunde, z. B. mit teuren Fernsehübertragungsrechten oder mit Immobilienkäufen. – Aus dem von Moses' Bruder Aaron veranstalteten Tanz um das goldene Kalb in der Wüste Sinai wird die Anbetung der Glitzer- und Glamour-Welt im Rahmen der Spaßgesellschaft. Die Mythen ändern ihre Kulissen und ihre Ausstattung, nicht aber ihren geistigen Kern, weil der nicht der Zeit unterworfen ist.

Die tröstende Zuversicht, im sinnvollen Kosmos geborgen zu sein, befähigt den Menschen zu allen Zeiten, neue Ziele anzupeilen, auch wenn er dabei sein individuelles Leben riskiert, weil er weiß, dass es nichts Vergebliches gibt. Er begnügt sich mit der Doppeldeutigkeit des Geschehens, mit der in sich verbundenen geistigen und materiellen Seite des Lebens. Goethe dichtete am Ende des Faust II. Teil: »Alles Vergängliche ist nur ein Gleichnis.« Das ist richtig, aber noch nicht alles: Das Gleichnis ist unvergänglich.

Vom nahen Ende
der Descartes'schen Trennung

Die Einheit von Leib und Seele

In Budapest herrschte 1945 nach Zerstörungen durch Bombenangriffe große Not. Der aus Indien stammende Yoga-Lehrer Selvarajan Yesudian wanderte halb verhungert aufs Land, um Lebensmittel gegen ein paar mitgebrachte alte Kleider einzutauschen. Wegen seiner ziemlich dunklen Hautfarbe wurde er dort nicht gerade sanft empfangen. Eine Bäuerin rief: »Mach, dass zu fortkommst, du schmutziger Zigeuner! Oder bist du vielleicht ein Neger?« Der körperlich durch Gefangenschaft und Hunger geschwächte Inder konnte solche Beschimpfungen nicht ertragen, weinte und war am Zusammenbrechen. Da mischte sich ein jüngerer Mann ein, der einen Laden in der Nachbarschaft betrieb und die Abfuhr, die der ärmliche Besucher aus der Stadt erfahren hatte, mit anhören musste. »Sind Sie nicht zufällig Herr Yesudian?«, fragte er. Als dieser das bestätigte, sagte der junge Mann, er verdanke sein Leben dem Buch »Sport und Yoga«, das Yesudian vor einiger Zeit in Ungarn veröffentlicht hatte. Der Händler erzählte, wie er wegen seiner jüdischen Abstammung von der Gestapo verhaftet und in ein Arbeitslager nach Rumänien verschleppt worden sei. Als er dort im Winter an Typhus erkrankte, wurde er aus dem Lager hinausgeworfen, damit er draußen sterben könne. Er lag allein und krank in der winterlichen Flur. Wegen seines hohen Fiebers schmolz unter ihm der Schnee. Dann beschützte ihn, wie er dem Inder erzählte, eine Decke aus frisch gefallenem Schee. Der Mann erinnerte sich, in Yesudians Buch gelesen zu haben, dass nur derjenige das Leben beherrsche, der bewusst atme. Er fuhr fort: »Ich begann langsam und tief zu atmen, mehr konnte ich damals nicht tun. Doch schon bald wurde mir bewusst, wie sich Prana, die Lebenskraft, in mir aufspeicherte. Ich fühlte, dass nicht nur das Nervensystem, sondern jeder kleinste Teil meines Körpers aufgeladen wurde mit dieser Leben spendenden Energie. Mit wachsender Widerstandskraft konnte der Körper allmählich die Krankheitssymptome bekämpfen.« Yesudian kehrte, durch diesen dankbaren und tief gerührten Menschen mit Lebensmitteln beschenkt, nach Budapest zurück. Später lebte Yesudian in der Schweiz, wo er mit großem Erfolg bis ins hohe Alter zur Ausbreitung des Yoga in Europa beitrug.

In der indischen Religion hat der Atem eine wichtige Funktion. Die Lebenskraft (Prana) bringende Meditation war seit alters her in Indien mit körperlichen Übungen verbunden, in deren Mittelpunkt der Atem steht. Er schafft eine Verbindung zwischen Körper und Geist. Der hinduistische Begriff Atman – möglicherweise verwandt mit unserem Wort Atmen – ist in unserem Denken kaum zu erklären. Er steht für den Übergang und die Vereinigung der individuellen Seele oder des höchsten Selbst zu der die ganze Schöpfung umfassenden Weltseele (Brahman). Auch diese Deutung kann nur eine von vielen, eine weiträumige Umschreibung sein. Von Shankara (686–718) dem vielleicht größten indischen Denker des Altertums, stammen diese Worte: »Ich lebe in allen Wesen als der Atman, das reine Bewusstsein, der Urgrund aller innerlichen und äußerlichen Erscheinungen. Ich bin der, der sich freut und zugleich Gegenstand der Freude. In den Tagen meiner Unwissenheit dachte ich, diese seien von mir getrennt. Nun weiß ich, dass ich alles bin.« In der aus dem 5. vorchristlichen Jahrhundert stammenden »Bhagavadgita« steht diese Erkenntnis: »Ein Lampe an einem windstillen Ort flackert nicht. Mit ihr wird der Yogin verglichen, der sein Denken selbst bezähmt hält und die Vereinigung mit dem höchsten Selbst (Atman) übt.«

Woher rührt es, dass im europäischen Denken Meditationsübungen, in deren Mittelpunkt der Atem steht, keine Tradition haben und erst im Lauf des 20. Jahrhunderts weite Verbreitung gefunden haben. In diesem Zusammenhang wollen wir uns nochmal mit René Descartes beschäftigen. Keiner hat so klar und deutlich wie er ausgesprochen, was das westliche Denken prägt. Es ist der Glaube an die absolute Trennung zwischen dem vernünftigen Denken und dem Körper des Denkenden. In seiner 1637 erschienenen, aber längst zuvor konzipierten »Abhandlung über die Methode des richtigen Vernunftgebrauchs« schrieb Descartes: »Unsere vernünftige Seele ist keineswegs aus den bewegenden Kräften der Materie abgeleitet. (...) Unsere Seele ist vollkommen unabhängig vom Leibe.« Dieser Satz hat zwei verschiedene Aspekte: Der eine besteht darin, dass eine Seele, die vom Leib unabhängig ist, nicht mit diesem stirbt, ihn also überleben kann. Der andere sagt aus, dass unser Denken vom körperlichen Zustand unabhängig bleibt. Dieser zweite Aspekt, auf den es hier ankommt, könnte ganz einfach so erklärt werden: Zwei mal zwei ist immer vier, egal ob man krank oder gesund, alt oder jung, müde oder ausgeschlafen ist. Dies wird auch für den Glauben gefordert. In den Kirchen wurde und wird gepredigt, als ob Religion außer den Ohren keinen anderen Zugang zum Menschen haben könne. Was Priester lehren, beschränkt sich zum größten Teil auf Erkenntnisse, die auf Wissen und das Hersagbare gebaut sind. Glaube wird als etwas für die Gläubigen gemeinsam Verbindliches vorausgesetzt und Theologie wird als Wissenschaft doziert. Nach persönlichen Erfahrungen wird nicht gefragt. Dass es dennoch Menschen gibt, die von diesem Glauben ergriffen sind und ihn beispielhaft leben können, ist ein Wunder, das sich immer wieder einmal ereignet, wenn der Weisheit mehr Raum gegönnt wird als dem Wissen. Es gab trotz allem eine reiche mystische Erfahrung auch im Rahmen des Christentums bis heute. Leider wurde sie von den Kirchen nicht oder nur widerwillig zur Kenntnis genommen. Meister Eckhart starb auf der Reise nach Avignon, wo er von der kirchlichen Inquisition verurteilt worden wäre. Jakob Böhme wurde von orthodox lutherischen Fanatikern geächtet und beschimpft. An dieser Einstellung hat sich nichts geändert: Der Benediktinermönch und Zen-Meister Willigis Jäger erhielt vom Vatikan Auftritts- und Publikationsverbot. Nach seiner Überzeugung sind alle Religionen Wege zur Erfahrung des Göttlichen, »keine kann behaupten, den einzigen Zugang zu ihm zu besitzen« (Publik-Forum 3, 2002). Diese Aussage lässt sich natürlich nicht mit den Dogmen einer »allein selig machenden« Kirche vereinbaren.

Sein Leben verdankte der in den Schnee geworfene schwer kranke Mensch damals nicht irgendeinem Wunder aus der göttlichen Zauber- oder Zufallsapotheke, sondern der ihm durch Yesudians Buch zuteil gewordenen Weisheit, dass Körper und Seele keine unabhängig von einander funktionierenden Systeme sind. Der Atem wirkt auf den ganzen Menschen, indem Körper und Seele eine unlösbare Einheit bilden. Der Gefangene wusste, dass er verloren gewesen wäre, wenn er nicht gespürt hätte, welche Kraft sein durch Yoga geschulter Atem auf ihn auswirken konnte. Yoga ist nur eine der aus Asien stammenden körperlichen Übungen mit spiritueller Dimension. Willigis Jäger sagte einmal: »Das Ziel liegt im Eins-werden mit dem jeweiligen Atemzug. Eins-Werden bedeutet: Am Anfang gibt es zwei – einen Beobachter und ein Beobachtetes, Ich und Atem. Am Ende der Übung soll beides zusammenfallen und nur noch Atem sein. Aber bis dahin kann es ein langer Weg sein« (Die Welle ist das Meer«).

Die Grundlage der aus dem Buddhismus, Hinduismus und Taoismus stammenden Weisheitslehren besteht nicht darin, irgendein Wissen zu vermitteln, sondern körperliche Erfahrungen, die zugleich seelische Zustände sein können. Die körperliche und die geistige Disziplin bilden eine Einheit; und Heilung ist gleichermaßen ein körperlicher und geistiger Prozess. Nur so sind auch die Heilungen von Jesus und den Aposteln und anderen spirituellen Heilern bis in die heutige Zeit zu verstehen. Noch ist in westlichen Ländern eine solche Erfahrung und die mit ihr verbundene Überzeugung auf kleine Teile der Bevölkerung beschränkt. Ein reines Krafttraining, wie es in so genannten Fitness-Studios oder im Body-Building amerikanischer Herkunft auch bei uns vermarktet wird, wird ein Anhänger östlicher Meditationsweisen als ein Zeichen allerhöchster Torheit ansehen, falls er sich höflich ausdrücken will. Beim Sport könnte das teilweise anders sein. Es gibt erfolgreiche Sportler, deren Konzentrationsfähigkeit und körperliche Geschicklichkeit auch bei sonst vielleicht durchschnittlicher Intelligenz als eine mit Weisheit vergleichbare Eigenschaft angesehen und bestaunt werden kann. Zweifel daran kommen höchstens dann auf, wenn man beobachten muss, auf welche Weise gelegentlich Stars ihren Tennisschläger auf den Boden schmettern, wenn sie ein Spiel verloren haben. Anhänger östlicher Weisheitslehren werden auch reines Gedächtnistraining und ein Lernen, das sich von ihm nicht wesentlich unterscheidet, als Unsinn betrachten. Ein großes Wissen befähigt nicht automatisch zum Umgang mit einer komplizierter werdenden Welt. Wo Weisheit verachtet wird, lässt sie die Lehrenden und Lernenden im Stich. Man könnte in diesem Zusammenhang das zitierte Wort von Tagore so abändern: Wo Straßen gebaut sind, findet jeder Trottel einen Weg. Im Labyrinth der Informationswildnis findet sich nur der Weise zurecht. Vielleicht wird man eines Tages sagen: Der weise Umgang mit Informationen setzt seelische Gesundheit voraus.

Aus der bewusst wieder in den Mittelpunkt des Urteilens und Erlebens gerückten Verbindung von Leib, Geist und Seele könnte neue Kraft zur Lösung verkrusteter Probleme gezogen werden. So wird zum Beispiel eine Medizin, die den Kranken nur als Objekt ärztlicher oder gar nur pharmazeutischer und technischer Bemühungen ansieht, ihn aber nicht aus seiner seelischen Passivität herauszuholen versteht, an ihren eigenen Verzettelungen und den daraus folgenden steigenden Kosten scheitern. Es käme darauf an, statt dem Streit um Milliarden im Gesundheitswesen zunächst einmal den Begriff Gesundheit neu zu definieren. Dazu bedarf es einer fundamentalen Weisheit, auf die anscheinend viele Mediziner meinen, aus Zeit- und Kostengründen verzichten zu müssen. Weisheit hat keinen Preis, deshalb halten sie die Menschen für unbezahlbar. Dies findet man beispielsweise bestätigt, wenn man die Diskussionen über erwogene, beabsichtigte, durchgeführte oder misslungene Gesundheitsreformen betrachtet. Die Menschheit gerät zunehmend in einen Zustand, in dem sie ihre Probleme mit der Descartes'schen Trennung von Körper und Geist nicht mehr lösen kann. Dann werden die Völker im Vorteil sein, deren Menschen sich auf andere geistige Ansprüche rasch einstellen können. Völker, die sich an ihren Denkmustern festklammern, könnten in ein historisches Vakuum verbannt werden. Descartes und seine geistigen Nachfahren, zu denen in gewisser Hinsicht auch Kant zu rechnen ist, mögen verehrt werden. Die Zukunft wird ihnen jedoch nicht gehören.

Johannes und die Grenzverschiebung
Der »andere Jünger« und
seine Vision vom göttlichen Logos

Seine Denkweise steht unserer entgegen. Sie verträgt sich nicht mit dem, was wir zumindest seit der Aufklärung noch als Weisheit akzeptieren wollen. Hier geht es um einen Weisen, der allem Anschein nach zunächst nicht zum harten Kern der Gefolgschaft Jesu gehörte, sondern als junger Verehrer erst in den letzten Tagen sich zu den Jüngern gesellte. Es war der namenlose »andere Jünger«. Von ihm wissen wir, dass ihn Jesus besonders lieb hatte und dass er gerade ihm seine verwitwete und daher mittellose Mutter Maria anvertraute. Wir erfahren von dem jungen Mann, dass er dann am Ostermorgen zum leeren Grab gespurtet ist und den keuchenden Petrus hinter sich zurückgelassen hat, und vor allem, dass er der Verfasser des Johannes-Evangeliums ist. Eine andere Episode könnte auch auf ihn hindeuten: Ein junger Mann folgte Jesus, er war nur mit einem leichten Überwurf bekleidet. Ihn wollten sie auch festnehmen; aber er riss sich los, ließ sein Kleidungsstück zurück und rannte nackt davon. Warum wurde diese Szene aus dem Markus-Evangelium so gut wie nie gemalt? (Markus 14; 51 f.) Dieser »andere Jünger« stammte aus einer vornehmen Familie, die wohl mit dem Obersten Priester befreundet oder vielleicht verwandt war. Vermutlich wollte er nach der Gefangennahme Jesu seine Beziehungen nutzen und für seinen Meister ein gutes Wort einlegen. Er durfte zusammen mit ihm das Haus des Obersten Priesters betreten, während der zum Proletariat gehörende Fischer Petrus mit seinem in Jerusalem eher unangenehm klingenden galiläischen Dialekt draußen warten musste. Das Mädchen am Haustor des Chefpriesters vermutete gleich, dass der auch einer der Männer aus der Gefolgschaft des Jesus war, aber der ängstliche Petrus tat so, als ginge ihn die Sache nichts an (Johannes 18; 25 ff.). Der junge Student und Eiferer muss sehr gebildet gewesen sein, also keiner von den Fischern und Zöllern, die damals Jesus gefolgt waren. Er beherrschte sogar Griechisch in Wort und Schrift. Er als Einziger trug möglicherweise keinen Bart, aber nicht weil er sich rasierte, sondern weil er zunächst noch ein junges Bürschchen war. So jedenfalls wurde der rätselhafte Teilnehmer am letzten Abendmahl von Jesus und seinen Jüngern überall gemalt; dabei gab es jedoch eine Verwechslung. Wolfgang Eckle und Johannes Hemleben deuten zwar die Vorgeschichte des Lieblingsjüngers und Evangelisten Johannes höchst unterschiedlich, sie sind sich jedoch mit vielen anderen darüber einig, dass er keineswegs mit dem Jünger Johannes identisch ist, dem Bruder des Jakobus, beides Söhne des Fischers Zebedäus.

Dass es immer genau alle zwölf Jünger waren, die Jesus auf seinen Wanderungen gefolgt sind, wird nicht behauptet. Andere gesellten sich hinzu, manche hatten dringende häusliche Verpflichtungen. Petrus beispielsweise war verheiratet (im Gegensatz zu seinen römischen Amtsnachfolgern) und musste sich gelegentlich auch um seine Familie und seine kranke Schwiegermutter kümmern (Matthäus 8; 14). Ob, und wenn ja, wie viele Frauen dem Rabbi Jesus durch das Land gefolgt sind, ist auch ungewiss, jedenfalls gehörten mehrere zu seinen Verehrerinnen und Betreuerinnen. Maria aus Magdala (die Maria Magdalena) hatte vielleicht eine Sonderstellung. Ein im Übrigen unbedeutendes Evangelium (das so genannte Philippus-Evangelium), das nicht in die Bibel aufgenommen wurde, behauptet sogar, sie sei die Geliebte von Jesus gewesen. Wenn es denn je so gewesen sein sollte, so würde dies Jesus nur menschlicher zeigen: als Menschensohn, im wahrsten Sinne des Wortes. Darüber lässt sich spekulieren.

Weil der namenlose Lieblingsjünger von sich behauptete, er hätte das Evangelium geschrieben, das als Johannes-Evangelium in die Bibel aufgenommen wurde, kam es zu der genannten Verwechslung. Doch der Sohn des Zebedäus war Fischer wie sein Vater und sein Bruder Jakobus, vermutlich war er Analphabet und sicher nicht in der Lage, griechische Schriften zu verfassen, die dazu noch auf eine hohe Bildung schließen lassen.

Zu der Zeit, als das Johannes-Evangelium vermutlich in Ephesus verfasst wurde, vielleicht sechzig oder siebzig Jahre nach der Kreuzigung Jesu, lebte der Zebedäus-Sohn Johannes schon längst nicht mehr. Wer auch immer der einstige Lieblingsjünger und Verfasser des Johannes-Evangeliums gewesen sein mag, wir nennen ihn Johannes. Seine Sicht auf die Geschehnisse mit und um Jesus verrät eine Denkweise, die spätestens seit der Aufklärung kaum mehr von denjenigen verstanden wurde, die wie Kant nach der reinen Vernunft strebten.

Werner Heisenberg formulierte diesen Denkwandel so: »Während im Mittelalter das, was wir heutzutage die symbolische Bedeutung einer Sache nennen, in einer gewissen Weise ihre primäre Wirklichkeit war, verwandelte sich diese Wirklichkeit in das, was wir mit unseren

Sinnen wahrnehmen können.« (Physik und Philosophie) Die von Heisenberg geschilderte frühere Mentalität hat sich in anderen Kulturen teilweise noch erhalten.

Der schon erwähnte afrikanische Bio-Ethiker Godfrey Tangwa aus Kamerun wuchs in einer Gesellschaft auf, in der sich Menschen in Tiere, in heftige Winde verwandeln können, wo Gott und gute Geister manchmal als Kranke und Schwache an die Tür klopfen. Der Hinweis, einen solchen Aberglauben könnten sich nur primitive Kulturen leisten, ist heute nicht mehr legitim. Im Gegenteil, wir im Westen müssen uns fragen, ob in dieser Denkweise nicht eine ursprüngliche Weisheit zum Ausdruck kommt, die wir aufgrund unserer Kultur nicht mehr zu verstehen meinen. Vielleicht könnte es sein, dass wir es uns eines Tages nicht mehr leisten können, diese Denkweise für überholt zu halten, weil wir nur mit ihr manches erfassen können, was zum Überleben beiträgt.

Die analytische, vom Symbolwert losgelöste Ausdrucksweise unserer Zeit ist mitverantwortlich für manche Torheiten, die westliche Nationen weltweit an Kultur und Natur begehen. Das schon erörterte Reden der Mitsubjekte erklingt nicht in der grellen Kurzsprache der Medien und Gebrauchsanleitungen, sondern in einer uralten Bildersprache. Wenn wir die nicht verstehen, ist das unser Problem, nicht das der Apfelbäume und Backöfen aus Frau Holles Reich, das über die ganze Welt verteilt ist.

Eine überraschende Doppeldeutigkeit zeigen die Möglichkeiten, das im Original plattdeutsche Märchen vom »Fischer und seiner Frau« zu erklären. Es gibt eine aus der Vernunft und eine von höherer Weisheit aus zu verstehende Erklärung, die beide gleichermaßen möglich sind, auch wenn sie grundverschiedene Lehren zeigen.

Der biedere Fischer lässt den Butt, den verzauberten Fisch, frei und dieser erfüllt die Forderungen der unersättlichen und größenwahnsinnigen Frau Ilsebill. Der Fisch verschafft der im »Pisspott«, einer ärmlichen Hütte, lebenden Fischerfamilie zunächst das schöne Steinhaus, dann das Schloss, dann macht er sie zur Königin; auch das ist ihr nicht genug, sie wird Kaiserin, schließlich sogar Papst – eine Päpstin! – wenigstens im Märchen ist das möglich. Schließlich muss der Fischer wieder den Butt herbeirufen, um seine letzte Bitte im Auftrag der unersättlichen Ilsebill vorzutragen: »Ach, säd he, se will warden as de lewwe Gott.« Und dann die Reaktion des Butt: »Ga men hen, se sitt all wedder in'n Pissputt.« In dieser ärmlichen Hütte sitzen sie noch bis heute.

Nun zunächst die Erklärung der Vernunft: Die größenwahnsinnige Fischersfrau hat zu hoch gepokert. Sie muss einsehen, wer sie ist. Sie wird für ihren Übermut dadurch bestraft, dass sie alles, was sie schon hatte, wieder verliert. Das ist die gängige Moral, wie sie in Märchen immer wieder erscheint. Nun aber die Deutung aus einer höheren Weisheit heraus. Als der Fischer den Wunsch äußert, die Ilsebill wolle werden »as de lewwe Gott«, d. h. *wie* der liebe Gott, wird ihr auch dieser Wunsch erfüllt. Alle Reichtümer dieser Welt sind nichts gegen die Gewissheit, das Göttliche in sich zu verkörpern. Dazu braucht der Mensch nicht Reichtum, Ehre, Macht, Glanz und Gloria, sondern es genügt, ein kleiner Fischer zu sein, der Gott in sein Leben aufgenommen hat, der mit, für und in ihm sein Leben fristet. Dieses Erleben verlangt nicht nach mehr im äußerlichen Sinne, es ist höchstes Genügen und höchstes Glück zugleich. Ein solcher Mensch mag, und das ist das Größte, was in diesem Sinne geschehen konnte, auch ein mittelloser Wanderprediger aus einem unbedeutenden Städtchen in Galiläa sein, der sich mit Fischern, Zöllnern und anderen Männern und Frauen aus der Unterschicht abgibt, der schließlich verspottet und hingerichtet wird. Das ist wahrlich keine Traumkarriere.

Das Dilemma der Vernunft spielt uns auch hier immer wieder Streiche. Vernunft strebt nach der einzig richtigen Auslegung einer Geschichte. Die Weisheit jedoch fragt nicht nach richtig und falsch, sondern nach dem Menschen, der ihr vertraut. Sie verbindet logische Risse.

Heute wissen wir, dass die reine Vernunft zwar bis zu einem gewissen Grad die Physik, aber längst nicht die ganze Denk- und Erlebniswelt der menschlichen Seele umfassen kann, daher können wir wieder einen ganz neuen Zugang auch zu der Weisheit eines Johannes finden.

Eine Eigenart im Denken des Johannes kommt besonders klar und in verschiedener Gestalt zum Ausdruck: Es ist die verschwimmende Grenze zwischen geistiger und materieller Welt; es ist, als ob es für Jesus und ihn, seinen theologischen Chronisten, diesen Unterschied nicht gegeben hätte. Zumindest hat er sich für diese Grenze nie sonderlich interessiert, wie es kleine Kinder bis heute ja auch nicht tun. So werden bei Johannes Symbole zu Fakten und Fakten zu Symbolen. Hierbei ist allerdings zu bemerken, dass der Begriff Symbol dem Denken des Johannes nicht ganz gerecht wird. Denn für ihn sind die mit dem Geist verschmelzenden Fakten mehr als nur ein Symbol, es sind ideelle Wirklichkeiten. Schon der Beginn seiner Schrift bekennt sich zu der aus dem griechischen Denken stammenden Lehre vom Wort bzw. Logos. Der Logos war bei den Griechen mehr als nur das (sinnvolle) Wort, die Rede oder die zu Inhalten geformte Sprache, sondern er hatte auch die Bedeutung von Sinn der Welt, er war so etwas wie die geistige Urkraft, die dem Geschehenden von Anfang an innewohnt. Die Dinge bedeuteten und waren zugleich. Johannes schrieb nichts von Bethlehem, weil für ihn Jesus aus Nazareth stammte, er wusste auch nichts von einer jungfräulichen Mutter und von Vorfahren, die bis Adam zurückreichen. In Bezug auf Weihnachten ist bei ihm ebenfalls nichts zu erfahren. Dafür berichtet er Aufregenderes: Jesus ist der Mensch gewordene Logos, die irdische Verkörperung der göttlichen Idee, die über allem steht und von den Menschen doch immer wieder verkannt wird. Irdische und göttliche Kausalität bilden (für Johannes) in Jesus eine Einheit, d. h. der Übergang von Geist in Materie vollzog sich auf zeitlose Weise und als Urbild für alle Zeit in einem Menschen. Er ist zugleich sterblich und unsterblich, Mensch und Gott. Allerdings ist ein Hintergrund dieser in Religion verwandelten Philosophie schon bei Platon zu finden, der ihn seinerseits von den Pythagoreern hatte und diese von den Ägyptern: die immaterielle, zeitlose Seele verbindet sich mit der Materie und wird Mensch.

Bei Johannes gibt es keinen eindeutigen Gegensatz von Geist und Materie, auch keinen fließenden Übergang, sondern eine Einheit, die sich aus verschiedener Perspektive betrachten lässt. Als Johannes sein Evangelium niederschrieb, waren die Schriften Platons schon rund 450 Jahre alt, möglicherweise kannte Johannes sogar die Geschichte von Sokrates und Diotima mit ihrer Deutung des zugleich sterblichen wie unsterblichen Eros. Immer wieder lässt Johannes den aufgeklärten Leser stutzen mit der Frage: Redet er nun vom Geist in symbolischer Form oder von materiellen Vorgängen, in denen sich Geistiges widerspiegelt? Wir heute und ebenso die Leute zur Zeit von Jesus haben mit solchen Grenzüberschreitungen Probleme und wollen diesen Unterschied möglichst ganz genau erklärt wissen. Kann man das Wasser des Lebens trinken und das Brot des Lebens essen? Johannes und den Weisen der damaligen Zeit kam es darauf nicht an, weil für sie die Welt aus einem Guss war. Die Massenveranstaltung (ohne Lautsprecheranlage) für fünftausend Menschen am See Genezareth und die darauf folgende Massenverpflegung gelang, obwohl den Jüngern nur fünf Gerstenbrote und zwei Fische zur Verfügung gestanden hatten. Auf einem modernen Kirchentag hätte dies nicht so einfach funktioniert. Die Leute waren beeindruckt und wollten anschließend diesem Wunder auf die Spur kommen. Aber Jesus sagte: »Ich weiß genau, ihr sucht mich nur, weil ihr von dem Brot gegessen habt und satt geworden seid. Doch ihr habt nicht verstanden, dass meine Taten Zeichen sind. Bemüht euch nicht um Nahrung, die verdirbt, sondern um Nahrung, die für das ewige Leben vorhält« (Johannes 6; 26 ff.). So wird die wunderbare Brotvermehrung durch den von Johannes beschriebenen Jesus selbst zum Zeichen, also nicht zu einem in der Materie geschehenen Wunder. Sie bleibt ein Wunder, aber keines, das die Physik außer Kraft gesetzt hätte.

Ein anderes Beispiel: Die Jünger fordern auf einer langen Wanderung durch Samaria Jesus auf, doch etwas zu essen. Der aber antwortete: »Ich lebe von einer Nahrung, die ihr nicht kennt.« – Wasser aus dem Brunnen wird unvermittelt zum »lebendigen Wasser«. Auch dies wird ausdrücklich für Materiegläubige erklärt: »Jesus meinte damit den Geist, den die erhalten sollten, die ihm vertrauten« (Johannes 7; 37 ff.). Diese Art der Geistvermittlung geht aber noch weiter bis ins Extrem. Jesus nennt sich »Brot des Lebens« und fordert auf, seinen Leib zu essen und sein Blut zu trinken, damit man dadurch das ewige Leben erlange. Diese Rede löste schon damals Entsetzen aus. Jesus forderte in dieser Rede nicht zum rituellen Kannibalismus auf, andererseits auch nicht nur zu einem feierlichen Gedenkmahl.

In der Logik des Johannes kann dies so verstanden werden: Der Mensch Jesus und der göttliche Logos sind identisch. (»Ich und der Vater sind eins«, Johannes 10; 30.) Wer am zeitlosen Logos teilhaben, also ewig leben will, muss sich den Menschen, der ihn verkörpert, seelisch »einverleiben«. Ein geistiger Prozess wird als materieller beschrieben. Dafür gibt es weitere Beispiele. Jesus bezeichnet sich auch als Licht der Welt, als Tür zu den (eingepferchten) Schafen, als guter Hirte, als Auferstehung und Leben, als Weg zum Vater, als Wahrheit und Leben, als Weinstock.

Für Johannes, der solche Worte in seiner Jugend gehört hatte, sind sie mehr als nur Sprachbilder, Vergleiche oder Symbole. Sie sind etwas, was unmittelbar auf die materielle Existenz eines Menschen einwirken kann, um ihm zu ermöglichen, sich nicht nur als Körper in der Materie, sondern zugleich auch als seelisch-zeitloses Wesen zu erfahren. Wenn beispielsweise ein kranker Mensch gesundet, so zählt für ihn zunächst das Ergebnis, unabhängig davon, ob es durch eine spirituelle Spontanheilung zustande gekommen ist oder durch eine Behandlung mit Apparaten und Präparaten. So erhalten alle Geschehnisse des Lebens eine vielschichtige Ursache. Eine aus der Materie und eine aus dem Geist, aus der Zeitlosigkeit, die zwischen Vergangenheit und Zukunft nicht unterscheidet.

Man kann das Johannes-Evangelium so zusammenfassen: Jesus verkörpert den Logos und vergeistigt die Menschen, die diese Verkörperung nachvollziehen können. Das ist jedoch keine Angelegenheit des Verstandes oder gar von irgendwelchen Dogmen, sondern des ganzen Körpers. Dies ist die oft missverstandene Weisheit, die Johannes von Jesus gelernt hat. Die Trennlinie zwischen Geist und Materie lässt sich in beiden Richtungen überschreiten.

Epilog

Die in unserer Zeit noch zum Ausdruck kommende Verachtung der Weisheit und die damit verbundene Anbetung der in Dollar oder Euro berechenbaren Vernunft hat die Welt in eine tiefe Denkkrise gestürzt, deren Konflikte immer globaler und brutaler werden. Sie hat dazu beigetragen, dass nicht nur die geistige Welt immer mehr zu verarmen droht, sondern auch die materielle Welt der Mehrheit der Weltbevölkerung. Es ist schließlich ein Unterschied, ob man, beispielsweise in Afrika, in der Geborgenheit einer kleinen, zwar armen, aber alte Traditionen pflegenden Gemeinde lebt oder in einem gestaltlosen Slum vor den Toren einer Millionenstadt. Warum unterstützen wir, ob gewollt oder nicht, die Zerstörer und nicht die Bewahrer traditioneller Ordnungen? Wir selbst sind in einer jahrhundertelangen allmählichen Entwicklung aus solchen ländlichen Ordnungen herausgewachsen und nicht in einem fremdbestimmten Hau-Ruck-Verfahren. Unsere Zivilisation hat einen langen Reifeprozess hinter sich, in den auch viel Weisheit mit eingeflossen ist. Warum mussten seit dem Zeitalter des Kolonialismus westliche Länder fast überall auf der Erde andere Kulturen, die in einem früheren Entwicklungsstadium waren, als Objekte behandeln und nicht als gleichwertige Mitsubjekte? Die Zerstörung der Azteken-

Kultur in Mexiko durch Hernando Cortez im 16. Jahrhundert war nur der Beginn einer Entwicklung, die in unserer Zeit, wenn auch mit anderen Mitteln, noch nicht abgeschlossen ist. Die Eroberer verachteten und vernichteten nicht nur die Zeugnisse einer früheren, oft auch grausamen Kultur, sondern damit in Jahrtausenden gewachsene Schätze einer natürlichen Weisheit.

Die heutigen »Conquistadores« arbeiten mit Märkten, Kartellen, Monopolen, Patenten und Aktien. Im Ergebnis schaffen sie auch ohne Waffen eine geistig verbrannte Erde. Weisheitslehren, mit denen auch die ärmsten Völker sich behaupten konnten, verlieren angesichts der Brutalität der Marktbeherrscher ihre Wirkung. Das wird schlimme Folgen haben. Dies gilt nicht nur für viele Kulturen, sondern auch für uns in der westlichen Welt. Aus der Marktbeherrschung wird die Denkbeherrschung. Aus der Kolonialisierung folgt die Colaisierung. Wir streben dem Ende der Kultur entgegen, soweit wir unsere Köpfe einseitig auf ein rationalistisches Denken ausrichten, auf ein Denken, für das sie nicht geschaffen sind. Intuition, Fantasie, spontanes, auch unangepasstes Verhalten waren immer wieder Ursachen für rettende Wege. Wo das Denken im Interesse des Weltmarktes glatt gehobelt und poliert wird, zerstört man menschliche Fähigkeiten. Dass es so nicht weitergehen kann, haben inzwischen immer mehr Menschen erfasst. Überall regt sich Widerspruch zu einseitig materialistischen Denk- und Handlungsweisen. Dieser Widerspruch im Namen der Weisheit wird noch weiterwachsen. Denn mit welcher moralischen Begründung wollen Vertreter westlicher Industrienationen andere Völker geistig und materiell beherrschen, wenn sie ihnen nur in Bezug auf wirtschaftliche Macht überlegen, in geistiger Hinsicht aber unterlegen sind? Dass diese Einsicht sich ausbreitet, berechtigt uns zu großen Hoffnungen.

Weisheit hat viele Erscheinungsformen, Quellen, Säulen und Zugänge. Sie ist ein abstrakter Begriff; und doch: wer will, kann sie sogar als göttliche Sophia verstehen und verehren, wie es dem König Salomo nachgesagt wurde. In einem können wir uns jedoch ganz sicher sein: Weisheit lässt sich nie als Lehre packen und für alle Zeit festlegen. Sie ist eine Wissenschaft, die sich wissenschaftlichen Methoden gegenüber verweigert. Sie ist das unerforschbare Bescheidwissen und das Wissen vom aktiven Nichtwissen. Vielleicht schwebte Lichtenberg eine solche »Lehre« vor Augen, als er von den Universitäten sprach, in denen die alte Unwissenheit wieder hergestellt werden müsse. Wer das in die Tat umsetzen wollte, begäbe sich allerdings auf einen höchst gefährlichen Weg, denn nichts lässt sich leichter missbrauchen als das Unbeweisbare in der Hand von Toren. Und auch der Weise steht immer mit einem Bein im Reich der Torheit. Wie man es auch drehen und wenden mag, mit Weisheit gelangt man nie an das Ziel der eindeutigen und endgültigen Lösungen. Und doch muss man nach ihr streben.

Immer wieder tun sich neue, unerwartete Zugänge zur Weisheit auf. Weil man mit Weisheit nicht rechnen kann, muss sie Überraschungen bereithalten. Einige haben wir andeutungsweise kennen gelernt. Das konnten nur Beispiele sein, denn sämtliche Erscheinungsformen der Weisheit lassen sich nie fassen. Vieles, was hier zu diesem Thema hätte gesagt werden müssen, blieb daher unerwähnt. Nie gibt es die eine und ausschließliche Wahrheit. Das gilt auch für die hier am Beispiel der Schrift des Evangelisten Johannes zum Schluss vorgestellte Deutung, in deren Zentrum Jesus von Nazareth steht. Sie kann in der heutigen Welt zwar verstanden, jedoch nicht mehr als der eine und einzige Weg zur Weisheit angepriesen werden. Die christlichen Kirchen haben sich gegenüber ebenbürtigen Weisheiten aus anderen Kulturen jahrhundertelang systematisch und militant verschlossen. Zum Teil tun sie es heute noch. In einer globalisierten Welt kann Weisheit nicht mehr als Bestandteil einer Sonderkultur verstanden werden. Das Christentum kann überleben, wenn es sich in einer Weise öffnet, wie sie Jesus vorgelebt hat. Selbstdenkende Theologen unserer Zeit wissen dies schon längst; sie äußern sich immer wieder in diesem Sinne, auch wenn sie dadurch oft genug von wehrhaften Hohepriestern der amtlichen Hierarchie zurückgepfiffen werden. Einer der theologischen Rebellen in der zweiten Hälfte des 20. Jahrhunderts war Dom Helder Camara (1909–1999). Als Erzbischof in Brasilien setzte er sich für eine Entwicklungs- und Bildungspolitik bei den Armen ein und geriet dadurch in Opposition zum Staat und zu einer Kirche, die sich an die Reichen und Etablierten hält, weil nur von denen Geld und Macht kommen. Er sagte einmal: Wenn die Kirche nicht den Mut hat, ihre eigenen Strukturen zu reformieren, werde sie niemals die moralische Kraft haben, die Strukturen der Gesellschaft zu kritisieren. Wo bleibt die Kritik der Kirche an einem Denken, das die Fundamente der Weisheit aushöhlt? Mit einer solchen Kritik würde die Kirche die Spendierfreudigkeit der Reichen schwächen. Weisheit hat keine Lobby, nicht einmal bei den an die Gesellschaft angepassten Christen. Mit Weisheit wird man nicht reich. Wir haben das am Beispiel von Jean-Jacques Rousseau gesehen.

Weisheit ist universell und zeitlos. Sie ist nie das Ergebnis einer Mode oder Ideologie. Es mag Zeiten geben, in denen die eine oder andere Seite ihrer Erscheinung für besonders oder für weniger wichtig angesehen wird. Ihre äußere Erscheinungsform mag sich ändern, aber ihre Grundlage ändert sich nicht. Wir haben es exemplarisch an einigen Weisheitslehren aus aller Welt und aus vielen Jahrhunderten betrachtet. Ihnen allen gemein ist, dass sie einen Menschen befähigen, sich als unlösbaren Teil der Schöpfung zu verstehen und sie als einen geordneten Kosmos zu erleben, der die Kraft hat, das immer wieder entstehende Chaos zu überwinden. Liebe zur Weisheit steht jedem Menschen offen, sie fragt nicht nach Bildung und Intelligenz, sie ist etwas anderes als die Philosophie derer, die von ihr leben. Es wäre der größte Sieg der Weisheit, wenn sie alle Menschen zu ihren Liebhabern machen könnte. Diese Liebe befähigt Menschen dazu, Gott und die Welt zu lieben in allen ihren Erscheinungsformen, in freundlichen und feindlichen, in guten und bösen, in schönen und hässlichen. Wer fähig ist, die Gegensätze zu überbrücken, für den verlieren sie ihren Schrecken. Wir haben die Dialektik der Gotteserkenntnis bei der Seherin Diotima kennen gelernt. Eros ist sterblich und unsterblich zugleich. Vielleicht gilt dies auch für eine moderne Gotteserkenntnis: Gott ist Schöpfer und Geschöpf zugleich. Er ist Herrscher und Sklave in einem. Wir sind Herren und Diener zugleich. Mit dieser Einstellung überwinden wir die Trennung in Subjekt und Objekt. Wir werden zum unlösbaren Bestandteil der Welt, die in und mit uns handelt. So können wir auch Zukunftsängste überwinden.

Denken wir nochmals an die sechste und zugleich höchste Stufe der an den Butt aus dem Märchen gerichteten Wünsche: Die unerstättliche Fischersfrau wurde letzten Endes doch mehr als Kaiserin und Päpstin, jetzt konnte sie in Gott wieder der Mensch werden, zu dem sie von Anfang an bestimmt war. Vielleicht wurde sie endlich glücklich und zufrieden, nachdem sie alle Stufen des Wohlstands und der Macht durchlebt und überwunden hatte. Konnte sie Gott in ihrer täglichen harten Arbeit erleben? Dies wäre vielleicht eine Anregung für den Weg in die Zukunft. Es geht um die uralte und immer wieder verkannte Fähigkeit, Wohlstand und Glück voneinander zu trennen. Wohlstand tut gut; wer ihn hat, soll ihn achten und genießen. Sobald er jedoch dazu zwingt, sich ihm zu opfern, um ihn ununterbrochen zu vergrößern, sobald er zur Sucht wird, verzerrt er alle Maßstäbe des Glücks. Weisheit kann uns dazu verhelfen, neue Maßstäbe zu finden. Zugleich müssen wir zur Kenntnis nehmen, dass solche Einsichten der derzeitigen Wirtschaft nicht gelegen kommen. Es ist kein Wunder, wenn sie unterdrückt und verachtet werden. Wer an Weisheit zunehmen möchte, muss zunächst in der Lage sein, die Diktate der heute dominierenden Vernunft zu hinterfragen. Es wird sich zeigen, dass Sophia und ihr göttlicher Freund bei denen stehen, die sie anerkennen, ihr nachstreben und doch immer sich bewusst sind, dass auch der weiseste Mensch immer mit seiner Unvollkommenheit leben muss.

»Mensch steig nicht allzu hoch, bild dir nichts übrigs ein:
Die schönste Weisheit ist, nicht gar zu weise seyn.«
Angelus Silesius

Anhang

Literatur

Altägyptische Lebensweisheit; eingeleitet und übertragen von Fr. W. Freiherr von Bissing; Zürich 1955

Angelus Silesius (Johannes Scheffler): Cherubinischer Wandersmann (1675); Stuttgart 1985

Aurelius Augustinus: Bekenntnisse; übertragen von Wilhelm Timme; Zürich 1950

Die Bhagavadgita; Sanskrittext mit Einleitung und Kommentar; Baden-Baden o. J.

Bateson, Gregory: Ökologie des Geistes; Frankfurt am Main 1981

Ders.: Geist und Natur; Frankfurt am Main 1987

Bohm, David und F. D. Peat: Das neue Weltbild; München 1990

Bohm, David u. a.: Das holographische Weltbild; Bern/München/ Wien 1986

Bohm, David und Donald Factor (Hrsg): Die verborgene Ordnung des Lebens; Grafing 1988

Buber, Martin: Ich und Du; Heidelberg 1983

Camus, Albert: Der Mythos von Sisyphos (1942); Düsseldorf 1956

Capra, Fritjof: Das Tao der Physik; Bern/München/Wien 1975

Capra, Fritjof, Stanislav Grof u. a.: Psychologie in der Wende; Bern/München/Wien 1985

Darwin, Charles: Die Entstehung der Arten durch natürliche Zuchtwahl; Stuttgart 1963

Descartes, René: Philosophische Schriften; Hamburg 1996

Dschuang Dsi (s. a. Tschuang Tse): Das wahre Buch vom südlichen Blütenland; übertr. von Richard Wilhelm; Düsseldorf/Köln 1969

Graf Dürckheim, Karlfried: Wunderbare Katze und andere Zen-Texte; Bern/München/Wien 1964/1975

Dürr, Hans-Peter (Hrsg.): Physik und Transzendenz; Bern/München/Wien 1986

Eccles John C. und Daniel N. Robinson: Das Wunder des Menschseins – Gehirn und Geist; München 1985

Eckle, Wolfgang: Den der Herr liebhatte – Rätsel um den Evangelisten Johannes; Hamburg 1991

Ekeland, Ivar: Das Vorhersehbare und das Unvorhersehbare; München 1985

Einstein, Albert: Mein Weltbild; Zürich o. J.

Ferguson, Kitty: Gottes Freiheit und die Gesetze der Schöpfung; Düsseldorf 1996

von Foerster, Heinz: Short Cuts (Vorträge, Interviews); Frankfurt am Main 2001

Gandhi, Mohandas Karamchand (Mahatma): Handeln aus dem Geist. Ausgewählt und eingeleitet von G. und Th. Sartory; Freiburg i. Br. 1977

Geck, Martin: Ludwig van Beethoven; Reinbek 1996

Grimm, Jakob und Wilhelm: Kinder- und Hausmärchen – nach der Ausgabe letzter Hand 1857; Berlin 1985

Habermas, Jürgen: Nachmetaphysisches Denken; Frankfurt am Main 1988

Hawking, Stephen W.: Einsteins Traum; Reinbek 1993

Hegel, Georg Wilhelm Friedrich: Werke; Frankfurt am Main 1971

Heisenberg, Werner: Physik und Philosophie; Stuttgart 1959

Hemleben, Johannes: Evangelist Johannes; Reinbek 1972

Herrigel, Eugen: Zen in der Kunst des Bogenschießens; Bern/München/Wien 1951/1984

Hume, David: A Treatise of Human Nature (1739/40); London 1969

Jacobsen, Olaf: Nichts ist All-ein. Alles ist in Resonanz; Karlsruhe 2001

Jäger, Willigis: Die Welle ist das Meer – Mystische Spiritualität; Freiburg im Breisgau 2000

Jaspers, Karl: Schelling – Größe und Verhängnis; München 1955

Jonas, Hans: Das Prinzip Verantwortung; Frankfurt am Main 1979

Ders.: Philosophische Untersuchungen und metaphysische Vermutungen; Frankfurt am Main und Leipzig 1992

Jung, Carl Gustav: Erinnerungen, Träume und Gedanken, aufgezeichnet und hrsg. von Aniela Jaffé; Olten und Freiburg i. Brsg. 1984

Ders.: Welt der Psyche; München 1978

Jung-Stilling, Johann Heinrich: Theorie der Geisterkunde (1808) – Nachdruck; Hildesheim 1979

Kant, Immanuel: Gesammelte Schriften; Berlin 1902/10

Kierkegaard, Sören: Philosophische Brosamen und Unwissenschaftliche Nachschrift; Köln 1959

King, Martin Luther: Wohin führt unser Weg? Chaos oder Gemeinschaft; Wien/Düsseldorf 1968

Konfuzius: Gespräche (Lun Yü); Kettwig 1989

Lassalle, Hugo M. Enomiya: Zen und christliche Spiritualität; München 1987

Leibniz, Gottfried Wilhelm: Essais de Théodicée (Die Theodizee, 1710); Frankfurt am Main 1986

Lichtenberg, Georg Christoph: Schriften und Briefe, hrsg. von Wolfgang Promies; München 1968 (Aus den Sudelbüchern wird zitiert nach Heft und Nummer)

Márai, Sándor: Die Glut. Roman (1942); München 1999

Monk, Ray: Wittgenstein – Das Handwerk des Genies; Stuttgart 1992

Nietzsche, Friedrich: Werke, hrsg. von K. Schlechta; München/ Wien 1973

Oetinger, Friedrich Christoph: Abriß der evangelischen Ordnung zur Wiedergeburt (1735). Sämtliche Schriften, Bd. 5; Stuttgart 1863

Pascal, Blaise: Œvres complètes; Paris 1954

Ders.: Über die Religion (Pensées); deutsch von Ewald Wasmuth; Heidelberg 1978

Pauli, Wolfgang: Die Wissenschaft und das abendländische Denken, in: Dürr, Physik und Transzendenz

Peat, F. David: Synchronizität – Die verborgene Ordnung; Bern/ München/Wien 1989

Ders.: Der Stein der Weisen – Chaos und verborgene Weltordnung; Hamburg 1992

Platon: Sämtliche Werke; deutsch von Rudolf Rufener; Zürich und München 1974

Presler, Gerd: Martin Luther King; Reinbek 1984

Rau, Heimo: Mahatma Gandhi; Reinbek 1970

Riedel-Spangenberger, Ilona, Hrsg.: Die Aufhebung diktatorischer Unrechtsurteile; Freiburg i. Br. 2001

Rousseau, Jean-Jacques: Die Bekenntnisse; München 1971

Ders.: Die Träumereien des einsamen Spaziergängers; Zürich 1985

Russell, Bertrand: Probleme der Philosophie; Frankfurt am Main 1967

Saint-Exupéry, Antoine: Wind, Sand und Sterne (Terre des Hommes), Düsseldorf 1954

Schäfer, Ortwin: Kontrastives Denken; Berlin 1999

Schelling, Friedrich Wilhelm Joseph: Werke, hrsg. von Manfred Schröter; München 1927

Schmidt, Leopold: Beethoven – Werke und Leben; Berlin 1924

Scholl, Inge: Die Weiße Rose; Frankfurt am Main 1955/1993

Schultz, Uwe: Immanuel Kant; Reinbek 1965

Schwab, Gustav: Sagen des klassischen Altertums (1837); München/
Zürich 1965

Seneca, Lucius Annaeus: Briefe an Lucilius; deutsch von Otto
Apelt; Leipzig 1924

Seng-ts'an: Die Meiselschrift vom Glauben an den Geist. Mit Erläu-
terungen von Soko Morinaga Roshi; Bern 1991

Shankara: Das Kleinod der Unterscheidung; Bern und München
1981

Shapiro, Robert: Schöpfung und Zufall; München 1987

Sheldrake, Rupert: Das Gedächtnis der Natur; Bern/München/
Wien 1990

Ders.: Die Wiedergeburt der Natur; Bern München Wien 1991

Shibayama, Zenkei: Quellen des Zen. Die Koans des Meister
Mumon; Bern und München 1974

Tipler, Frank J.: Die Physik der Unsterblichkeit – Moderne Kosmo-
logie; München 1994

Tschuang Tse (s. a. Dschuang Dsi): Glückliche Wanderung; bearb.
von Gia-Fu Feng und Jane English; München 1978

Vischer, Friedrich Theodor: Auch Einer – Eine Reisebekanntschaft
(1879); Stuttgart und Berlin 1917

Wilber, Ken: Eros Kosmos Logos; Frankfurt am Main 1996

Ders.: Naturwissenschaft und Religion – Die Versöhnung von
Wissen und Weisheit; Frankfurt am Main 1998

Wittgenstein, Ludwig: Tractatus logico philosophicus (1921);
Frankfurt am Main 1960

Ders.: Philosophische Untersuchungen; Frankfurt am Main 1971

Ders.: Vermischte Bemerkungen; Frankfurt am Main 1987

Ders.: Wiener Ausgabe – Studien Texte Band 1–5; Wien 1994–96

Woltersdorf, Hans Werner: Denn der Geist ist's, der den Körper
baut; München 1991

Yesudian, Selvarajan: Steh auf und sei frei; Ergolding 1989

Register

267